이기는 바둑

목진석 감수 · **백재욱** 지음

기본포석으로
승자가 되어라
기본에 충실하면 기력향상은 저절로 따라온다!

더디퍼런스

기본**포석**으로
승자가 되어라

초판 1쇄 발행 2016년 7월 10일
초판 2쇄 발행 2018년 2월 1일

감 수	목진석
지은이	백재욱
발행인	조상현
발행처	더디퍼런스

등록번호	제2015-000237호
주소	서울시 마포구 마포대로 127, 304호
문의	02-725-9988
팩스	02-6974-1237
이메일	wearebooks@naver.com
홈페이지	www.thedifference.co.kr

독자여러분의 소중한 원고를 기다리고 있습니다. 많은 투고 부탁드립니다.

ISBN 979-11-86217-44-3 13690

바둑에서 포석의 사전적인 의미는, "중반전의 싸움이나 집 차지에 유리하도록 초반에 돌을 벌여 놓는 일"이라고 씌어 있습니다. 사전에서의 정의는 어법이 잘 맞지 않지만 압축해서 표현하느라 애쓰고 있습니다. 그만큼 포석의 정의를 요약해서 정리하기란 좋은 포석을 짜는 것만큼이나 쉽지 않은 일입니다.

포석은 "한판의 바둑에서 중반의 싸움을 유리하게 이끌거나 효율적인 집 차지를 하기 위한 사전 작업이며, 궁극적으로는 승리를 위한 주춧돌을 깔아 놓는 일"이라는 데 동의하지 않는 사람은 별로 없을 것입니다.

바둑을 초반, 중반, 종반으로 나눌 때 포석은 초반의 영역입니다. 포석을 잘할 수 있다면 승리로 가는 길이 한결 편해지리라는 것은 의심할 여지가 없습니다. 그렇다면 포석을 잘하기 위해서 해야 할 일은 무엇일까요?

우선 바둑은 전략적 사고가 필요합니다. 특히 포석 시기와 정석 이후의 상황에서는 부분적인 수읽기에서 벗어나 전체적인 안목에서 자유로운 발상의 폭을 넓혀가야 합니다. 그런 전략적 사고를 토대로 포석을 잘하기 위해서는 몇 가지 조건이 따라야 합니다.

첫째, 귀와 변에 대한 이해가 필요합니다. 요컨대 기본적인 정석은 반드시 마스터하고 있어야 합니다. 정석과 포석은 떼려야 뗄 수 없는 밀접한 관계이기 때문이니까요. 실제로 정석 몇 개만 늘어놓아도 포석이 완료되는 경우도 적지 않습니다. 그러므로 어떤 정석을 어떤 상황에서 적합하게 쓰느냐가 중요하죠.

둘째, 포석은 현재까지 많은 연구가 활발하게 이루어지고 있습니다. 여기서 몇 가지 쓸모 있는 포진법만큼은 최소한 익혀 두어야 합니다. 정석과 포진법, 이 두 가지가 포석의 방향을 제대로 잡아주는 키가 되기 때문이죠.

셋째, 프로기사의 실전을 바둑판 위에 놓아보는 일입니다. 포석 부분에 해당하는 20~30수를 놓아보는 것으로 충분할 겁니다.

근대에서 현대포석에 이르기까지 가장 사랑을 받고 있는 귀의 착점을 꼽는다면 화점과 소목일 것입니다. 특히나 최근 바둑은 화점과 소목의 전성시대이므로, 화점과 소목을 배합한 포진이야말로 필수적으로 알아두어야 하겠죠. 그 이외에 화점만으로 이루어진 포진, 소목만으로 이루어진 포진도 유력한 구상입니다.

이 책은 그런 중요도를 감안하여 화점과 소목을 배합한 포석에 다소 많은 비중을 두었습니다. 이를 귀를 중시한 '화점·소목 굳힘 포석', 변을 중시한 '중국식과 고바야시류 포석'으로 구성했습니다. 화점이나 소목만의 포석은 세력이나 실리를 추구하는 경향인데, 핵심적인 내용을 모아서 '양화점과 양소목 포석'으로 구성했습니다.

비교적 간명한 정석을 골라서 포진법에 맞춰 제시하고 설명하는 데 중점을 두었으니 만큼 이해하기 어려운 점은 없으리라 믿습니다. 더불어 알차게 배울 수 있도록 본문의 중간 중간에 보충 성격의 코너를 두어, 가벼운 내용은 '원포인트 레슨', 심화된 내용은 '레벨업 레슨'으로 구분했습니다.

이 책을 통해 여러분의 포석 실력이 몰라보게 향상되면 자신만의 바둑을 구상할 수 있지 않을까요. 아무쪼록 이 책의 제목처럼 늘 승자가 되기를 바라마지 않습니다.

백재욱

차례

1장 ☞ 화점 · 소목 굳힘 포석

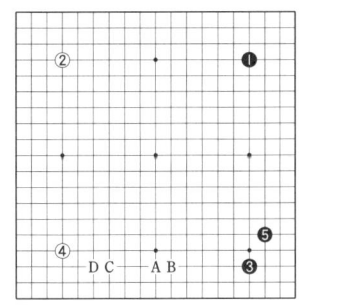

2장 ☞ 중국식과 고바야시류 포석

제1형 중국식 포석

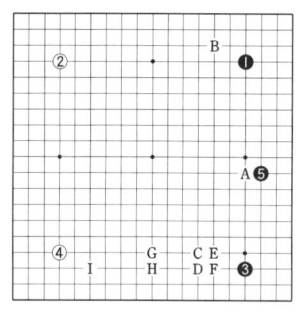

제2형 미니중국식 포석

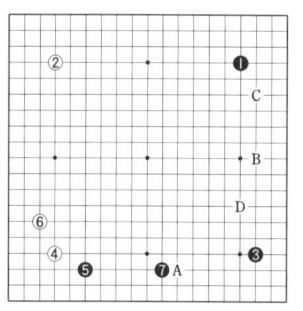

제3형 고바야시류 포석

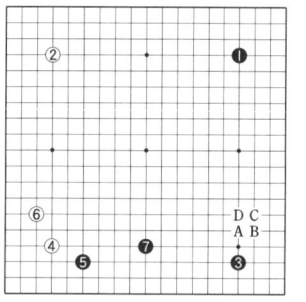

3장 ☞ 양화점과 양소목 포석

제1형 2연성과 3연성 포석

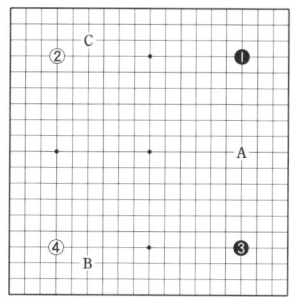

234

제2형 양소목 굳힘 포석

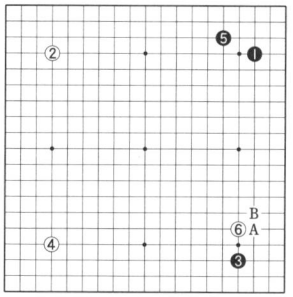

254

기본에는 충실하되 발상의 폭을 넓혀라

포석은 한판의 바둑의 출발선으로, 중반의 전투를 대비한 사전작업의 과정이며 또한 승리를 위한 초석이기도 하다. 따라서 포석의 중요성은 아무리 강조해도 지나치지 않다.

포석을 잘하기 위해서는 기본적인 몇 가지 지식이 필요하다.
　첫째, 귀의 착점의 성격을 알고 있어야 할 것. 둘째, 상황에 맞는 올바른 정석 선택을 할 수 있어야 할 것. 셋째, 큰 곳과 작은 곳, 급한 곳과 급하지 않은 곳을 판별할 수 있어야 할 것 등이다.

포석의 착수는 '귀 → 굳힘 또는 걸침 → 변'이라는 순서로 두는 것이 상식이다. 그러나 가끔은 그 순서가 무색해지는 포석도 등장한다.

따라서 원칙이란 참고에 그쳐야지 맹목적으로 따라서는 안 된다. 특히나 덤이 점점 커지고 있는 현대바둑의 흐름상 포석부터 치열해지고 있다. 따라서 기본에는 충실하되 발상의 폭을 넓힐 필요가 있다.

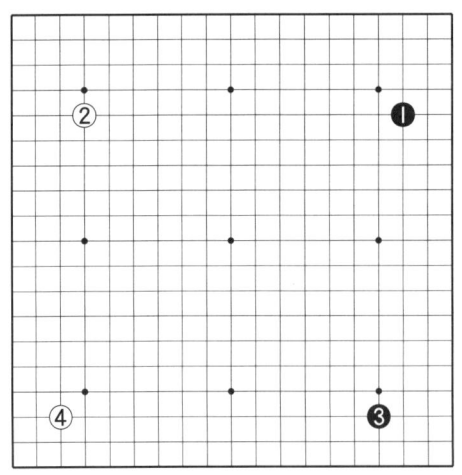

1도(귀의 착점)

흑1은 외목, 백2는 고목, 흑3은 소목, 백4는 3三이라고 부르는 귀의 착점들이다.

그러나 요즘 바둑에서는 3三은 거의 보기 힘들며, 외목과 고목도 가물에 콩 나듯 등장한다.

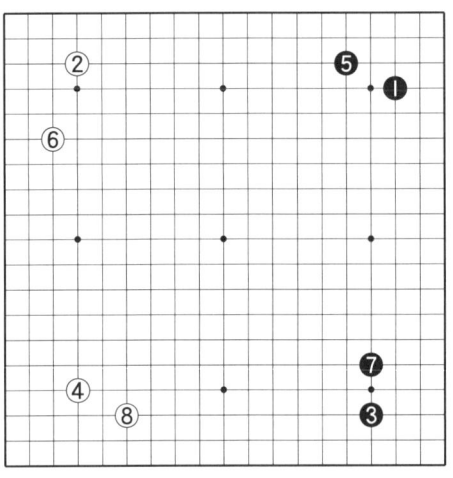

2도(굳힘의 유형)

굳힘의 유형을 대략 살펴보기로 한다. 흑1과 5는 소목의 날일자굳힘, 흑3과 7은 한칸굳힘, 백2와 6은 눈목자굳힘이며, 백4와 8은 화점에서의 날일자굳힘이다.

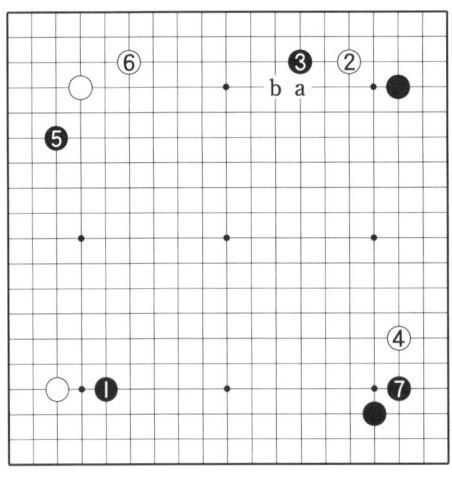

3도(걸침과 협공 등)

흑1은 한칸걸침, 백2와 흑5는 날일자걸침, 백4는 눈목자걸침. 흑3은 한칸협공(a는 한칸높은협공, b는 두칸높은협공), 백6은 날일자응수, 흑7은 마늘모응수다.

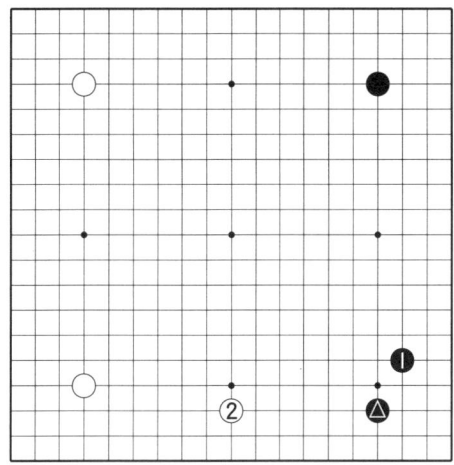

4도(마주보고 있는 중앙)

흑❹는 우상귀 화점과 연계해 형태 편의상 '평행형' 소목이라 부르기로 하자. 흑1의 날일자굳힘에 백2는 눈 딱 감고 두어야 할 큰 곳이다. 왜 그럴까?

이곳은 좌하귀 백의 화점과 우하귀 흑의 굳힘이 마주보고 있는 중앙에 해당하기 때문이다.

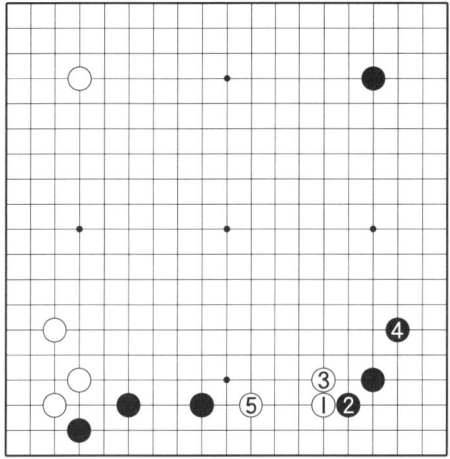

5도(1립2전, 2립3전)

백1의 걸침에 흑2, 4가 좋은 수법이다. 백5로 벌리고 보니 2립(1과 3의 두점이 2립이다)2전이므로 불만이다.

기본은 '1립2전, 2립3전'이 아닌가? 백1은 4쪽 걸침이 옳은 방향이다.

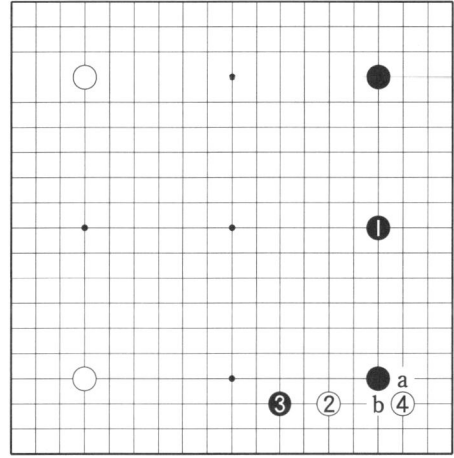

6도(3三침입 때 막는 방향)

1로 변의 화점을 차지해서 흑은 3연성을 펼쳤다. 백2의 걸침에 흑3의 협공, 백4의 3三침입 때 흑은 a, b 중 어느 쪽을 막아야 할까?

정답은 a(자세한 것은 '3연성'편 참조).

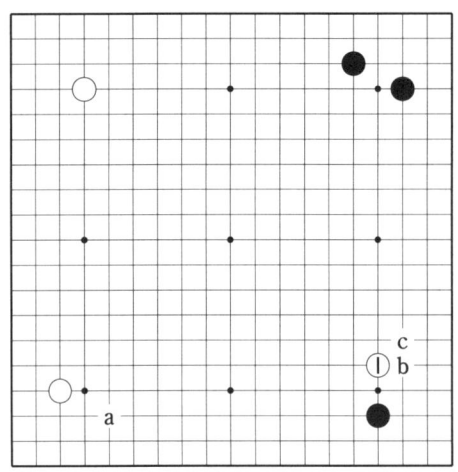

7도(시급한 걸침)

백1은 시급한 걸침이다. 이 수로 a에 굳히면 흑도 b로 굳힌다. 굳힘을 두 개 허용하는 것은 불리하다는 포석 이론이므로 1을 서두른 것이다. 백1 은 c의 눈목자걸침도 있다.

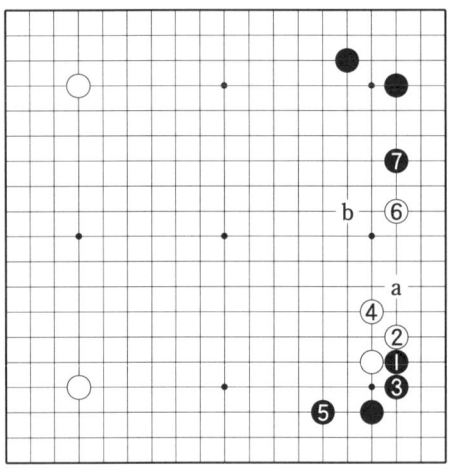

8도(다가섬이 호점)

이런 배석에서 흑1 이하 백6까지는 흔히 쓰이는 기본정석인데 흑7로 다 가서는 것이 다음 a의 침입을 엿보 는 호점이다.

　백은 b에 뛰어서 지키는 것이 발 은 늦지만 두텁다.

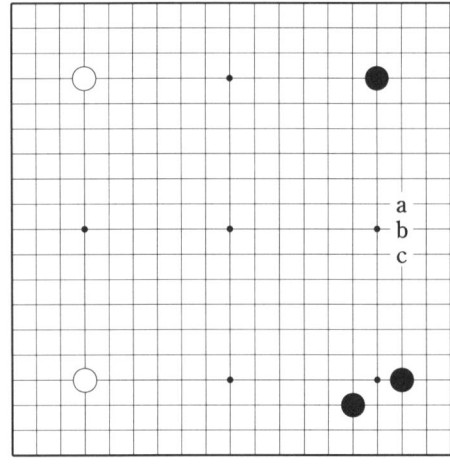

9도(갈라침에 관하여)

변을 처리하는 기술의 하나인 갈라 침에 관하여 몇 가지 알아두고 넘어 가기로 한다.

　이런 배석에서 우변을 갈라칠 때 는 a, b, c 가운데 어느 것이 적합할 까?

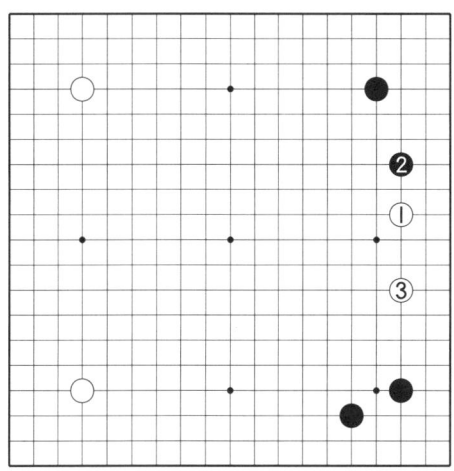

10도(1립2전)

갈라침의 기본 원칙은 다음 상대방이 어떻게 두든 내가 벌릴 자리가 반드시 있어야 한다는 것이다.

　백1은 어떨까? 흑2면 백3으로 벌려서 1립2전에도 부합된다.

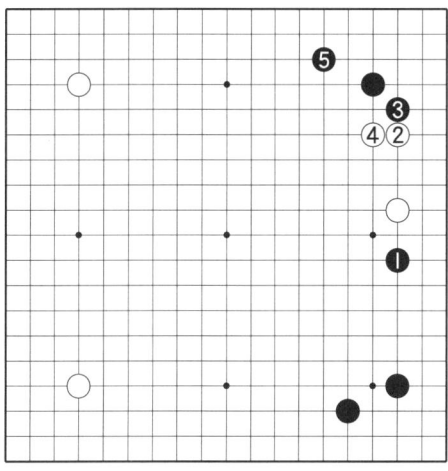

11도(2립2전)

그러나 흑은 1쪽에서 다가선다. 그러면 백은 2로 걸치게 되는데, 이것도 1립2전?

　그러면 좋겠지만 흑3, 5로 두는 수단이 있어, 백은 2립2전이 되니 불만이다.

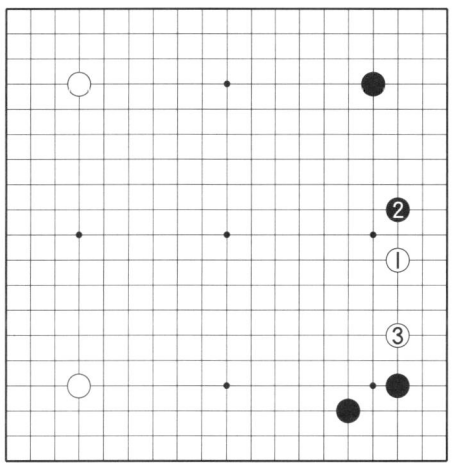

12도(답답하다)

그렇다면 백1의 갈라침은 어떨까?

　흑2면 백3으로 벌려서 이것도 1립2전이니 그리 나빠 보이지는 않는다. 그러나 양쪽에서 흑에게 압박당해 답답한 느낌이다.

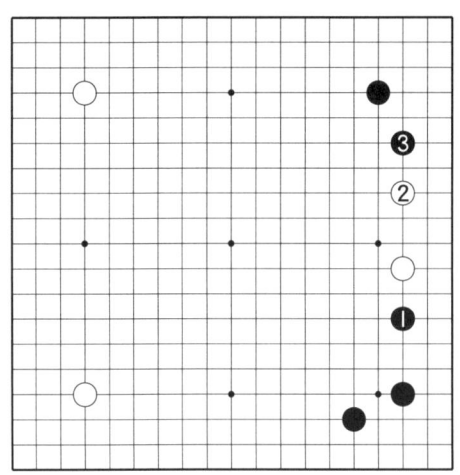

13도(흑이 좋다)

흑1쪽에서 다가서는 수도 있다. 백2로 벌리면 1립2전이지만, 흑3의 날일자로 굳히면서 압박해 오는 것이 준엄하다.

이 진행은 흑이 좋다는 평가가 내려져 있다.

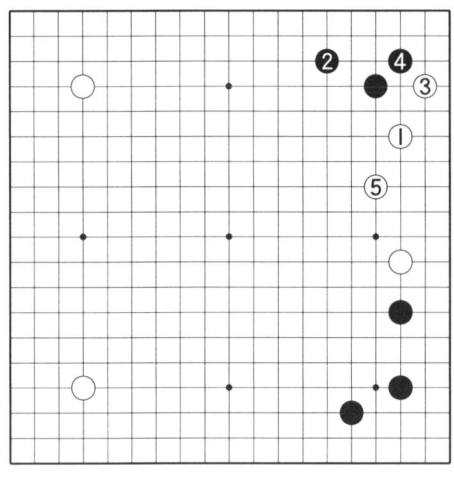

14도(백, 멋진 모습?)

백1로 걸치는 수는 어떨까? 흑2면 백3, 5로 지켜서 멋진 모습이다.

그러나 흑이 이렇게 두어줄 리 없다. 흑2로는 5의 곳에 두어 협공할 것이고 어려운 싸움이 벌어진다.

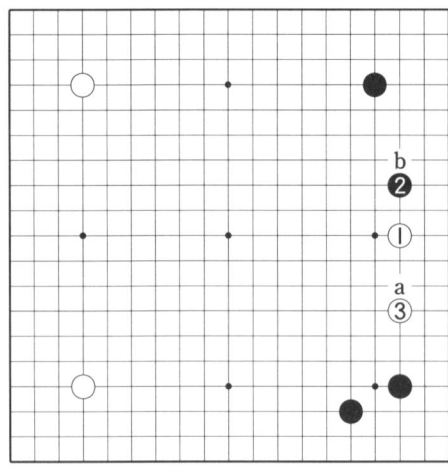

15도(가장 무난)

백1로 한가운데를 갈라치는 것이 가장 무난한 수법이다.

흑2면 백3으로 두칸을 벌려 12도같은 압박감이 없다. 흑2로 a쪽에서 다가와도 백b로 두칸을 벌려서 안심이다.

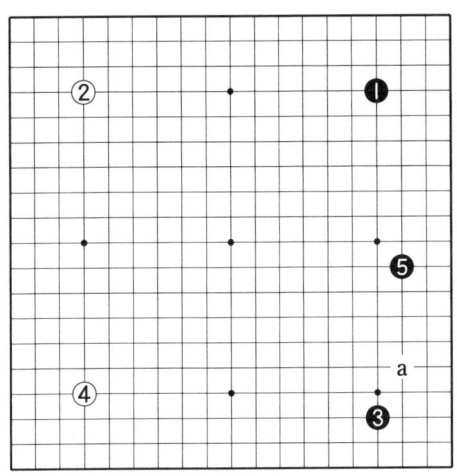

16도(중국식 포석)

흑은 화점과 소목, 백은 양화점 포석으로 출발했다.

　다음 흑은 포석의 원칙대로라면 a에 굳혀야 마땅한데 5로 변을 두었다. 이것이 스피드를 중시한 중국식 포석이다.

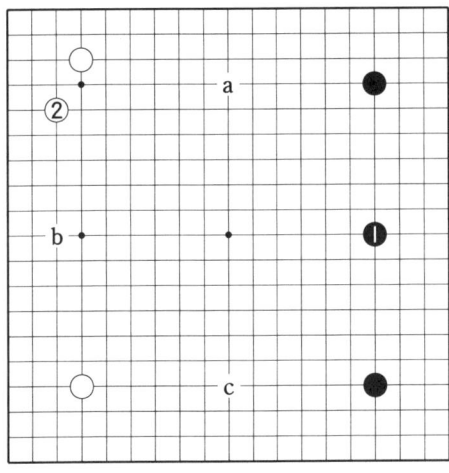

17도(굳힘과의 관계)

흑1의 3연성에 백2로 좌상귀를 굳힌 장면. 다음 흑은 a, b, c 가운데 어느 쪽을 두어야 할까?

　답은 a로, 같은 '마주보는 중앙'이라고 해도 좌상 백의 굳힘과의 관계상 상변의 가치가 크다.

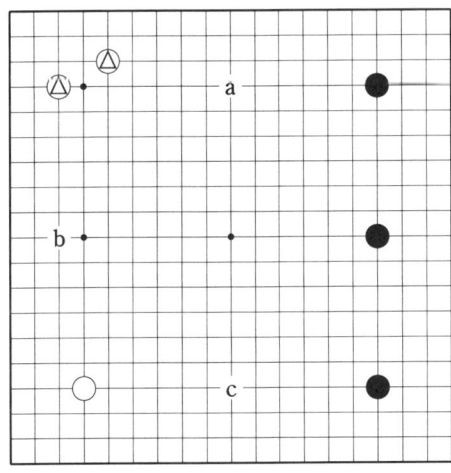

18도(굳힘의 발전 방향)

이번에는 좌상귀 백△의 굳힘 방향이 다르다. 역시 흑은 a, b, c 가운데 어느 쪽이 옳을까?

　답은 b이다. 굳힘의 발전 방향이 상변보다는 좌변쪽에 영향이 크므로 그 점에 착안한다.

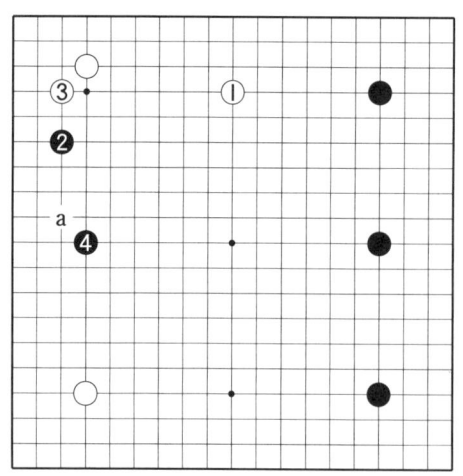

19도(굳힘 대신 벌림)

백이 좌상귀를 굳히지 않고 상변을 1로 벌렸다. 다음에 흑이 우물쭈물하면 귀를 굳히려는 속셈이다.

따라서 흑은 2의 눈목자로 좌상귀를 걸치고 4(또는 a)로 터를 잡는다.

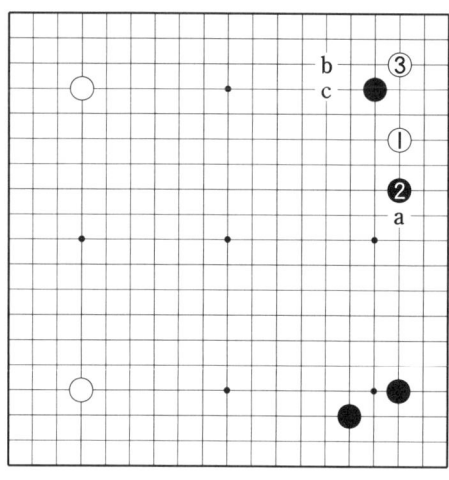

20도(걸침에 협공하면)

흑은 소목 굳힘과 화점, 백은 양화점으로 출발했다.

백1의 걸침에 흑2로 협공하면 백3의 3드침입이 보통이다. 흑2로 a에 협공하면 백이 b나 c로 양걸침해서 상당히 복잡해진다.

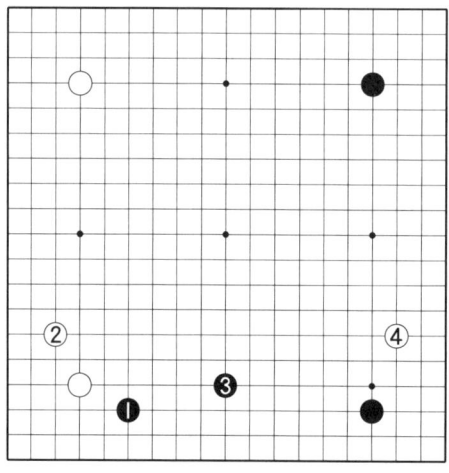

21도(고바야시류)

흑1로 걸치고 3으로 전개하는 포진을 '고바야시류'라고 부른다(일본의 고바야시 9단 전성기에 전매특허로 쓰여서 붙은 이름).

이에 대해 백4의 눈목자걸침이 가장 많이 쓰인다.

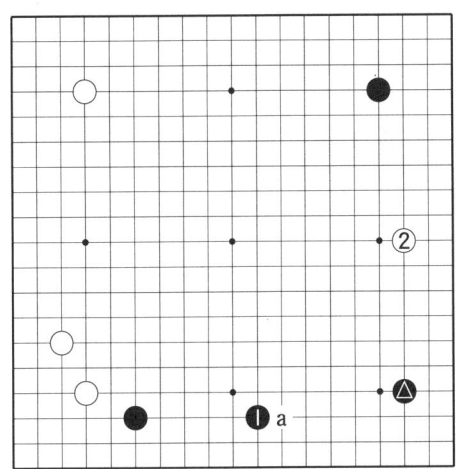

22도(미니중국식)

흑❷는 4도와 비교해 편의상 '개방형' 소목이라 부르기로 하자.

흑1에 포진하는 것을 '미니중국식'이라고 부른다. 흑1로 a에 한발 오른쪽에 두는 것은 '변형 미니중국식'이라고 한다. 백은 2로 갈라치는 것이 상식이라고 알아두자.

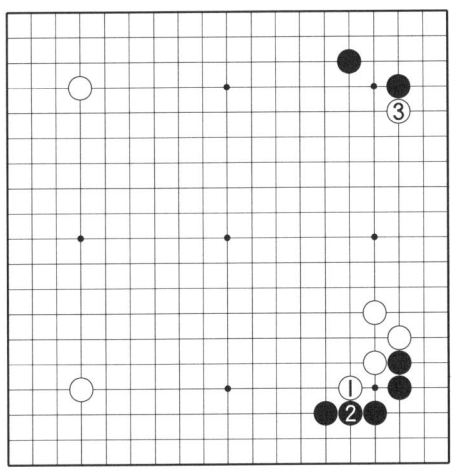

23도(알파고의 마늘모)

거슬러 올라가 8도의 6으로 다짜고짜 백1과 흑2를 문답하는 것이 '알파고의 수법'이다. 이제는 가끔 등장해 낯설지가 않다.

백3의 붙임은 비교적 새 수법으로 인기가 식지 않고 있다.

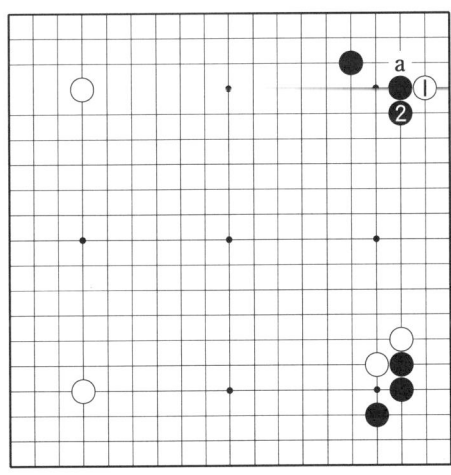

24도(응수타진)

우하쪽을 결정하기 전에 백1로 먼저 붙여서 흑의 응수를 살피는 것이 고등전술이다.

흑2면 나중에 백a로 젖혀서 귀살이가 있는 만큼, 우하에서 백의 운신의 폭이 여유로워진다.

1
화점·소목 굳힘 포석

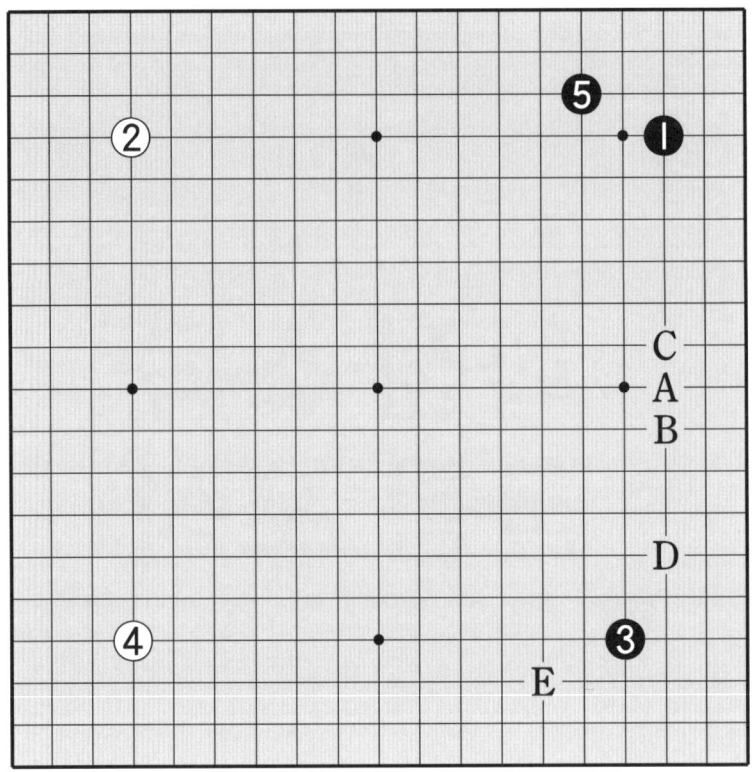

현대포석에서 화점과 소목을 배합한 포진이야말로 균형 잡힌 귀의 착점이다. 흑의 입장에서 화점과 소목 굳힘을 즐겨 쓰는 것도 그런 맥락에서 이해할 수 있다.

출발은 흑1의 소목에서 3의 화점, 그리고 5의 날일자굳힘이다. 이에 대해 백은 2, 4로 두 개의 화점(2연성)으로 대항한다. 여기서 백이 우변을 갈라친다면 A, B, C, 세 가지 수를 생각할 수 있으며, 걸친다면 D 아니면 E일 것이다. 물론 이것 말고도 다른 수단이 있지만, 여기서는 이 다섯 가지의 변화를 중점적으로 알아보기로 한다.

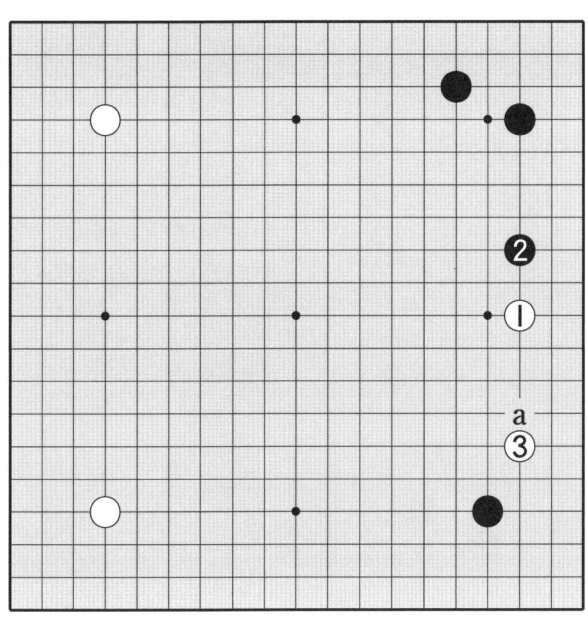

01-1도

1도(고전적인 갈라침)

백1로 한가운데를 갈라치는 것은 오랫동안 사랑받아온 고전적인 수법이며 아직도 널리 쓰이고 있다.

흑2의 육박에는 백3(a도 있으며 그 변화는 나중에)으로 걸친다. 계속해서….

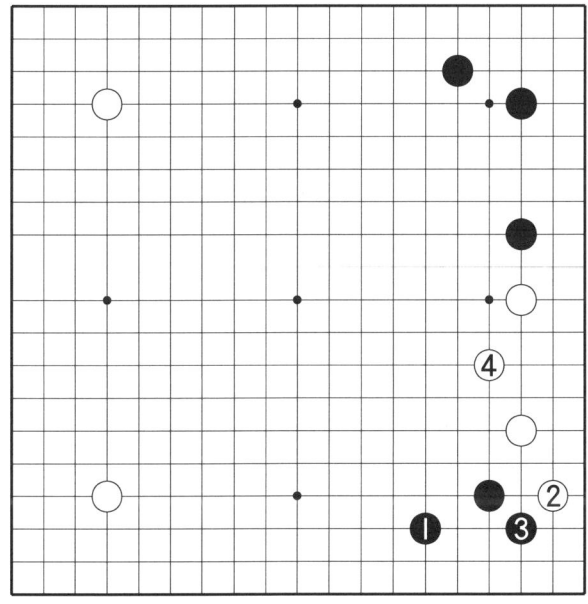

01-2도

2도(백, 이상적)

예전에는 흑1의 날일자에 백2로 미끄러지고 흑3, 백4로 일단락되는 진행도 흔히 볼 수 있었다.

그러나 이것은 백이 너무도 이상적이라는 평가여서 흑이 이렇게 두어주지 않는다.

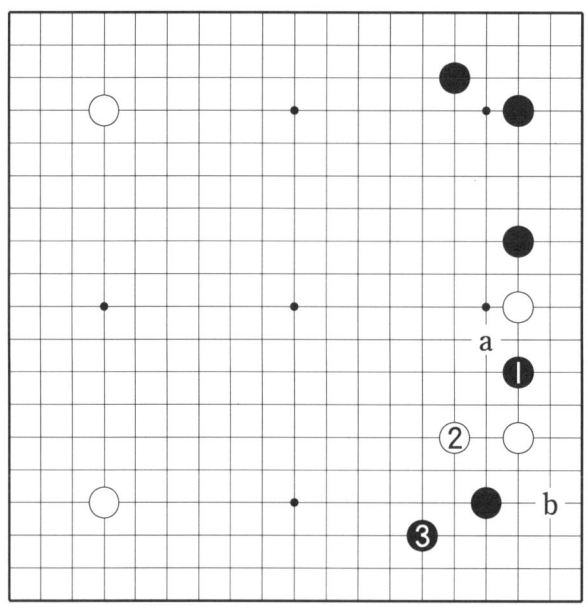

01-3도

3도(강력한 뛰어들기)

귀쪽을 받지 않고 흑1로 뛰어드는 것이 강력하면서도 당연한 수가 되었다. 백2를 기다려 흑3에 응수하는 것이 자연스럽다. 다음 백은 a와 b 가운데 어느 수를 선택해야 할까?

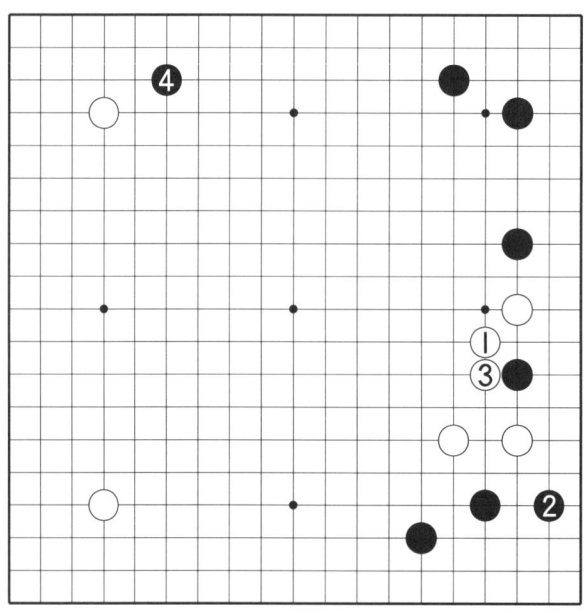

01-4도

4도(온건한 수법)

백1은 온건한 수법이다. 흑은 2로 뛰어서 귀를 지켜 튼실한 실리를 확보한다.

그러면 백3의 보강은 불가피하며 선수를 뽑은 흑은 4로 걸쳐가는 바둑이 될 것이다.

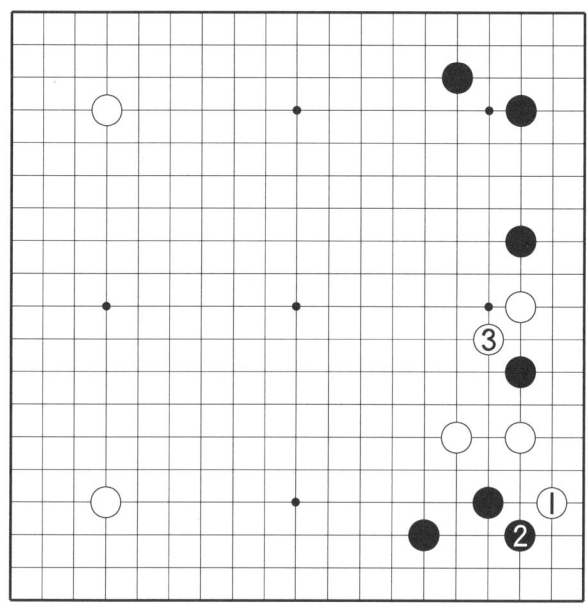

01-5도

5도(혼자만의 생각)

백1의 날일자로 미끄러지는 것도 한때 많이 두어진 수이다. 흑2면 백3으로 손을 돌려 앞 그림보다 훨씬 좋다.

그러나 이것은 혼자만의 생각이다. 흑은 이렇게 두어주지 않는다.

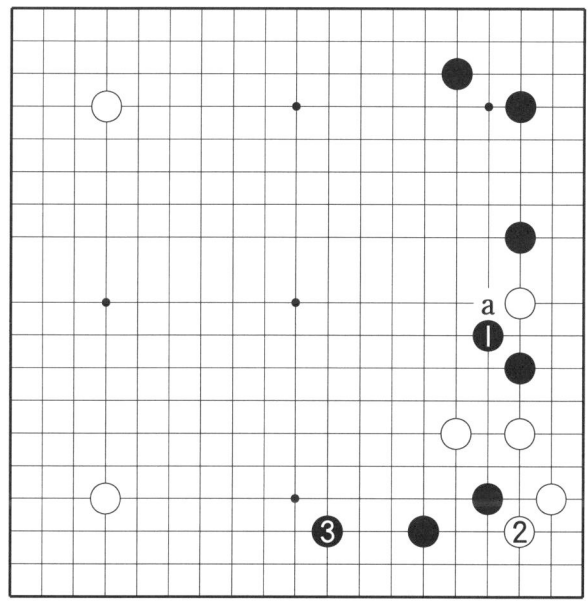

01-6도

6도(흑의 반발)

앞 그림 2로는 이 그림처럼 흑1에 마늘모해서 반발한다. 백2는 기세이자 당연한 한 수이며 흑은 3으로 두칸을 벌리게 된다. 다음 백a로 밀고 나와서 전투가 벌어진다.

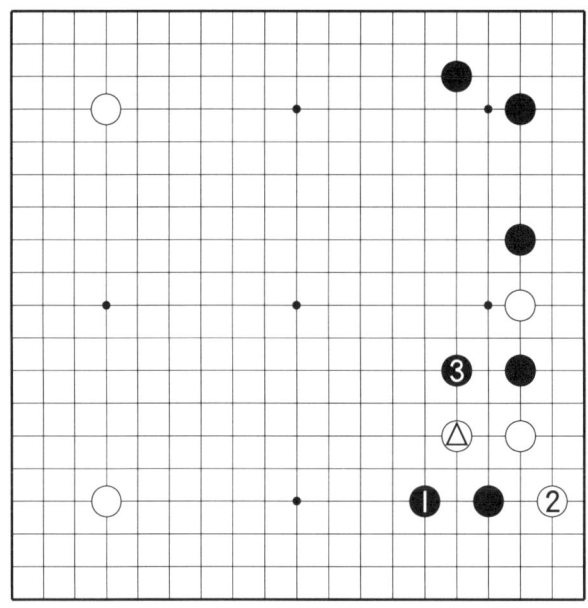

01-7도

7도(한칸을 뛰는 수)

거슬러 올라가 백이 △ 로 뛰었을 때 흑은 1로 한칸을 뛰는 수도 있다.

이 경우 백이 앞서와 같이 2의 날일자로 미끄러진다면 흑3으로 뛰려는 것이다.

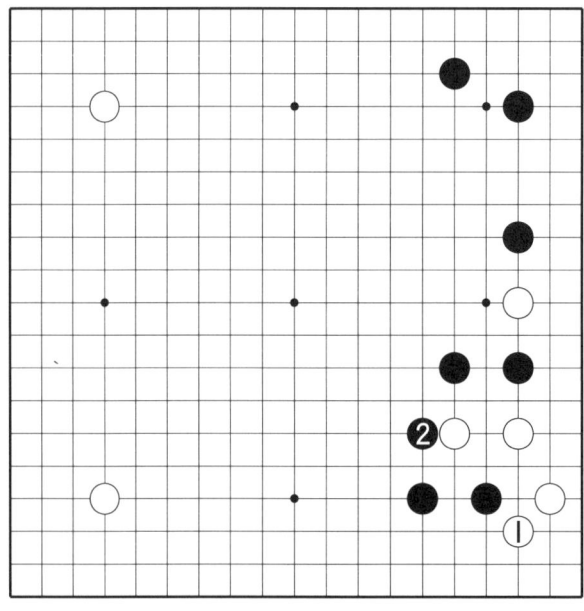

01-8도

8도(안성맞춤의 봉쇄)

계속해서 백이 1로 마늘모해서 귀를 차지한다면 흑2의 붙임이 백의 진출을 봉쇄하는 안성맞춤의 호수가 된다.

이것은 백이 견딜 수 없으므로…

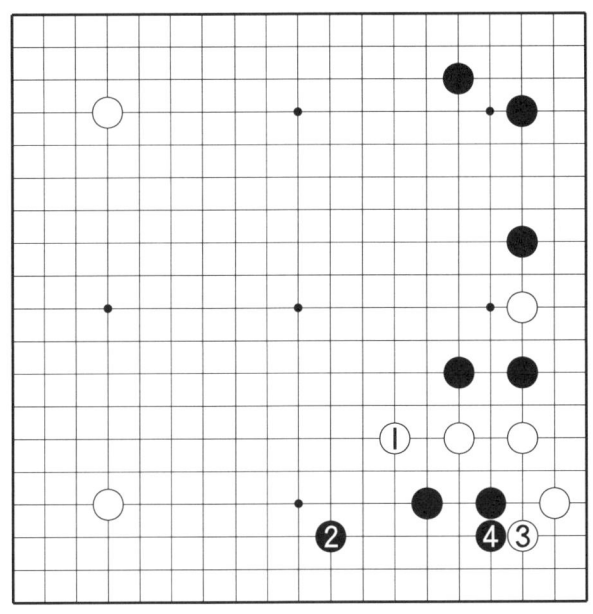

01-9도

9도(봉쇄를 피해)

백은 봉쇄를 피해 1로 뛰어나가야 한다. 그러면 흑은 2 정도로 벌리는 것이 좋다.

다음 백3의 마늘모에는 흑4로 받아둔다. 계속해서….

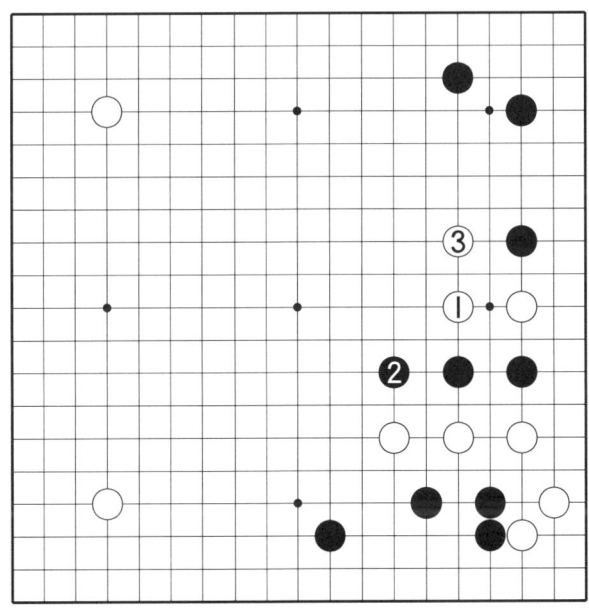

01-10도

10도(어려운 싸움)

백1로 뛰어 우변 백 한 점을 움직이는 것이 시급하다.

흑도 2로 뛰어나가야 하며 백3은 교과서 같은 행마로 배워둘 만하다. 이후 어려운 싸움이 예상된다.

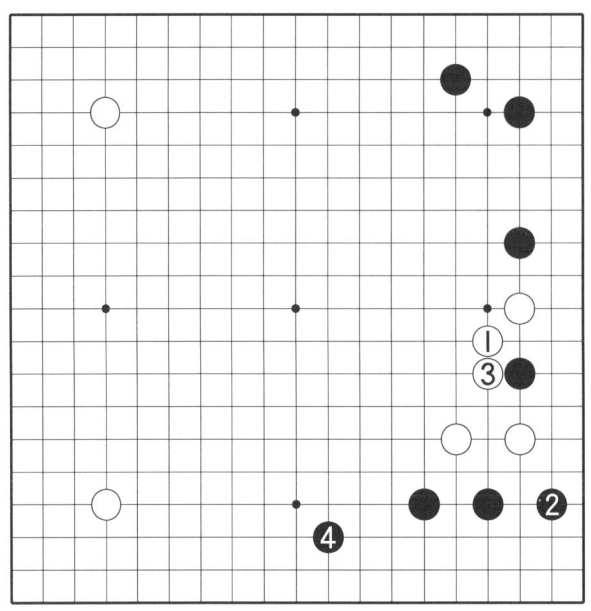

01-11도

11도(백3, 성급한 보강)
어려운 코스를 피하고 싶
다면 백은 이 상황에서 1
로 마늘모하는 것도 생
각할 수 있다.

흑2는 필연인데 백3의
보강은 성급하다. 4까지
우하의 실리가 커 흑이
유리하다.

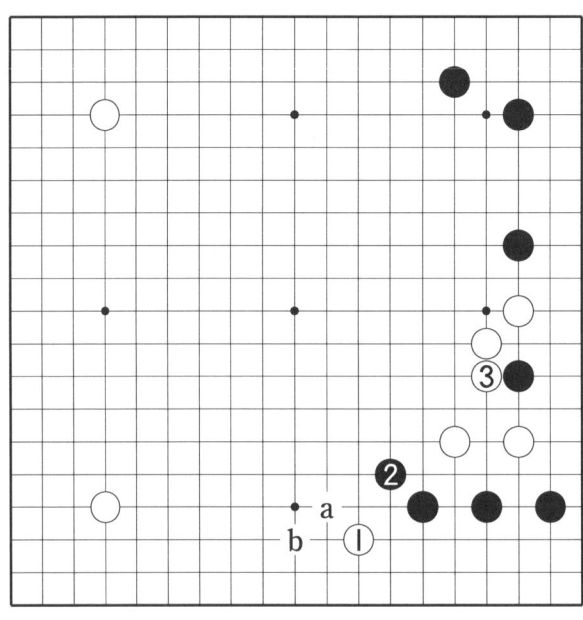

01-12도

12도(자연스러운 수순)
앞 그림 3으로는 이 그
림 백1로 육박하는 것이
바람직하다.

흑2를 기다려 자연스
럽게 백3으로 손을 되돌
린다. 다음 흑a에는 백
b로 받아서 참을 수 있다.

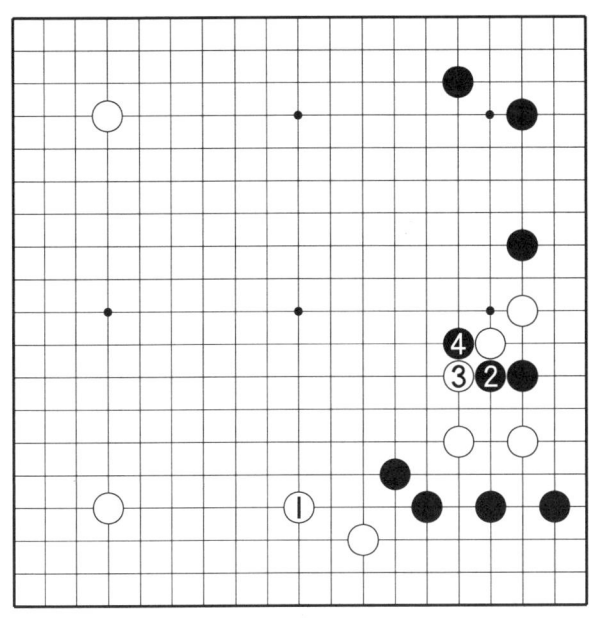

01-13도

13도(통렬한 나와끊음)
앞 그림 3은 중요한 한 수이다. 손을 빼어 이 그 림의 백1로 두고 싶기도 하지만 흑2, 4의 나와끊 음이 통렬해 백이 견딜 수 없다.

　백1은 무리한 욕심이 었다.

01-14도

14도(발빠른 포석)
1도의 3으로 이 그림 백 1로 두칸을 벌리는 변화 다. 흑2면 백3으로 이쪽 에서 걸치고 흑4에 또 백 5로 두칸을 벌려서 양쪽 을 둔다.

　백은 약간 엷지만 발 이 빠른 포석이다.

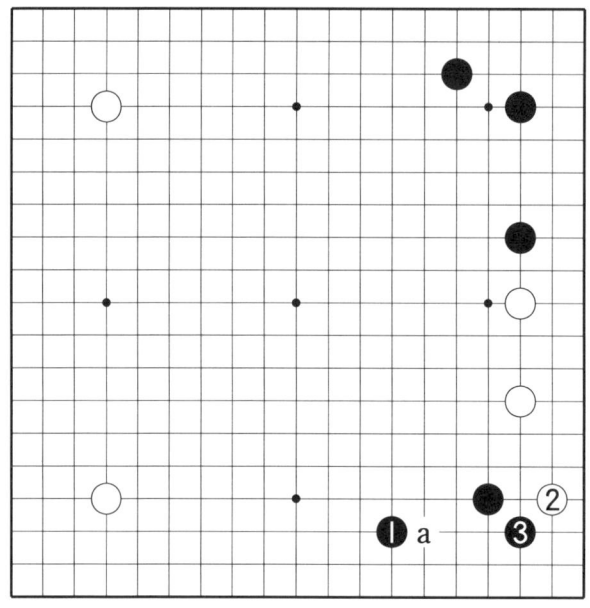

01-15도

15도(흑, 유리한 갈림)

앞 그림 2로는 이 그림 처럼 흑1의 눈목자로 응수하는 것도 유력한 수법이다.

백2면 흑3으로 받아서 1이 a에 있는 것보다 흑이 유리한 갈림이지만 백은 이렇게 두어주지 않는다.

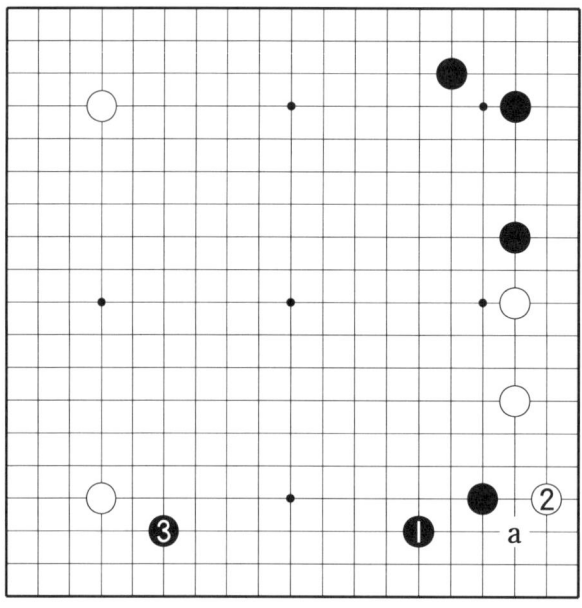

01-16도

16도(날일자 후 손뺌)

흑은 애초에 1의 날일자로 응수하고 백2의 눈목자달림에 a로 받지 않고 손을 빼어 3으로 걸쳐가는 구상도 생각할 수 있다. 앞 그림보다는 이 그림 쪽이 일반적이다.

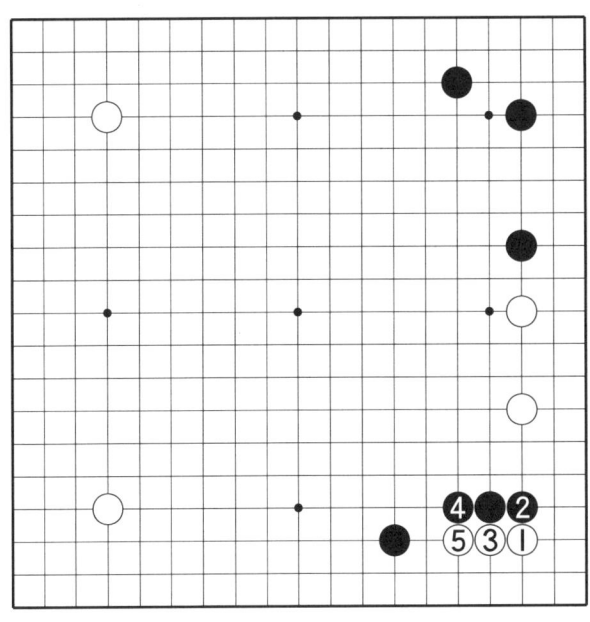

01-17도

17도(3三침입)

15도 2로는 이 그림 백1로 3三을 침입하는 것이 좋은 수법이다.

흑2면 백3, 5로 귀를 파헤쳐서 나쁘지 않다. 계속해서….

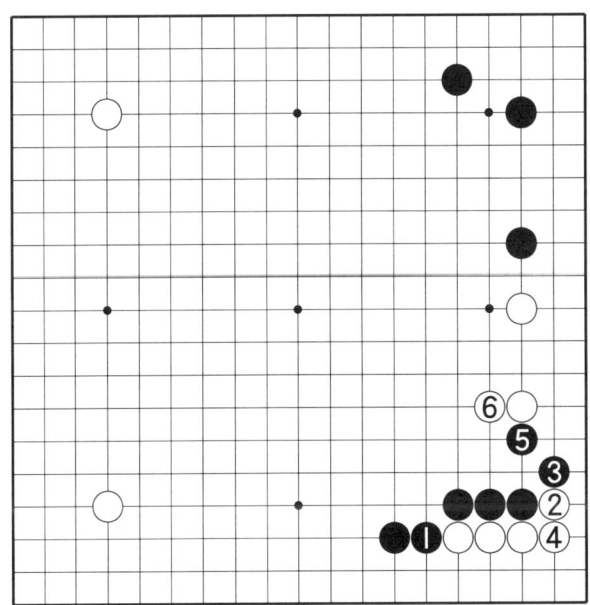

01-18도

18도(흑, 헤픈 인상)

흑1에 백2, 4로 젖혀잇는다. 흑5로 호구쳐서 위쪽 백이 약간 다칠 것 같지만 백6으로 올라서서 아무렇지도 않다.

이 결과는 좀 흑이 헤픈 듯한 인상이다.

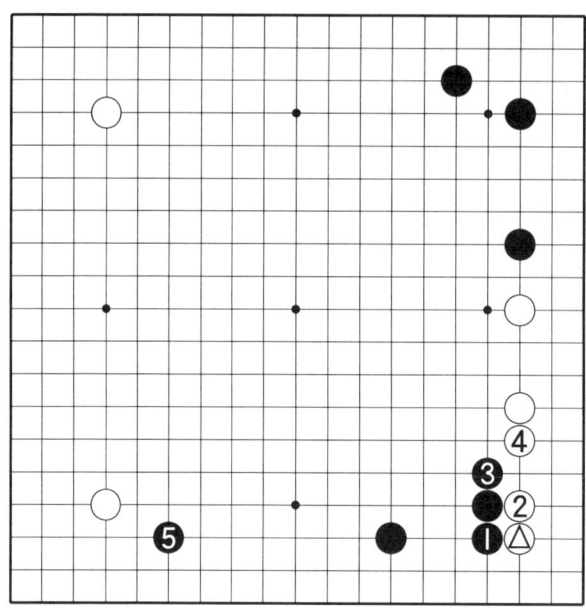

01-19도

19도(하나의 방법)

따라서 백△ 때 흑은 1 쪽을 막고 백2로 넘겨주는 것이 하나의 방법이다. 흑3, 백4를 선수하고 흑5로 걸쳐가는 진행을 예상할 수 있다.

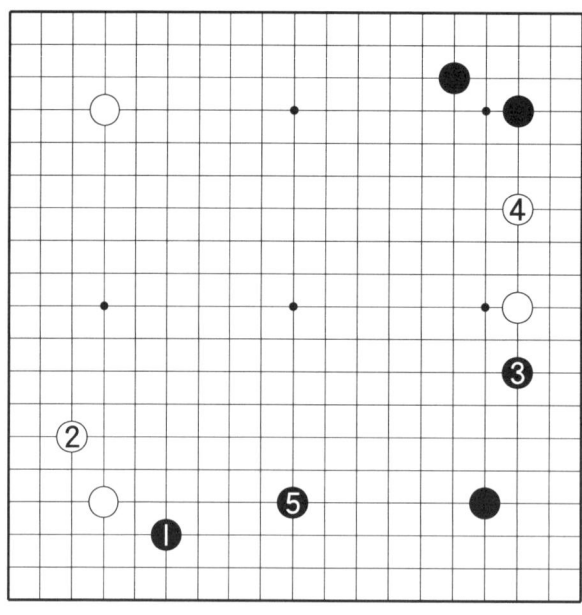

01-20도

20도(유연한 생각)

백의 갈라침에 대해 어느 쪽에서 다가설지 보류하는 것도 유연한 생각이다.

요컨대 흑1로 걸쳐 백2로 받는다면 그때 흑3 쪽에서 다가서고 5로 손을 돌리는 구상이다.

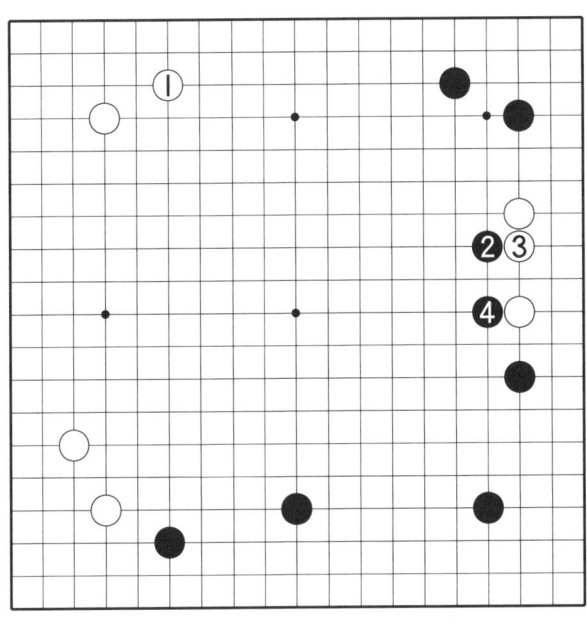

01-21도

21도(흑의 상용수법)

앞 그림에 이어, 백1로 좌상귀를 굳힌 것은 큰 수이다. 그러면 흑은 2로 어깨를 짚어 백3과 교환하고 흑4로 붙여 백을 압박하면서 우하 일대를 키우는 것이 상용의 수법이다.

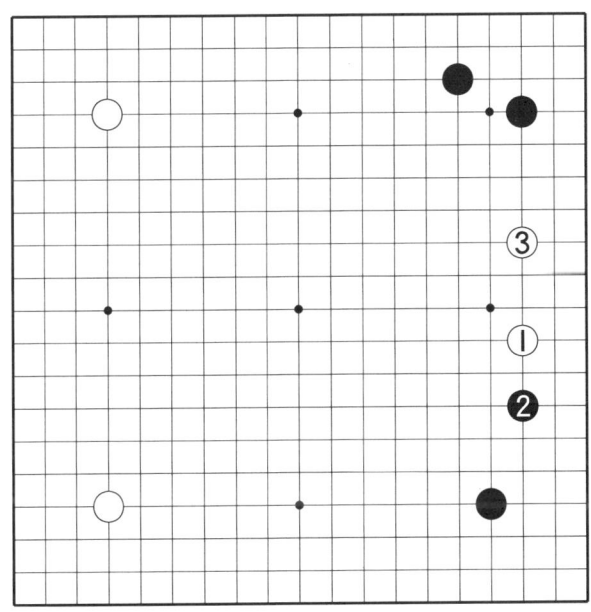

01-22도

22도(백, 편한 모습)

이번에는 백1로 한줄 아래쪽을 갈라치는 변화를 살펴보기로 한다.

흑2쪽에서 육박하면 백3으로 역시 두칸을 벌려서 편한 모습이다. 우상귀 흑의 굳힘에서 멀어져 있음에 주목하자.

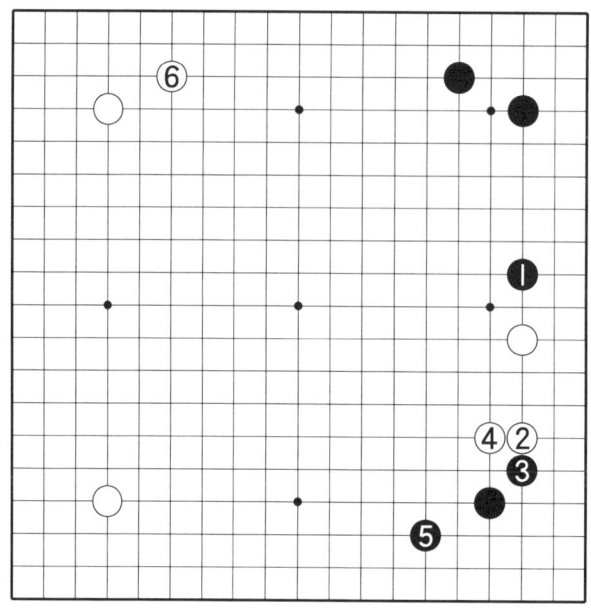

01-23도

23도(2립2전)

흑은 1쪽에서 다가서는 것이 옳은 방향이다. 백2의 걸침에는 흑3으로 마늘모 붙여서 백을 2립2전으로 만들어 놓고 흑5로 굳히는 것이 좋다. 다음 백6까지가 예상된다.

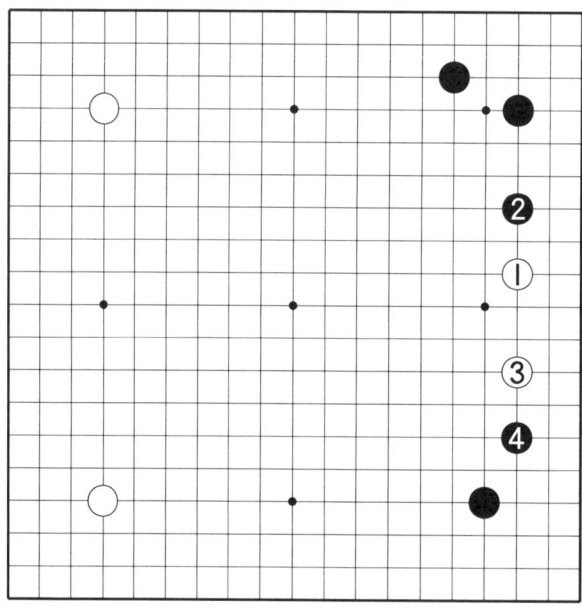

01-24도

24도(압박)

이번에는 백1로 위쪽으로 갈라치는 변화다.

흑2는 백3으로 두칸을 벌릴 때 흑4의 날일자로 굳히면서 백 두점을 압박하는 수법이다. 백은 이런 진행이 싫으면….

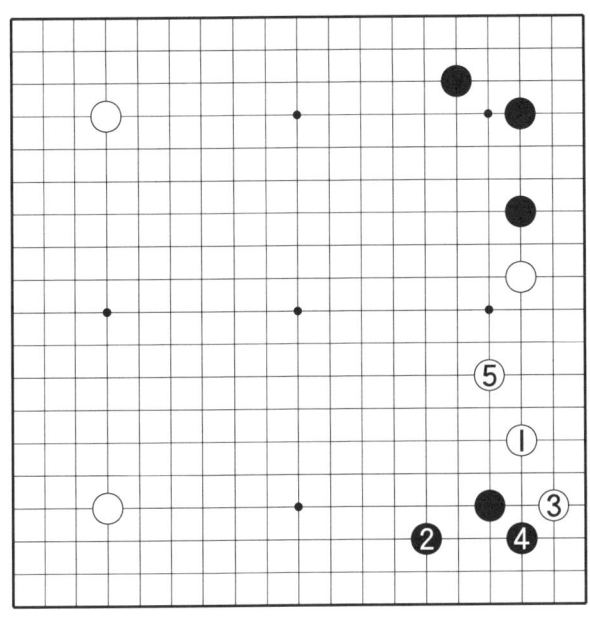

01-25도

25도(백, 멋지다)

적극적으로 백1의 날일 자로 걸칠 수도 있다. 흑 2면 백3으로 날일자 달 리고 흑4에 받을 때 백5 로 지켜서 멋지다.

물론 흑은 이렇게 두 어줄 리가 없다.

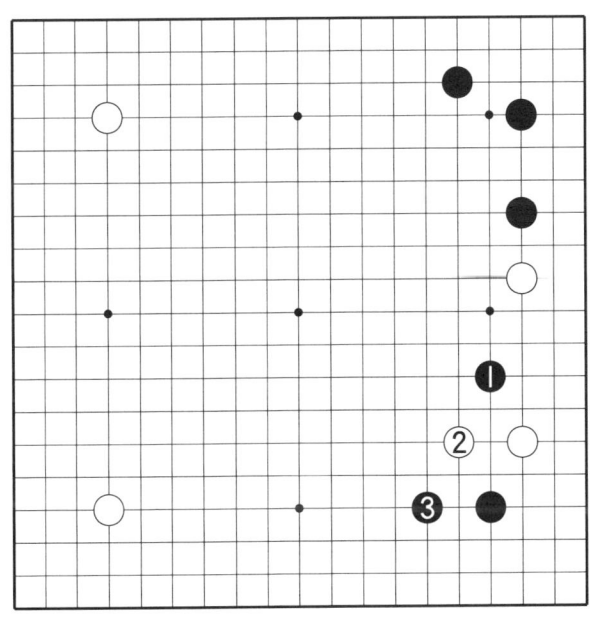

01-26도

26도(기세의 한수)

앞 그림 2로는 이 그림 흑1로 협공하는 것이 기 세의 한수이다.

백2로 뛸 때 흑3으로 뛰어서 이것은 서로가 어 려운 싸움을 각오하지 않 으면 안 된다.

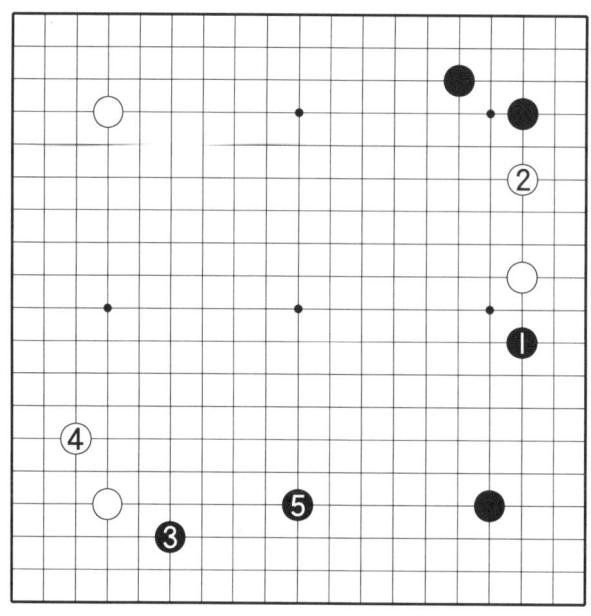

01-27도

27도(흑, 우하 구축)

흑은 애초에 1쪽에서 다가서는 수도 생각할 수 있다.

백2를 기다려 흑3으로 하나 걸쳐 놓고 5로 전개해 우하 일대에 모양을 구축하게 된다.

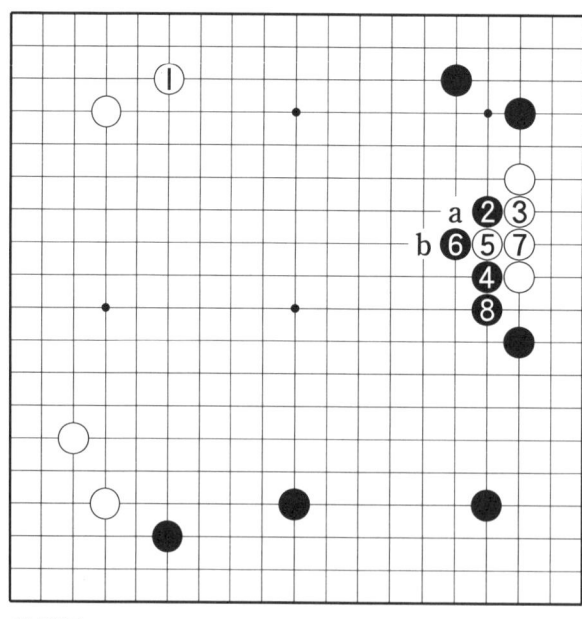

01-28도

28도(강력한 봉쇄)

앞 그림에 이어, 백1로 좌상귀를 굳히면 흑2, 4로 백을 봉쇄하면서 압박하는 수단이 강력하다.

백5, 7로 끼워잇는 정도이며 8까지 흑이 매우 두텁다. 다음 백a, 흑b로 될 곳인데 21도와는 달리 백이 피곤하다.

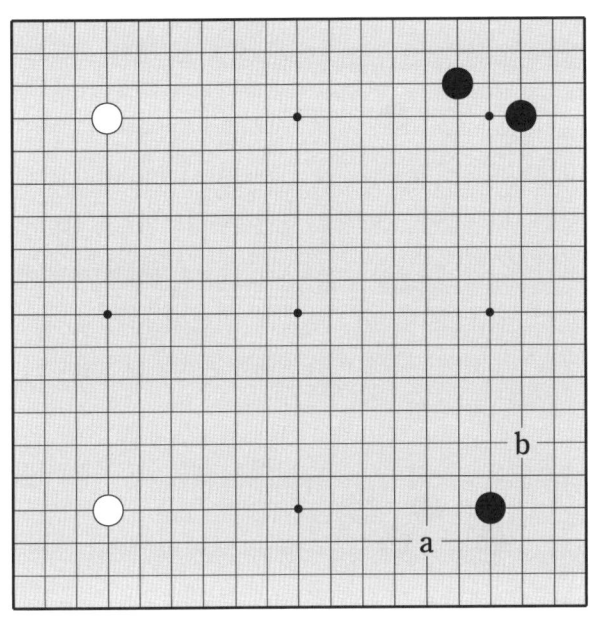

02-1도

1도(걸쳐가는 변화)

이번에는 우하귀 흑의 화점에 백이 걸쳐가는 수에 따르는 변화를 알아본다.

여러 가지 수를 생각할 수 있겠지만, 여기서는 a와 b의 날일자 두 가지에 국한한다.

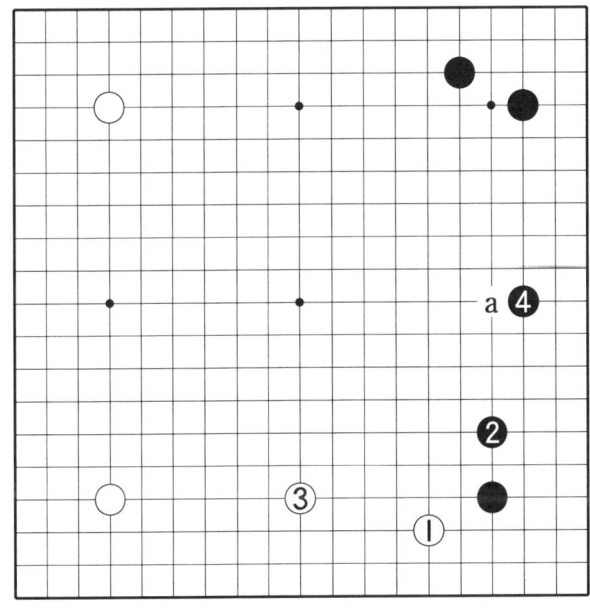

02-2도

2도(흑, 이상적)

백1쪽에서 걸쳐가면 흑은 2로 받아서 좋다. 백3으로 전개할 때 흑도 4 (또는 a)에 벌려서 우변을 구축하게 된다.

이 진행은 흑이 이상적인 모습이므로 백이 다소 불만스러울 것이다.

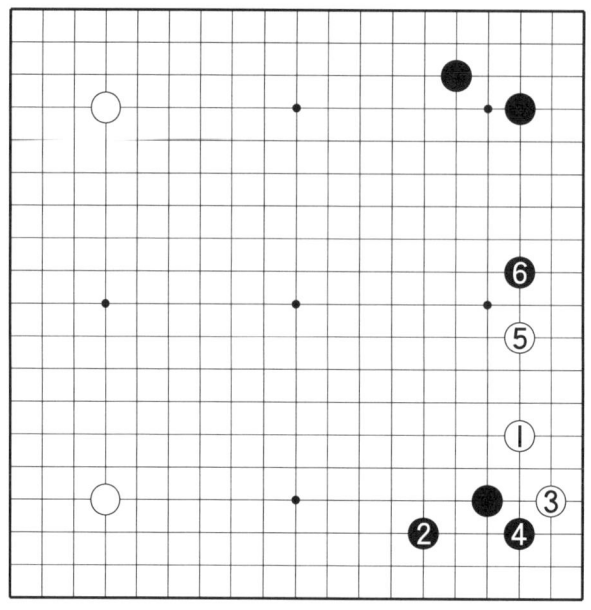

02-3도

3도(정석이지만)

따라서 걸친다면 백1쪽
이 옳은 방향이다.

흑2면 백3에서 5로 두
어 정석이지만, 이다음
흑6으로 육박해도 백에
게 위협이 되지 못한다.
백의 만족스런 진행이다.

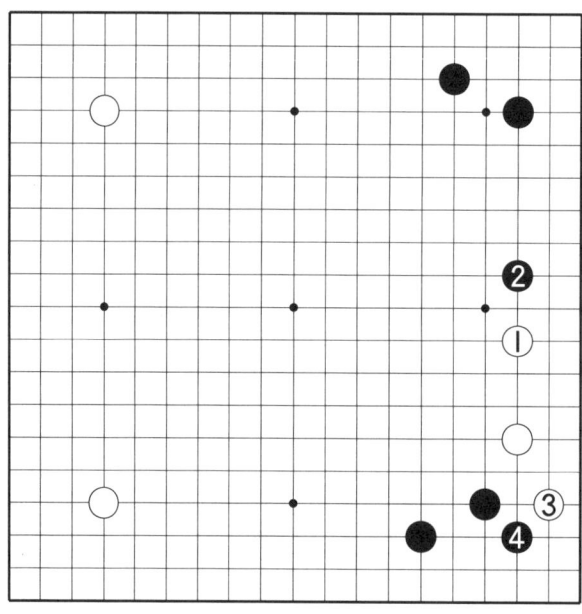

02-4도

4도(수순을 바꿔본다)

앞 그림의 수순은, 백이
1로 두칸을 벌릴 때 흑
이 2로 육박하고 백3, 흑
4로 진행한 것과 같은 결
과다.

어디서 흑이 잘못 두
었는지 금방 알 수 있을
것이다.

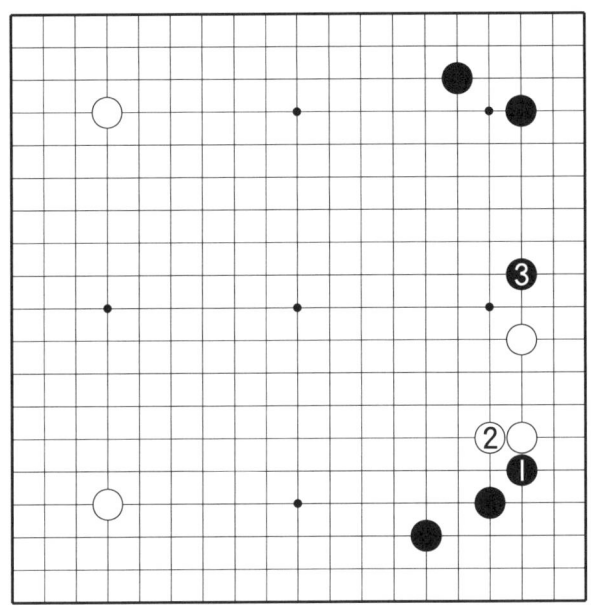

02-5도

5도(빈틈없는 수순)

앞 그림 2로는 이 그림 흑1로 마늘모 붙여서 백 2를 강요하고 비로소 흑 3으로 다가서는 것이 빈 틈없는 수순이다. 이것과 3~4도를 비교해 보면 그 차가 확연하다.

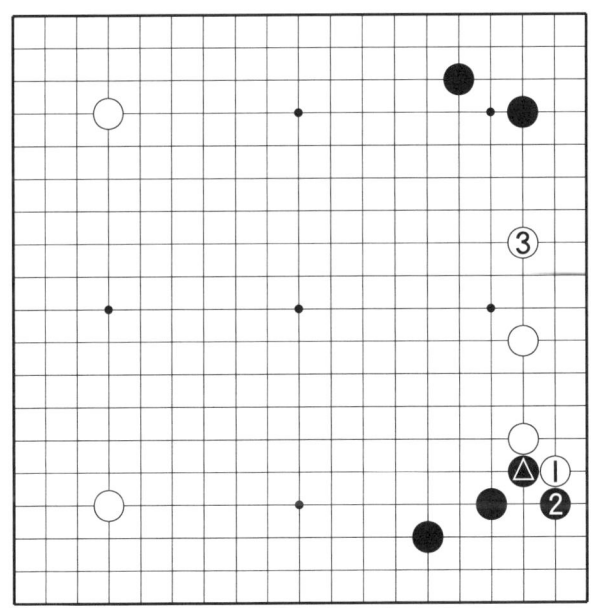

02-6도

6도(한판의 바둑)

백도 그냥은 당하고 있지 않을 것이다.

흑▲ 때 백1로 하나 젖혀 흑2와 교환하고 백3으로 벌려서 흑의 의도를 거스를지도 모른다. 이것은 이것대로 선악을 떠나 한판의 바둑이다.

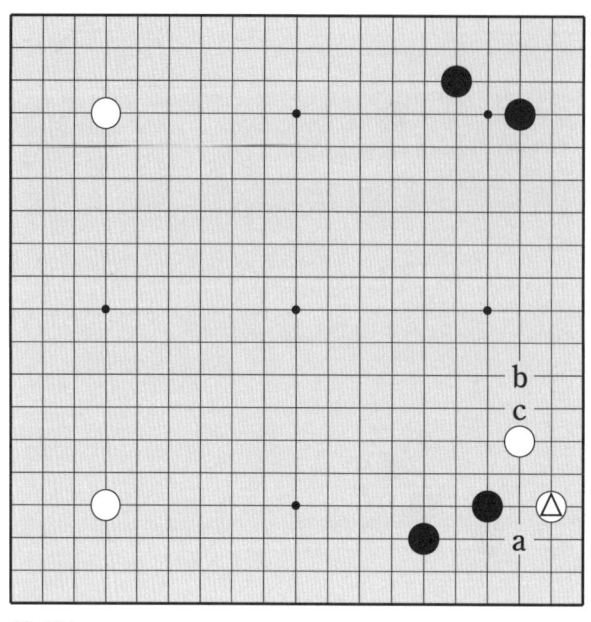

03-1도

1도(반발하는 수)
따라서 애초에 백이 △
의 날일자로 미끄러졌을
때 흑은 a로 받지 않고
달리 반발하는 수를 찾
게 될 것이다.

b의 협공과 c의 붙임
이 그것이다.

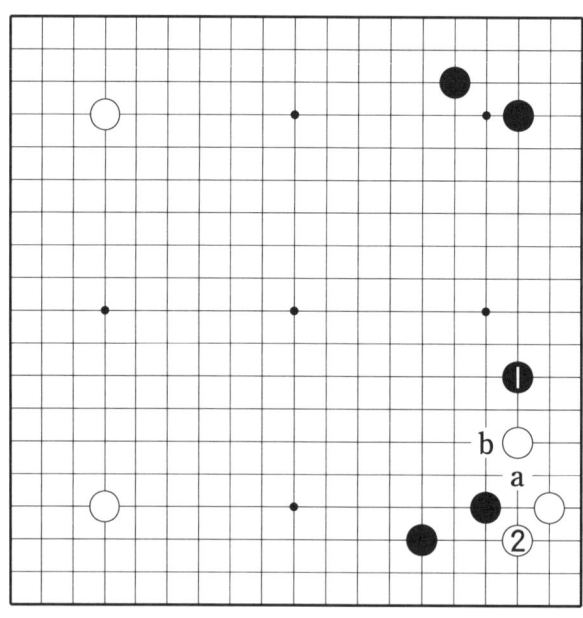

03-2도

2도(흑, 세력 중시)
흑1의 협공은 세력을 중
시할 때 흔히 사용되는
수로, 이 경우 우상귀 흑
의 굳힘과 잘 어울린다.

백2의 3三은 기세이며,
이다음 흑은 a와 b의 선
택이 있다.

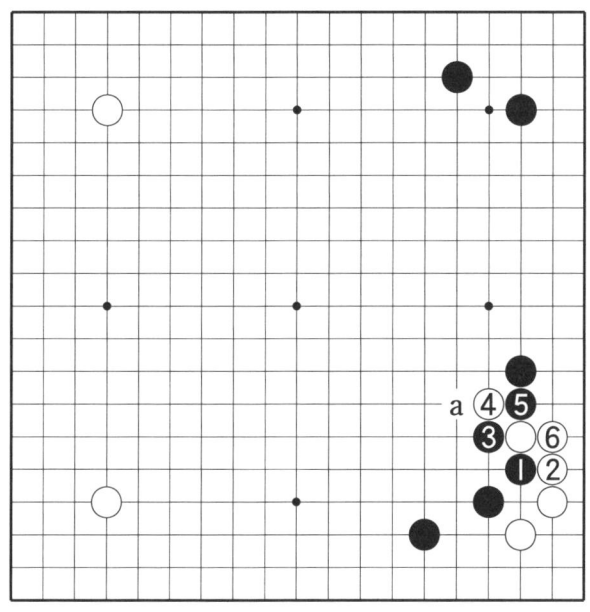

03-3도

3도(축이 유리해야)

흑1은 축관계가 있다. 백 2에 흑3으로 젖혀서 봉쇄하는 것은 상용수법인데, 백도 4로 젖혀서 바깥쪽 흑에 흠집을 만들게 된다. 다음 a의 축이 흑에게 유리해야 한다.

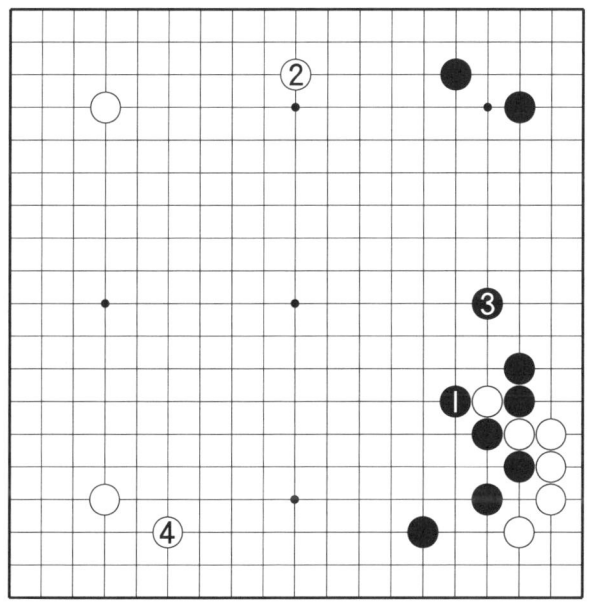

03-4도

4도(잘 어울린 국면)

계속해서 흑1의 축으로 몰 때 백은 2로 상변의 큰 곳을 차지하고 흑은 3으로 축머리 활용의 여지를 없애는 것이 상식이다.

백4로 흑 세력을 견제해 잘 어울린 국면이다.

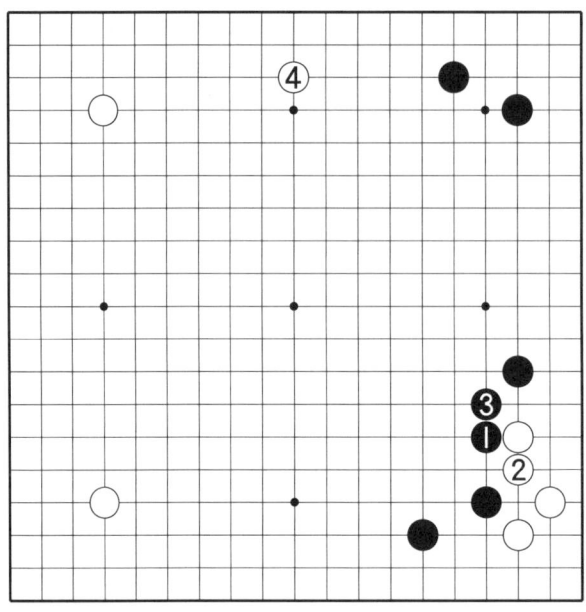

03-5도

5도(축이 불리하면)

앞 그림의 축이 불리할 경우, 흑은 이 그림처럼 1로 그냥 붙이는 정도다.

백2, 흑3으로 일단락되며 정석의 하나다. 백은 4의 큰 곳으로 손을 돌리게 되는 포석이 예상된다.

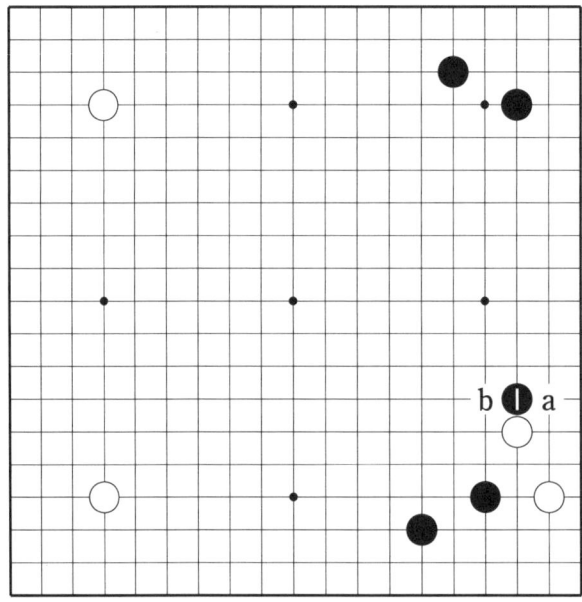

03-6도

6도(각광받는 수법)

흑1의 붙임은 근래에 들어 크게 각광받고 있다. 기리 상 이런 수는 좋을 리 없다고 외면 받던 수였지만 뜻밖에도 유력한 수로 평가받고 있다.

백은 a와 b의 두 가지 응수가 생각된다.

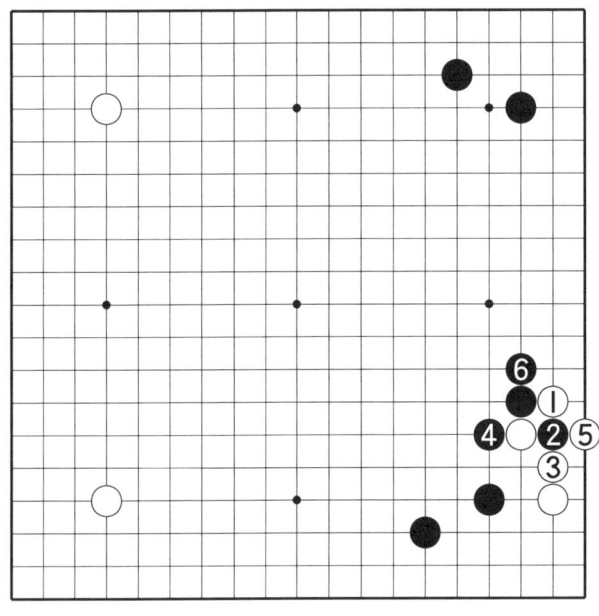

03-7도

7도(흑의 주문)

백1로 아래쪽을 젖히는 수부터 알아본다. 흑2의 맞끊음이 준비된 맥점으로, 백3에 잡으면 흑4를 활용하고 6에 늘어서 세력을 얻을 수 있다.

이것은 정형이지만 흑의 주문일 것이다.

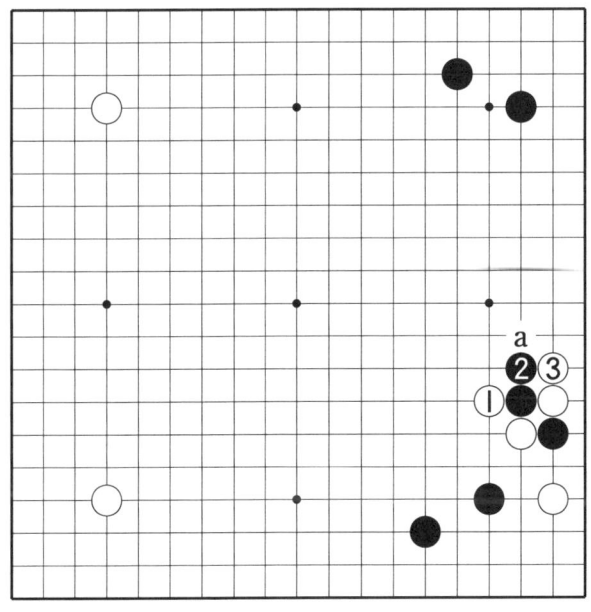

03-8도

8도(축이 유리하면)

백은 축이 유리할 경우, 앞 그림 3으로 이 그림 백1로 단수하고 3에 따라붙는 수법이 유력하다.

a의 축이 백에게 유리함을 확인해 보도록. 계속해서….

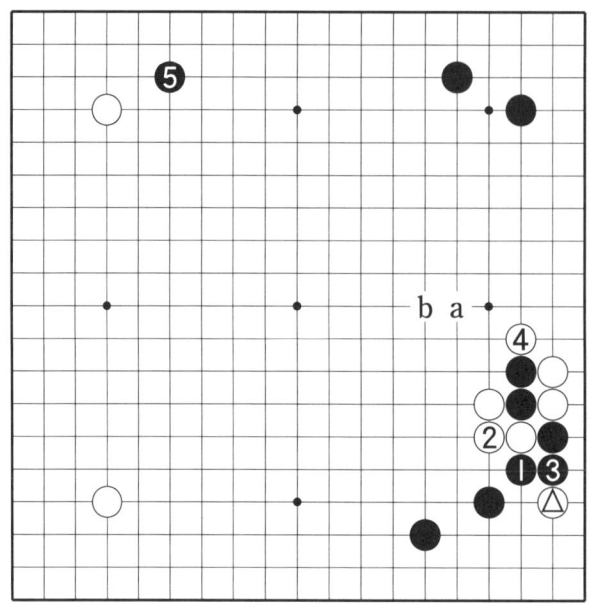

03-9도

9도(귀의 맛)

흑1, 3으로 귀를 접수하고 백은 4의 축으로 흑 두점을 제압한다. 흑5의 축머리에 백은 a나 b로 지킨다.

이 갈림은 귀의 흑 실리가 커 백이 불리한 것 같지만 △에는 맛이 남아 있다.

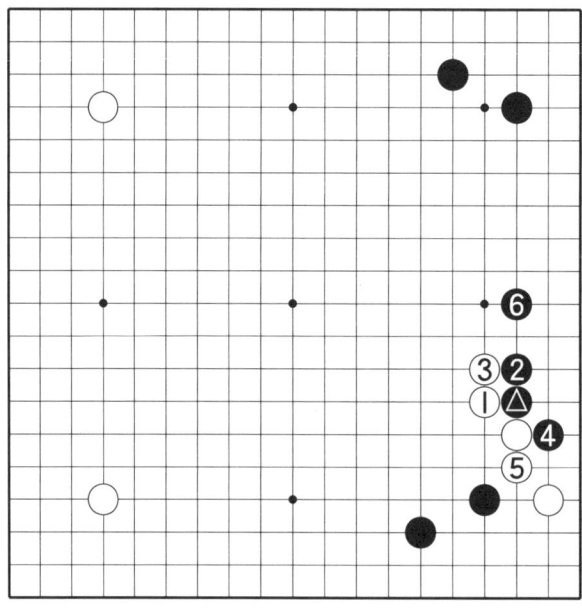

03-10도

10도(위쪽 젖힘)

흑△의 붙임에 대해 백1로 위쪽을 젖히는 변화다. 흑2에 백3으로 미는 것은 초기에 시도되었던 수법으로, 흑4로 하나 젖히고 6에 뛰는 것이 행마의 틀이다. 이다음…

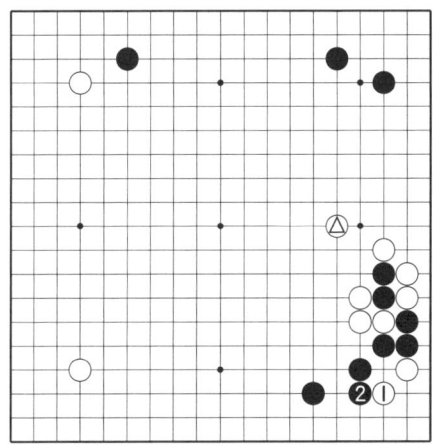

❶ 마늘모

백이 △로 지킨 후, 귀의 백 한점에는 맛이 남아 있어 흑집이 생각보다 별게 없다.

우선 백1의 마늘모가 출발점이다. 흑2로 받을 때….

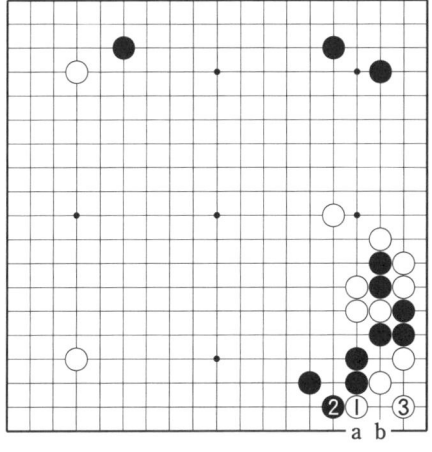

❷ 패?

백1, 3으로 두어 다음 흑a, 백b의 패로 만족해서는 안 된다.

그런데 흑2로는 3으로 치중하는 수도 있어 그냥 잡힐 위험도 있다. 백1로는….

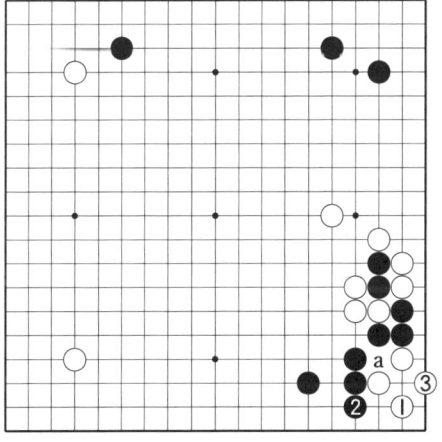

❸ 삶의 급소

백1로 '2의 二'의 곳에 미늘모하는 것이 삶의 급소다.

흑2에는 백3으로 살아 있음을 확인하기 바란다. a가 절대 선수임이 자랑이다.

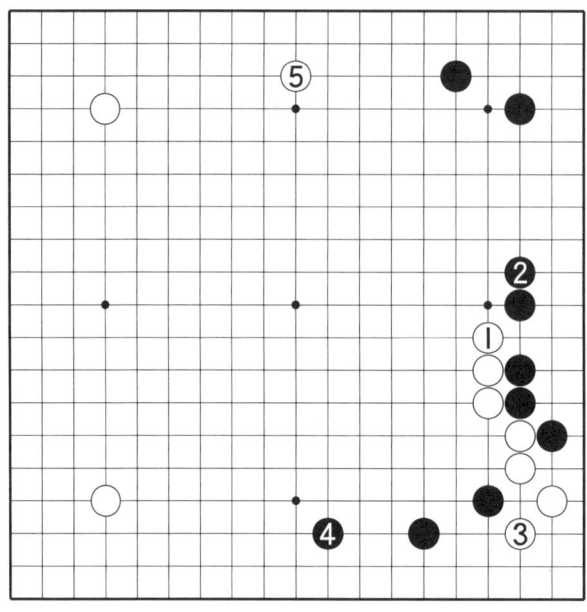

03-11도

11도(호각의 갈림)

백1, 흑2를 문답하고 백3으로 3三을 차지할 때 흑4로 두칸을 벌려서 일단락된다. 백5는 큰 곳.

이 갈림은 흑이 양쪽을 둔 모습이지만 백도 선수로 실리를 얻은 만큼 호각의 갈림이다.

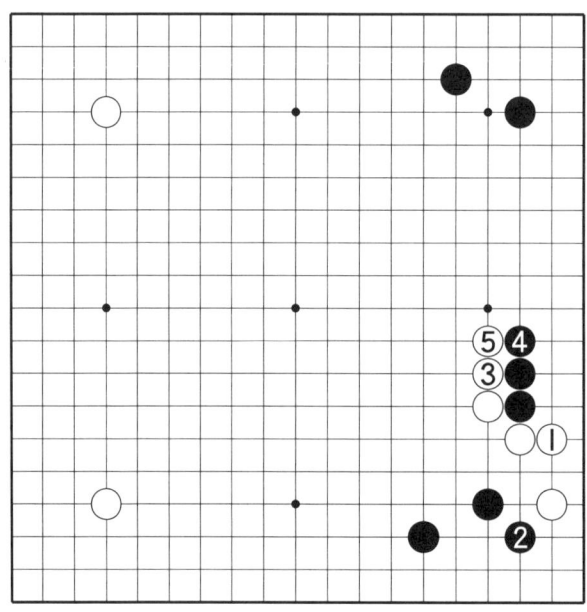

03-12도

12도(백, 내려서는 수)

10도의 3으로는 이 그림처럼 백1로 내려서는 수도 있다.

그러면 흑은 2로 귀를 받고 백의 태도를 보게 된다. 백은 3에서 5로 계속 밀어가게 되며…

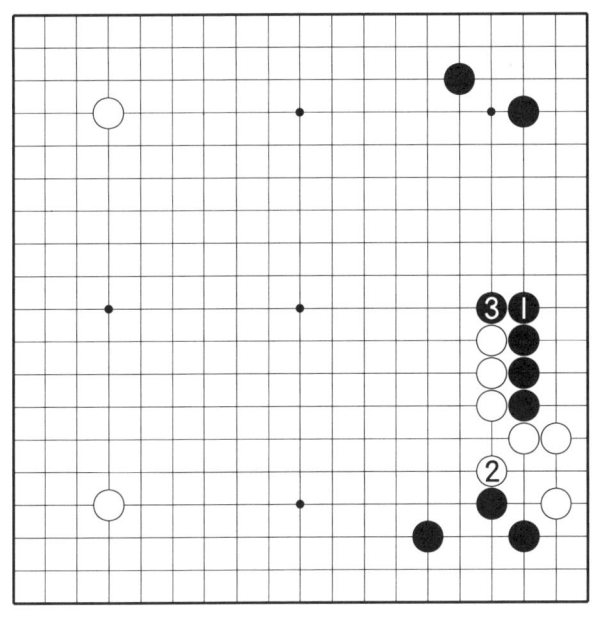

03-13도

13도(호각의 갈림)

흑1에 백2로 단점을 지켜야 하는데 흑3의 꼬부림이 우상귀 날일자굳힘을 활용하는 두터운 수이다.

백도 두터운 모습이어서 서로 불만이 없는 호각의 갈림으로 보인다.

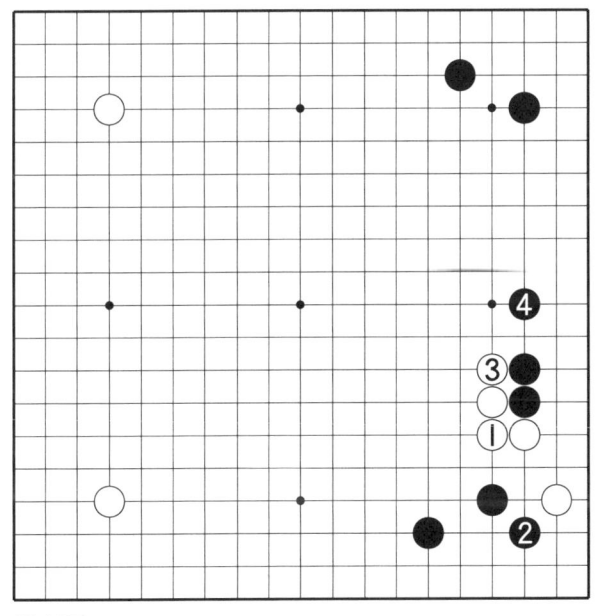

03-14도

14도(유력한 꽉이음)

10도의 3으로는 이 그림 백1로 꽉 잇는 것도 유력한 수법이다.

흑2로 귀를 받을 때 백3으로 밀어간다. 흑4는 앞서도 나왔던 행마법이며…:

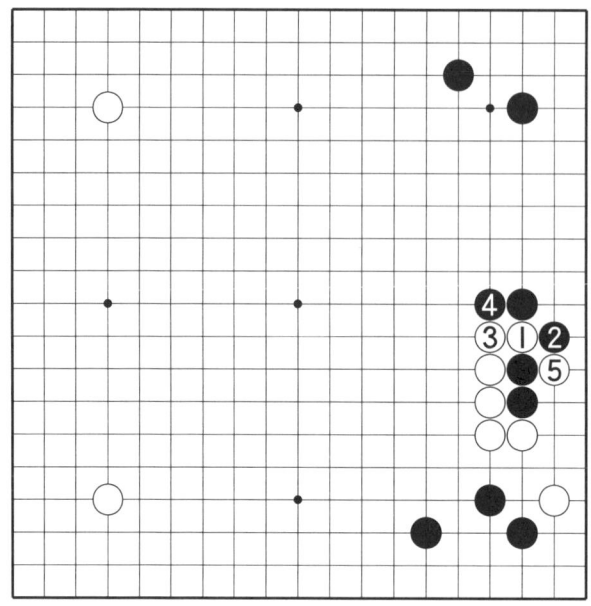

03-15도

15도(필연적인 수순)

백은 1, 3으로 끼워잇는 것이 좋은 수법이다.

흑4로 밀어올린 것은 당연하며, 여기서 백은 5 쪽을 끊어가는 것이 준비된 한수로 모두 필연적인 수순이다.

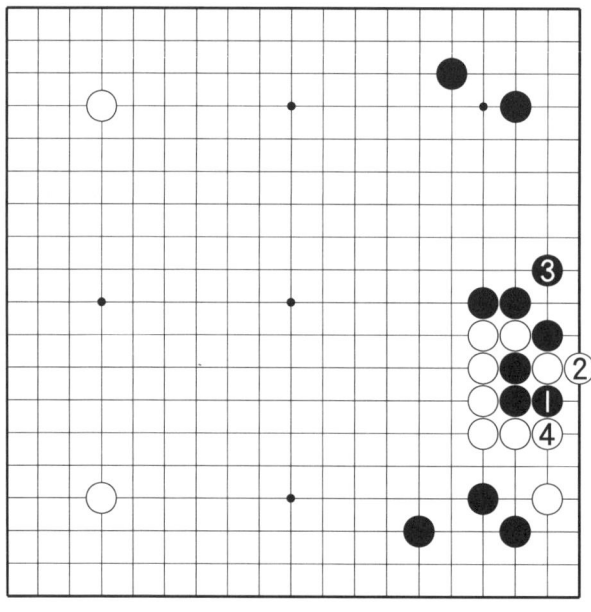

03-16도

16도(호각의 갈림)

계속해서 흑1에 백2로 내려서는 것이 절묘하다. 흑은 3으로 물러설 수밖에 없으니 그때 백4로 흑 석점을 접수해서 일단락이며 호각의 갈림이다.

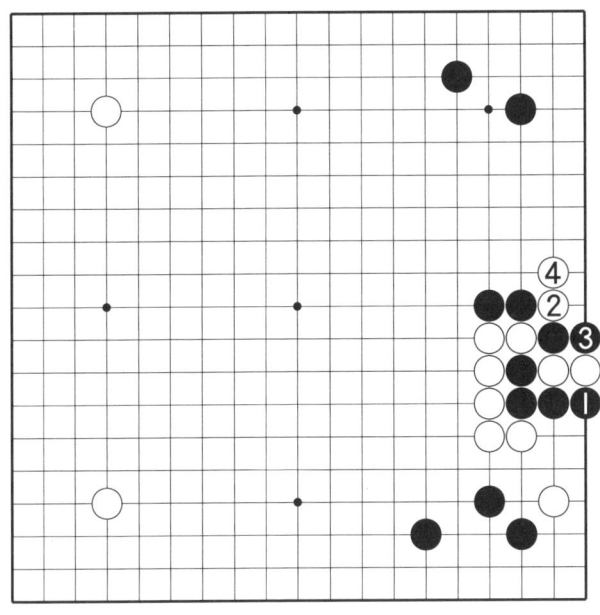

03-17도

17도(수상전)

앞 그림 3으로 이 그림 흑1로 강경하게 나가면 어떻게 되는 것일까?

백은 2로 반격해 수상전이 불가피하다. 백4는 누가 두어도 이 한수이며…

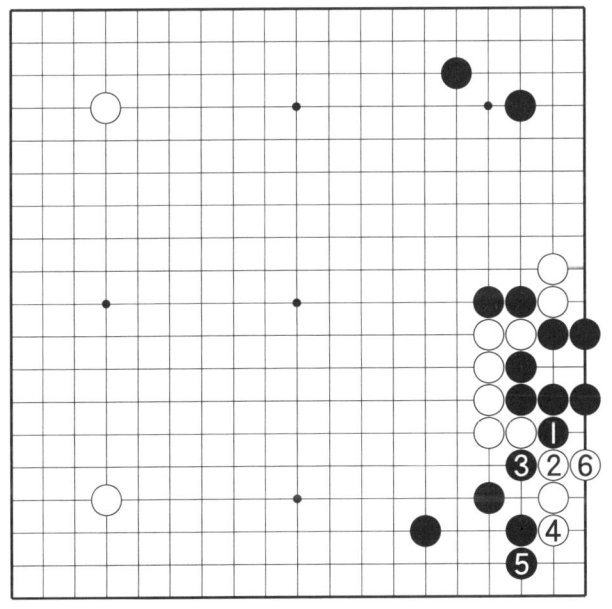

03-18도

18도(흑, 수부족)

흑1 이하 백6까지는 수상전의 결말을 보이기 위한 수순이다. 이 수상전이 백의 승리임은 너무도 명백하다.

그러므로 흑은 16도처럼 두는 것이 최선이다.

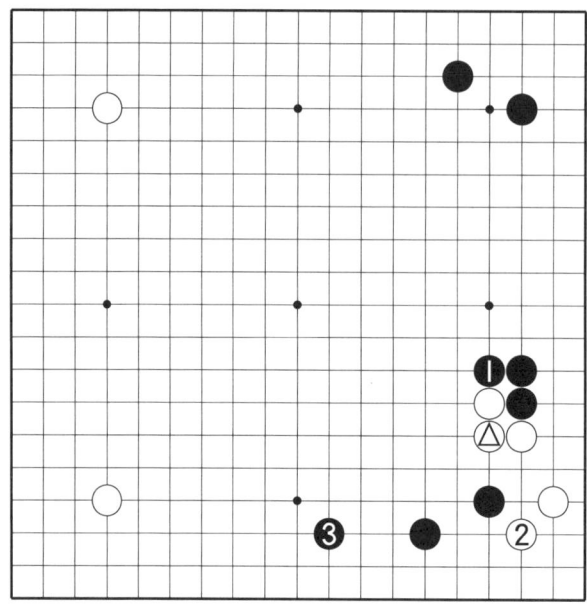

03-19도

19도(백, 좋음)

백이 △로 꽉 이은 시점으로 거슬러 올라가, 흑1로 꼬부리는 것은 바람직하지 않다.

백2의 3三이 요소여서 이 갈림은 백이 좋다는 평가가 내려진다.

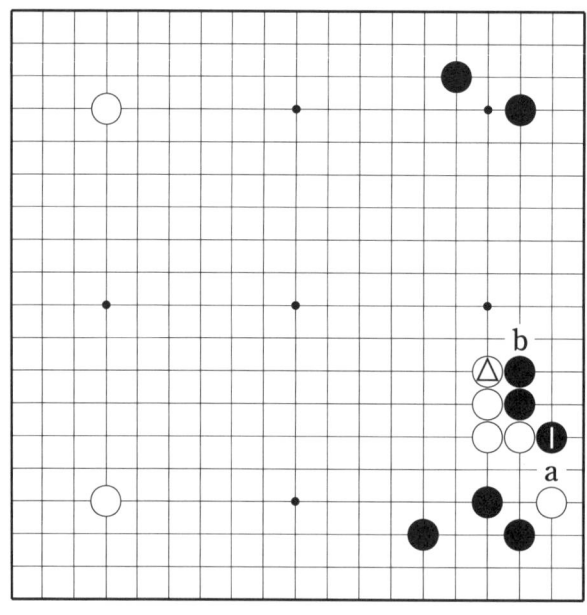

03-20도

20도(흑의 변화구)

백이 △로 밀었을 때 흑1로 젖힌 것은 주문이 담긴 일종의 변화구다.

백은 a로 받아야 할까, 아니면 b로 젖혀가야 할까?

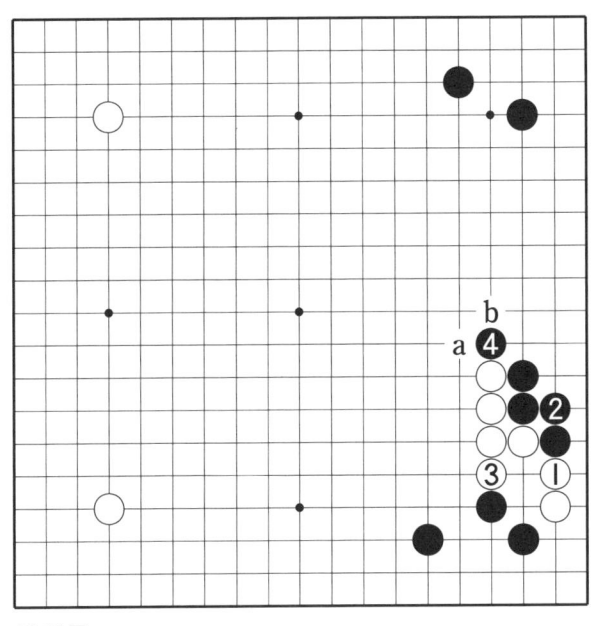

03-21도

21도(흑의 주문)

백1로 덥석 받는 것은 흑의 주문으로, 2에 잇는 것이 안성맞춤이다.

　백3에 지킬 때 흑4로 젖히려는 속셈이었다. 다음 백a에는 흑b로 늘어 백이 당한 모습이다.

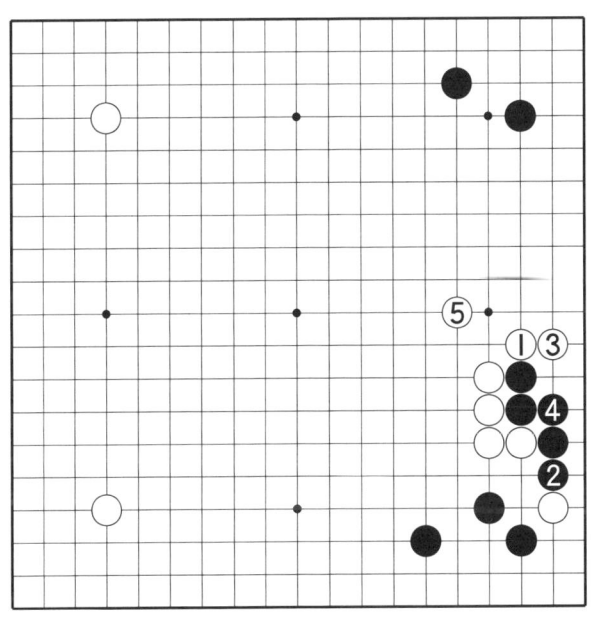

03-22도

22도(백, 두터운 모습)

백1로 반격하는 것이 올바른 대응이다.

　이렇게 되면 흑2로 두지 않을 수 없으니 백3에서 5로 갖춰 여간 두터운 모습이 아니다. 흑의 잔꾀는 실패로 돌아갔다.

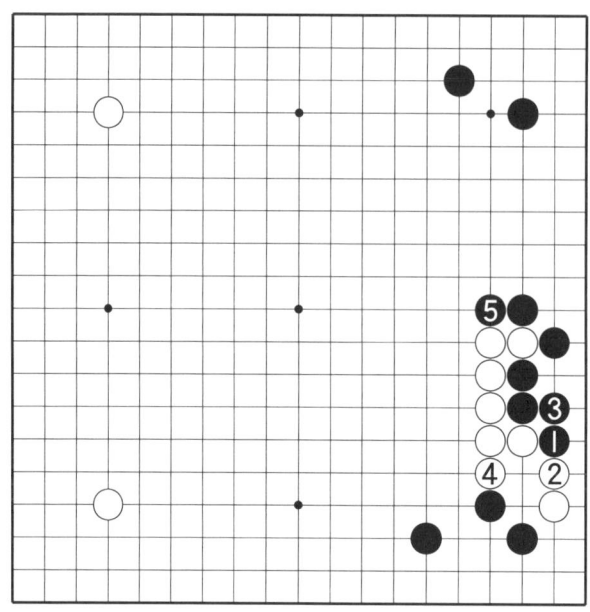

03-23도

23도(흑, 멋지다?)

15도의 4로 이 그림 흑1, 3에 젖혀잇는 것은 어떨까?

백4로 지키지 않을 수 없을 테니 흑5로 밀어올려서 멋지다. 하지만 이 수순은 흑의 달콤한 상상일 뿐이다.

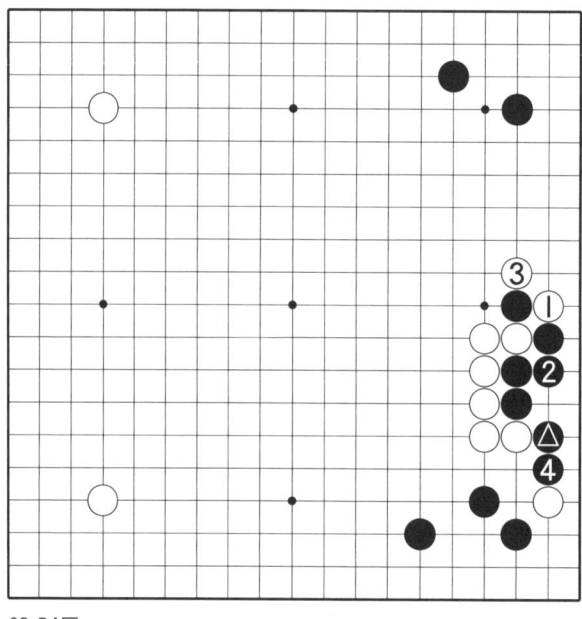

03-24도

24도(백, 유리한 갈림)

백은 흑이 ▲로 젖힌 순간, 받지 않고 1쪽을 끊는 것이 정확한 대응이다. 흑이 2로 이을 때 백3의 축으로 흑 한점을 접수해서 두텁다. 백이 유리한 갈림이다.

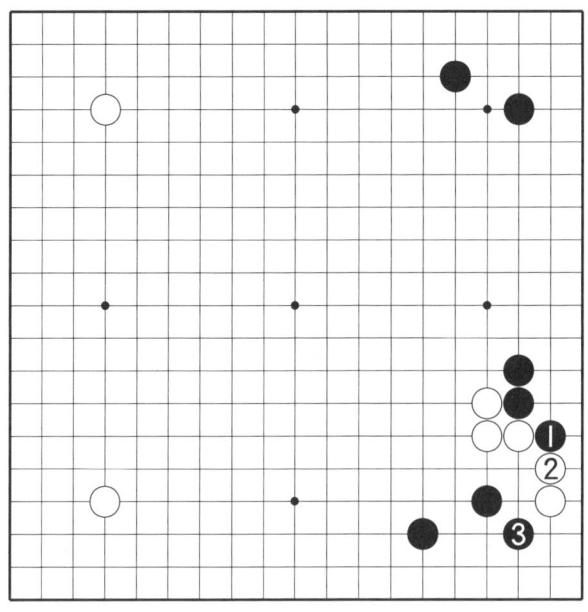

03-25도

25도(마지막 관문)

이 변화의 마지막 관문
이다.

　흑1로 하나 젖혀서 백
2와 교환하고 흑3으로 귀
를 받는 것도 백을 헷갈
리게 하는 변화구의 하
나다.

　자, 백의 올바른 대응
은?

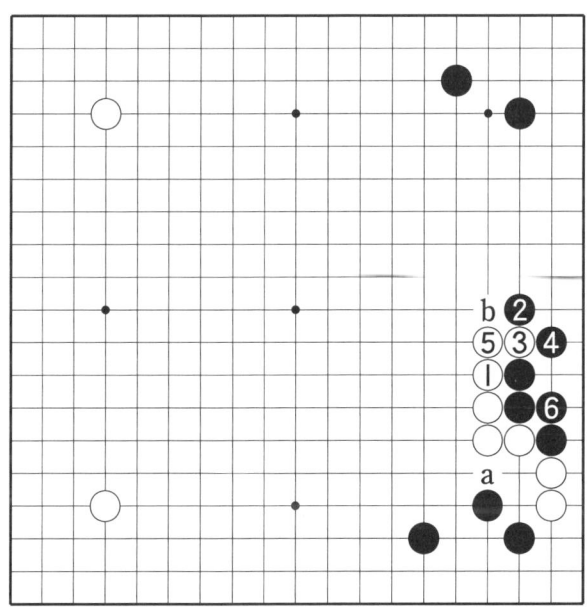

03-26도

26도(흑에게 속다)

무심코 백1로 미는 것은
흑2로 뛰게 해 흑의 주
문에 걸려든다. 백3, 5의
끼워이음에 흑6에 이으
면 다음 백a, 흑b로 되어
23도와 같아진다. 백은
흑에게 속았다.

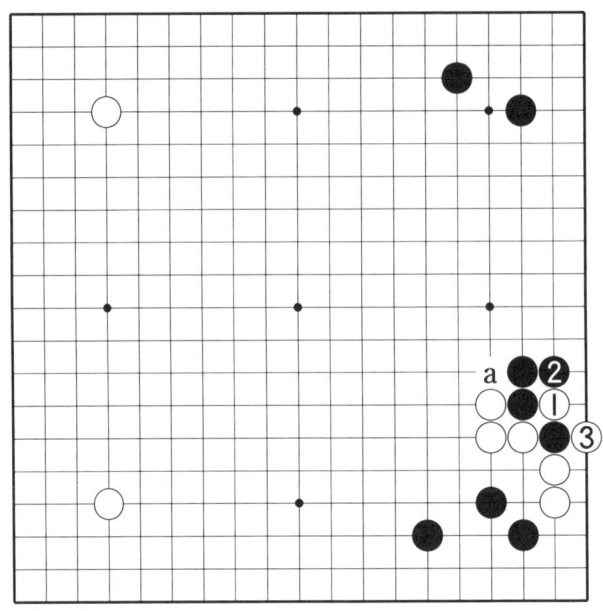

03-27도

27도(백, 올바른 대응)

백은 아무 것도 하지 않고 가만히 1, 3으로 흑 한점을 끊어 잡는 것이 올바른 대응으로 흑의 책략을 분쇄했다.

다음 흑은 a로 밀어올리는 것이 요점이다.

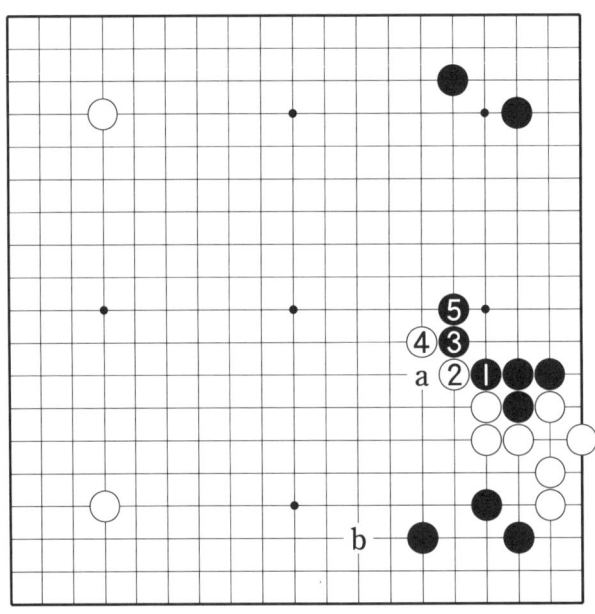

03-28도

28도(이후의 변화)

앞 그림 이후의 변화다. 흑1로 밀어올리면 백2의 젖힘은 필연이며 흑3의 젖힘에 백4의 이단젖힘도 기세다.

흑5 다음 백은 a로 두텁게 잇거나 b에 다가서서 귀의 흑을 압박하는 진행이 예상된다.

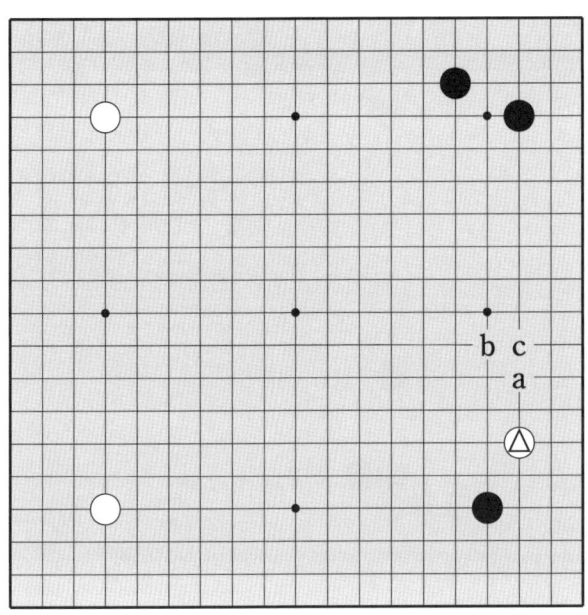

04-1도

1도(세 가지 협공)

백△의 날일자걸침에 대해 흑의 여러 가지 대응을 알아보기로 한다.

예전부터 널리 쓰여 왔던 a의 한칸협공, b의 두칸높은협공, c의 두칸협공, 세 가지에 국한한다.

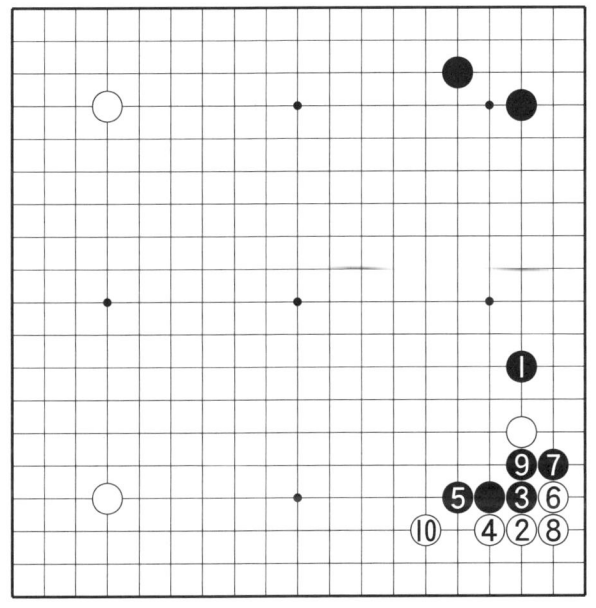

04-2도

2도(기본정석)

흑1은 오랫동안 사랑을 받아온 넘버원 협공이다. 그러나 최근에 와서는 두칸협공에게 그 자리를 내어주고 있다.

백은 2의 3三침입이 보통이며, 이하 10까지가 기본정석이다.

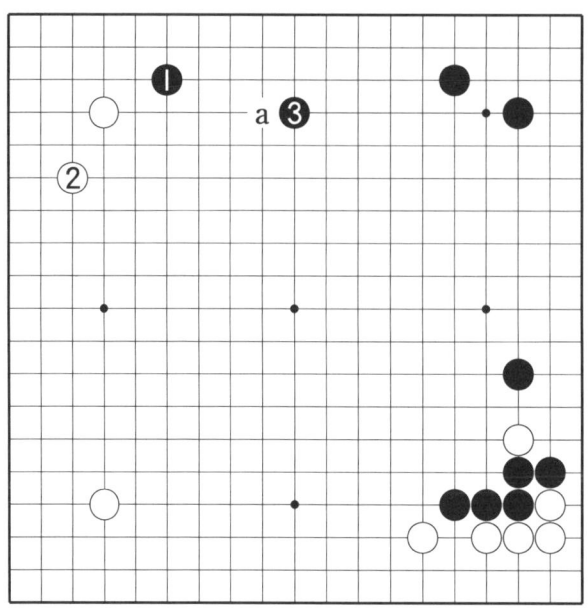

04-3도

3도(흑, 우상 일대 구축)
앞 그림에 이어, 흑은 좌 상귀를 1로 걸치고 3으로 전개해 우상 일대를 크게 구축하게 될 것이다. 물론 3은 a로 한 줄을 덜 가는 수도 생각할 수 있다. 이다음…

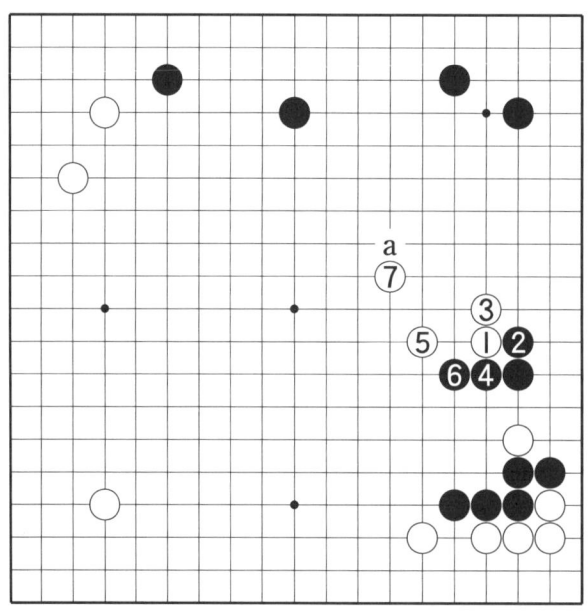

04-4도

4도(예전의 포석)
백1로 어깨를 짚어서 삭감하는 것이 절호점이다. 흑2, 4에 백3, 5는 상용의 행마법이며 흑6에 백7(또는 a)로 틀을 갖추게 된다.
　예전에 널리 두었던 상식적인 포석이다.

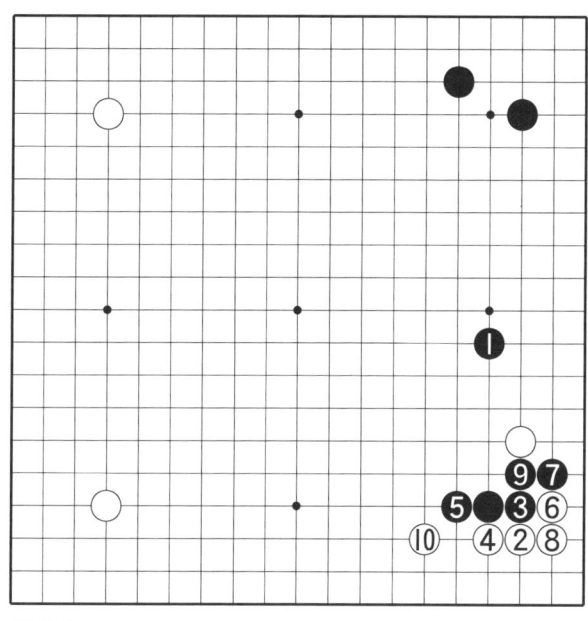

04-5도

5도(기본정석)

흑1의 두칸높은협공은 한칸협공과 더불어 많이 쓰였던 수법이다. 역시 최근에는 자주 등장하지 않는 인상이다.

백2 이하 10까지는 낮익은 수순으로 기본정석이다.

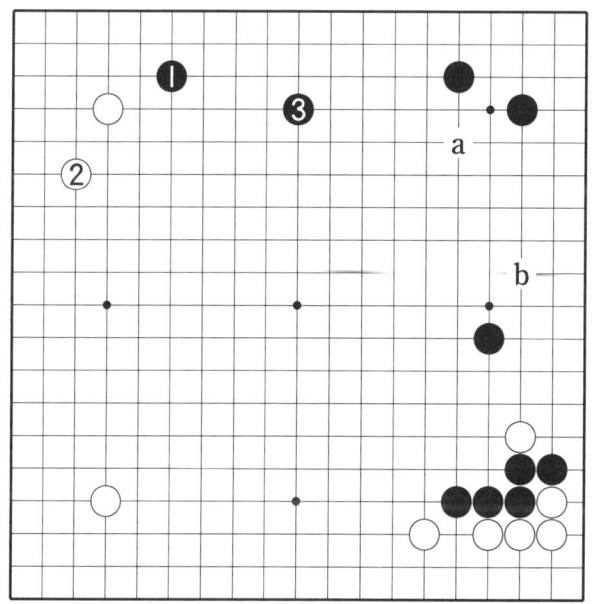

04-6도

6도(대모양 형성)

계속해서 흑1에서 3으로 우상 일대를 중심으로 대모양을 형성하는 포석이 일반적이다.

다음 백은 a로 삭감하거나 b로 침입하는 바둑이 예상된다.

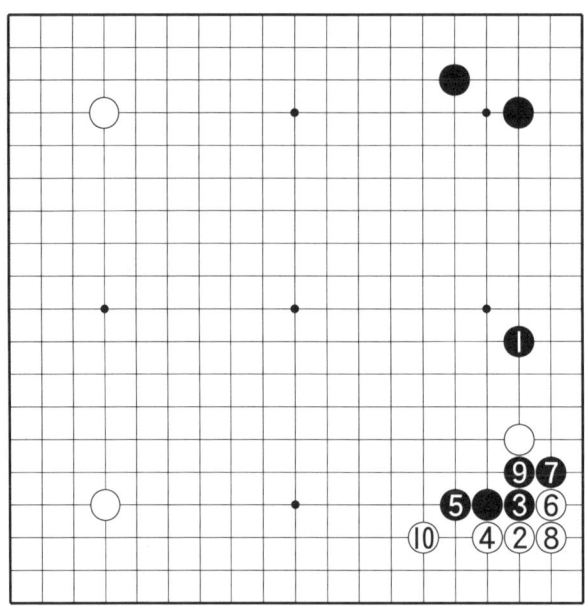

04-7도

7도(두칸협공)

흑1의 두칸협공의 경우에도 백2로 3三을 침입하면 앞서의 협공 때와 큰 차가 없는 경로를 밟는다.

백10까지 기본정석인데, 이제는 상황이 좀 다르다.

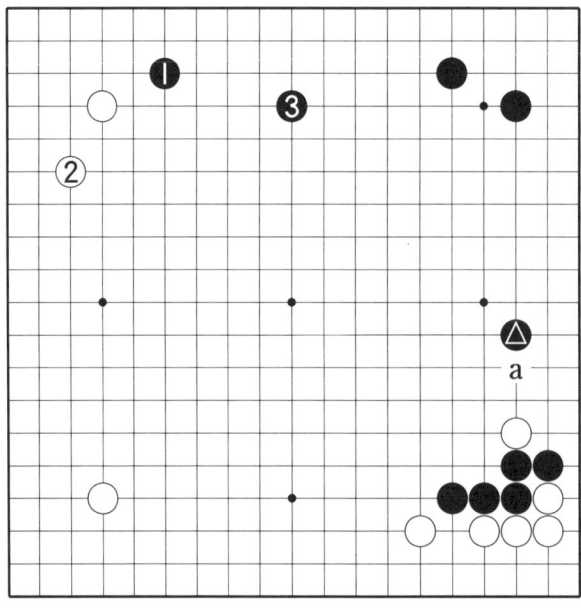

04-8도

8도(세 번째 등장?)

협공 방법만 다르지 벌써 세 번째 등장하는 비슷한 그림이다.

자, 흑▲와 a의 차가 어디에 있을까. 왜 흑▲가 대유행하게 된 것일까? 이 그림에 이어….

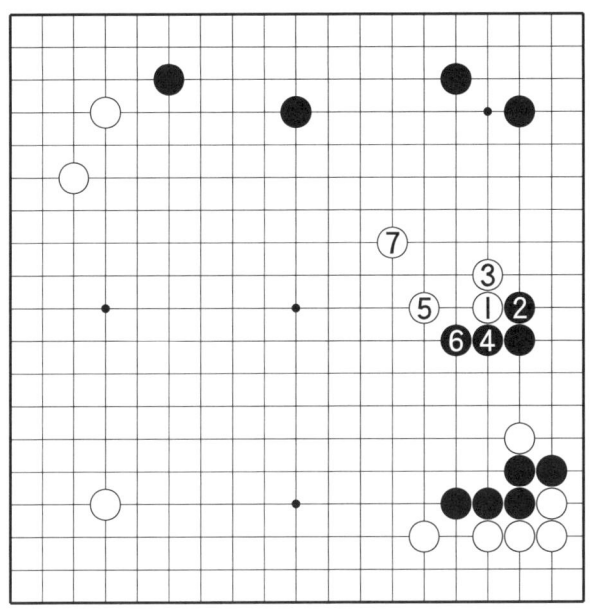

04-9도

9도(대세가 된 이유)

백1의 어깨짚음 이하 7까지 **4도**와 똑같다.

그런데 **4도**보다 이 그림의 우하쪽 흑집이 더 크다는 것을 알 수 있다. 그것도 꽤 여러 집이…. 두칸협공이 대세가 된 이유다.

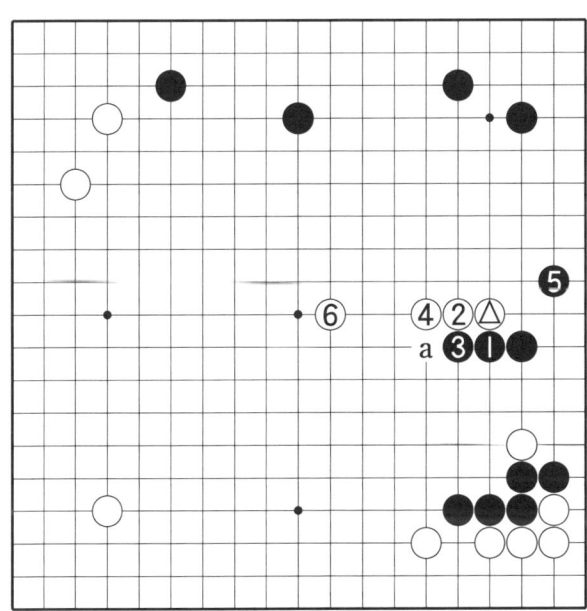

04-10도

10도(흑1쪽에서 밀면)

백이 △로 어깨를 짚었을 때 흑1쪽에서 미는 것도 생각할 수 있다.

백2에 흑3, 백4에 흑5로 날일자할 때 6으로 날아오르는 것이 경묘한 행마다.

백2로는 4에 뛸 수도 있고, 6은 a에 꼬부릴 수도 있다.

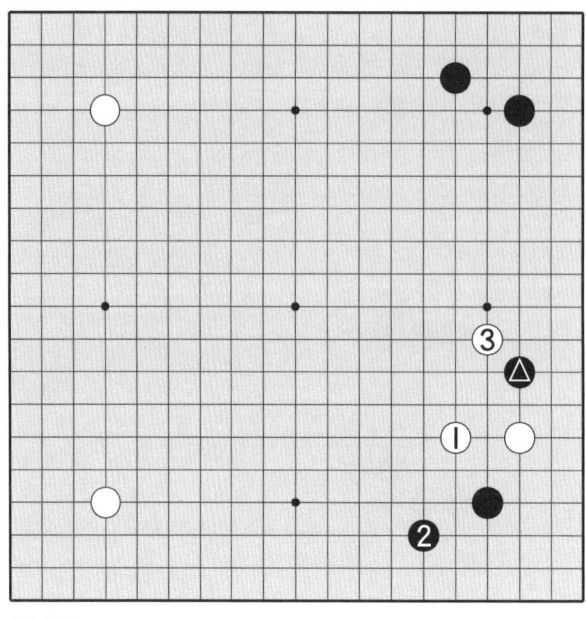

05-1도

1도(백1의 한칸뜀)

흑➋의 협공에 대해 3三에 뛰어들지 않는 변화를 알아본다.

우선 백1로 한칸을 뛰는 수부터. 흑2의 날일자 응수에 백3으로 어깨를 짚는 것이 많이 쓰이는 수법 중 하나다.

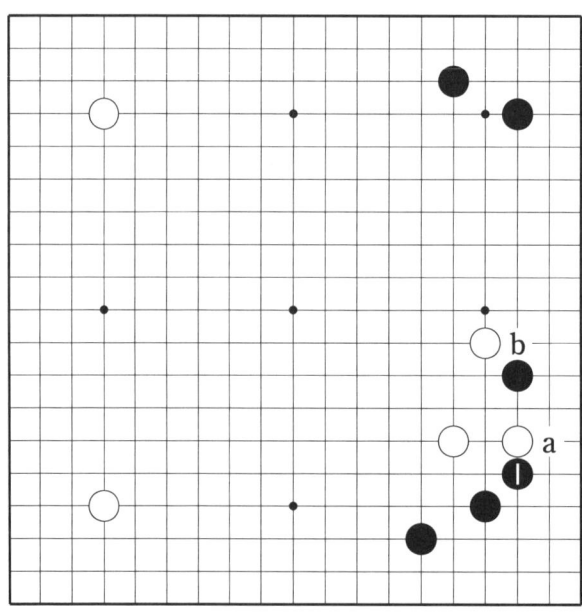

05-2도

2도(마늘모붙임)

계속해서 흑1의 마늘모붙임은 중요한 한수이다.

자, 여기서 백은 선택의 기로에 놓인다. a로 내려설 것이냐, 아니면 b로 막을 것이냐?

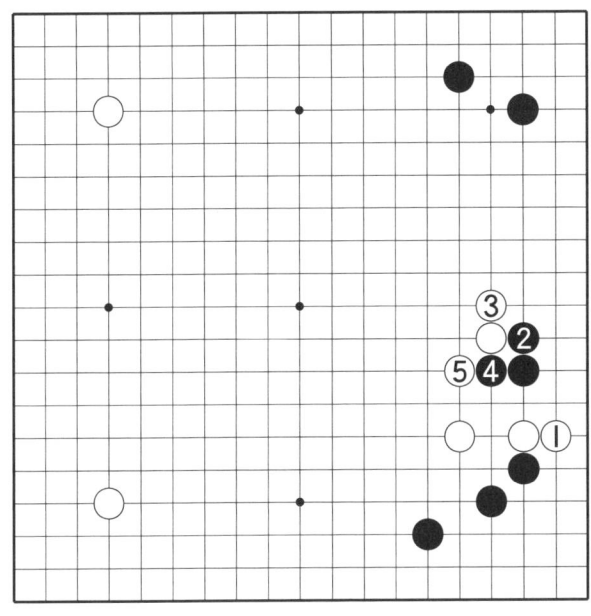

05-3도

3도(백이 내려서면)

백1로 내려서면 흑은 2로 움직이는 것이 보통이다.

백3에 흑4로 올라가 백5와 교환하는 것이 이른바 수순이다. 수순 중 흑2로 4쪽을 먼저 두면 백2로 막아온다.

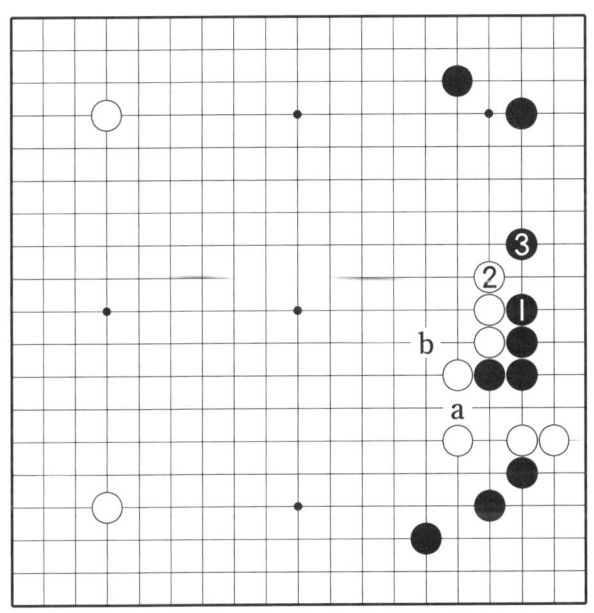

05-4도

4도(정형)

앞 그림에 이어, 흑1로 하나 기어나가고 3에 뛰는 것이 틀이며 다음 백은 a로 빳빳하게 잇거나 b로 호구쳐서 지켜두는 것이 정형이었다. 그런데…:

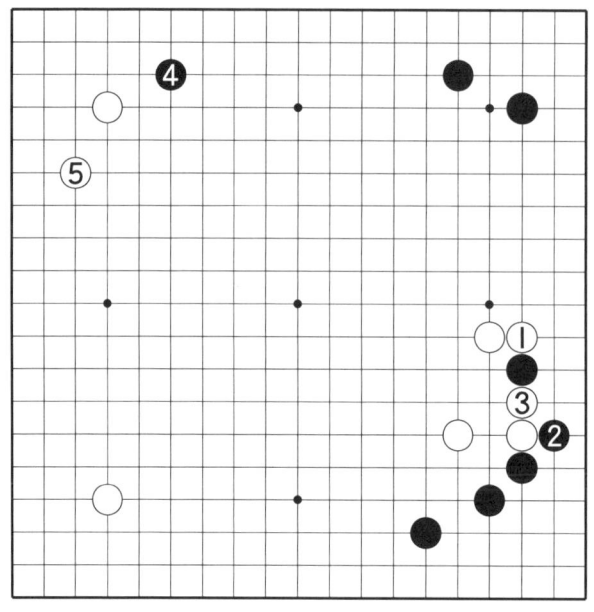

05-5도

5도(백, 세력 중시)

애초에 백1쪽을 막는 것은 세력을 중시하는 수법이다.

흑은 2로 하나 젖혀서 백3과 문답해 놓고 4로 걸치든가 하는 포석을 예상할 수 있다. 우하의 정석은…

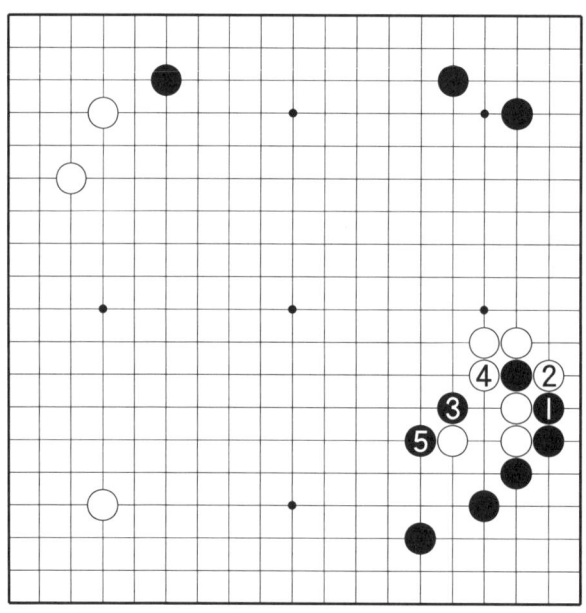

05-6도

6도(정형화된 활용)

이 그림에 보듯이 정형화된 활용이 남아 있다.

그것은 흑1, 백2 다음 흑3으로 붙여가는 수단이다. 백4를 강요하고 흑5로 젖혀서 두터움을 얻을 수 있다.

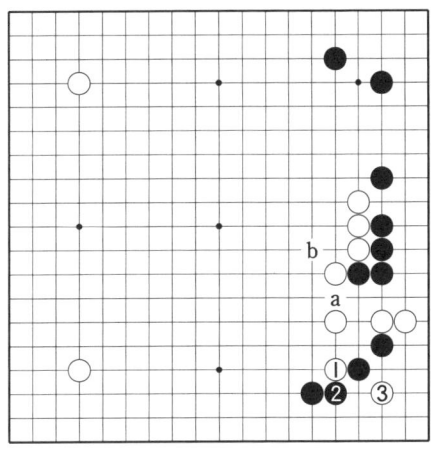

❶ 응수타진

이 상황에서 백은 a나 b로 두지 않는다.

그 대신 백1로 붙이고 3으로 3三에 들어가 흑의 응수를 묻는 것이 좋은 발상이다.

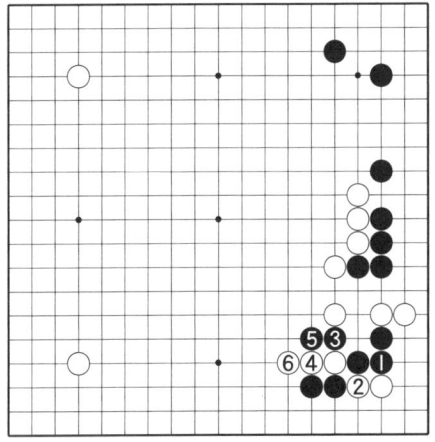

❷ 문제 발생

흑1로 연락을 차단하는 것은 백2에 끊겨 문제가 발생한다.

흑3, 5로 몰고나가도 백6에 이르러 흑이 곤경에 빠졌음이 확연해진다.

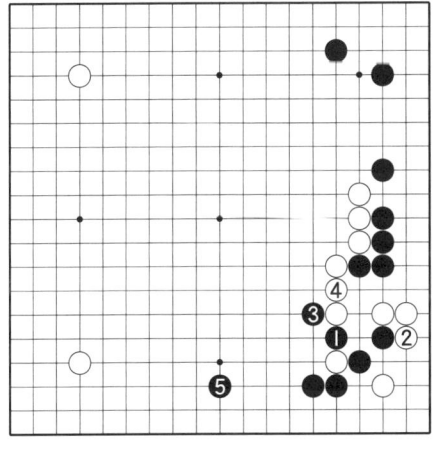

❸ 타협

따라서 흑은 1로 타협할 수밖에 없다. 백은 2로 건너고 4에 이어서 자연스럽게 단점을 보강한다. 흑5까지 서로 불만이 없어 보인다.

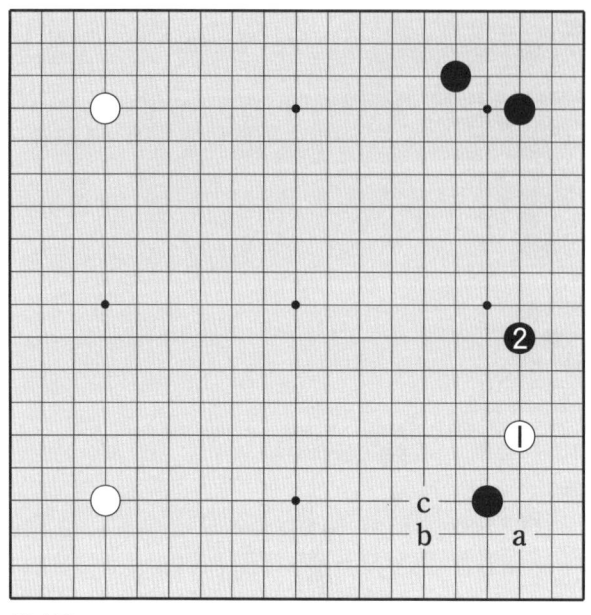

06-1도

1도(두칸협공에 대해)

백1의 날일자걸침, 흑2의 두칸협공 때 백의 대응은 여러 가지를 생각할 수 있겠지만, a의 3三침입을 제외하고는 b와 c의 양걸침이 가장 많이 쓰인다.

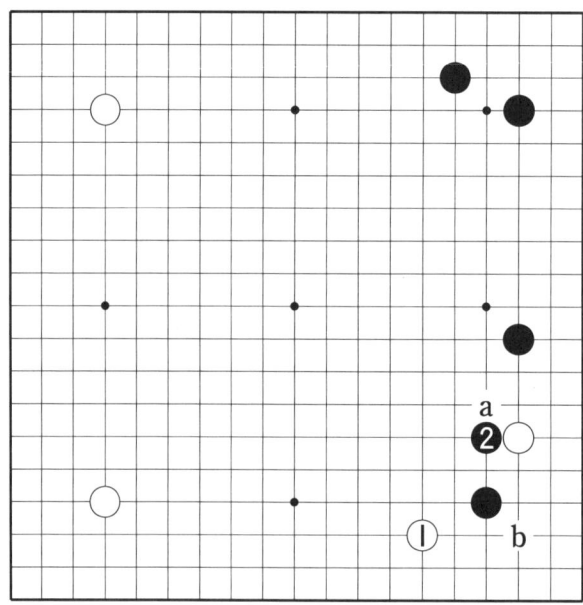

06-2도

2도(날일자 양걸침)

우선 백1의 날일자로 양걸침하는 변화부터 살펴본다.

흑2의 붙임은 상식이며, 이다음 백은 a에 젖히든가, b로 3三에 들어가든가 둘 중 하나다.

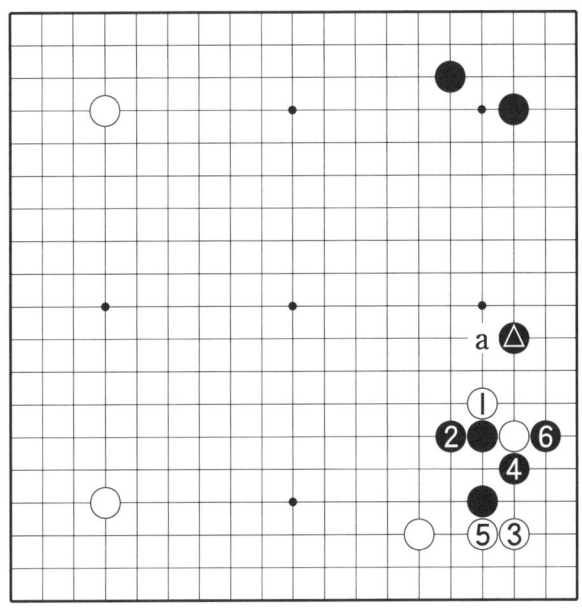

06-3도

3도(흑, 매우 두터움)

백1, 흑2를 교환하고 백 3으로 3三에 들어가는 것은 흑4에서 6을 불러 좋지 않다.

△가 a에 있는 형태와 비슷한 의미로 흑이 매우 두텁기 때문이다.

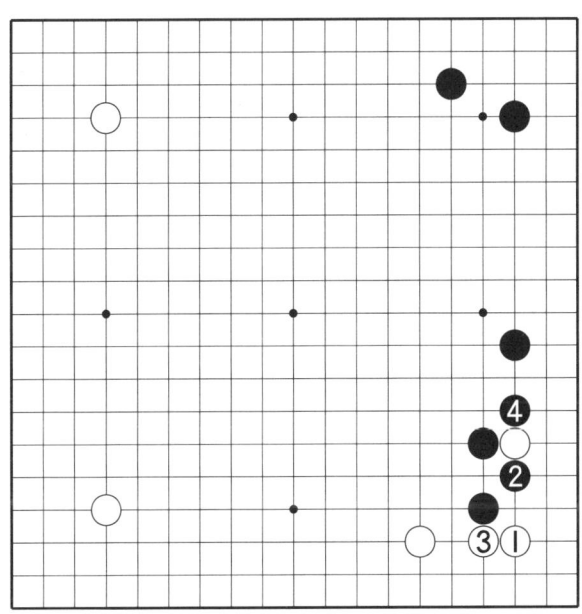

06-4도

4도(백, 만족스런 갈림)

백1로 그냥 3三에 들어가는 수가 재미있다.

어려운 변화를 피해 흑 2에서 4로 간명함을 추구하는 것도 있지만, 백은 선수를 잡아 만족스런 갈림이다.

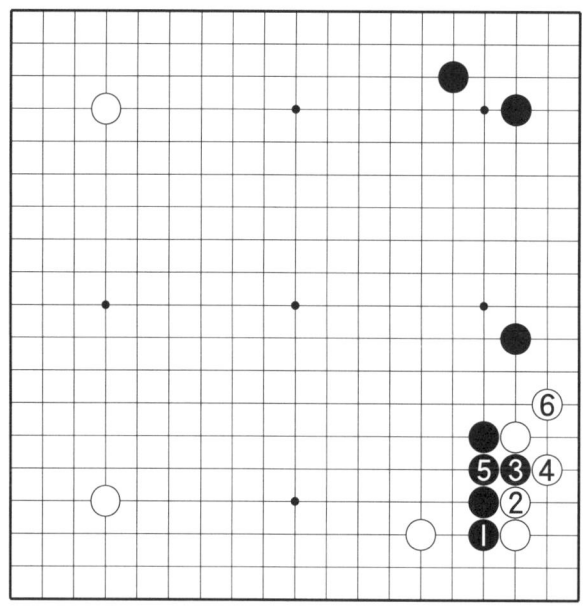

06-5도

5도(당당한 태도)

앞 그림 2로는 이 그림 흑1로 막는 것이 당당한 태도다. 백이 2로 건넌다면 흑3, 5로 끼워잇는다. 백6으로 호구치기를 기다려….

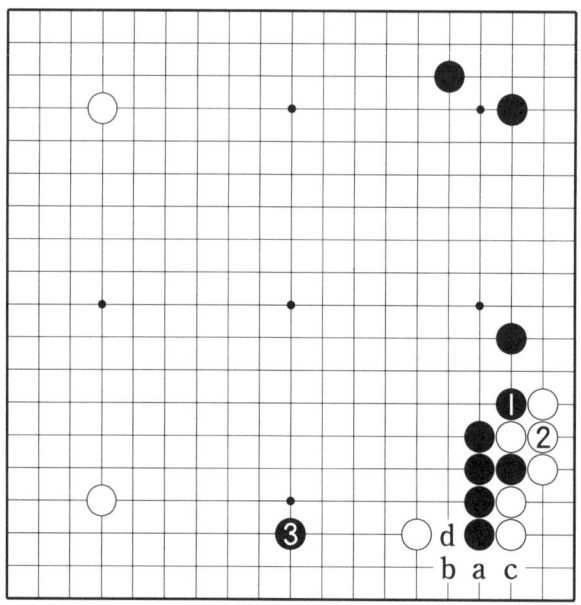

06-6도

6도(정형)

기분 좋게 흑1로 한방을 선수하고 3에 협공하는 정도로 일단락이며 하나의 정형이라고 볼 수 있다. 이후 백은 a, 흑b, 백c, 흑d를 선수하는 것이 실리로 크다.

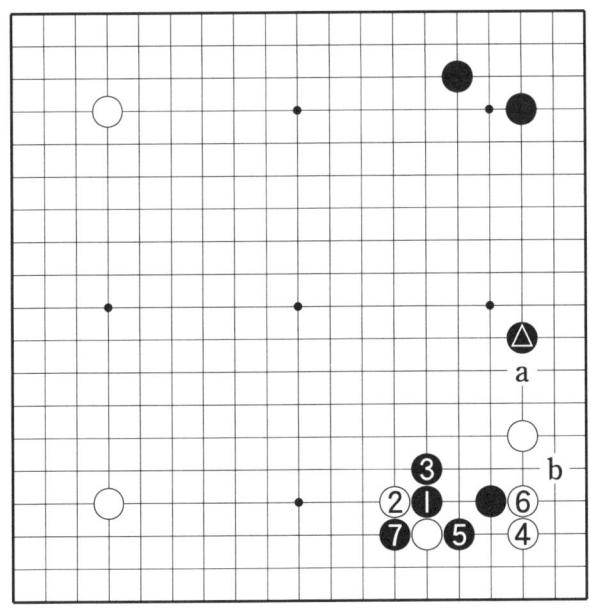

06-7도

7도(방향착오)

백의 양걸침에 흑1쪽을 붙이는 것은 방향착오다.

백2에서 4 그리고 흑7까지 일단락되면 ◬의 위치가 어정쩡하다. a에 있어야 b를 노릴 수 있으니까.

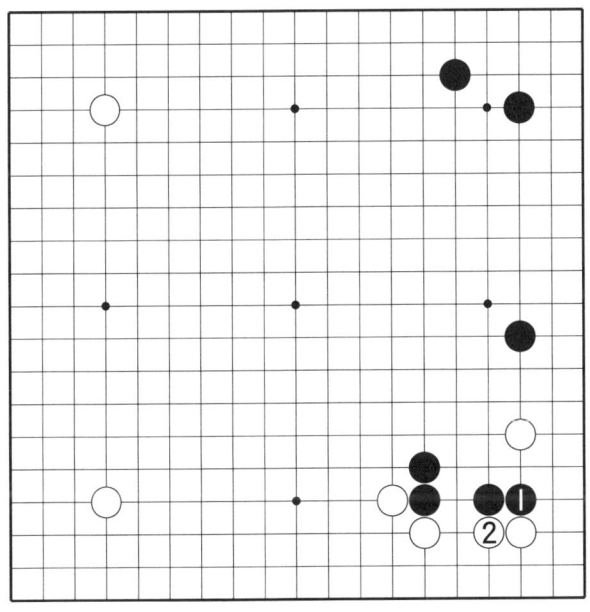

06-8도

8도(얘기가 안 된다)

그렇다고 앞 그림 5로 이그림 흑1에 막는 것은 백2로 건너게 해 얘기가 전혀 안 된다. 접바둑이라면 또 모를까.

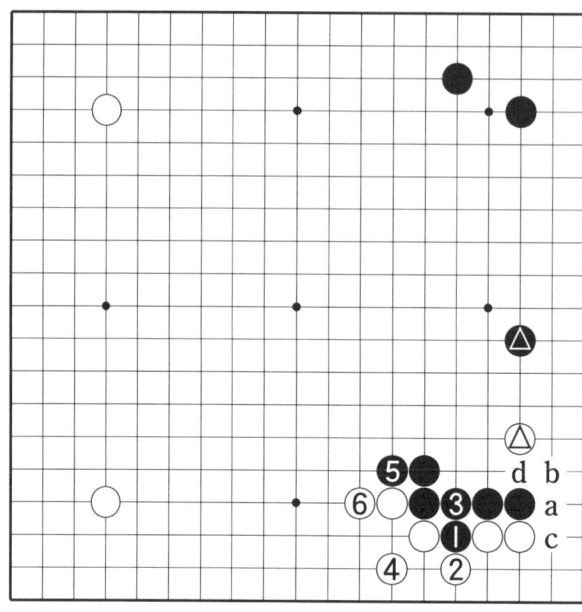

06-9도

9도(흑, 불만)

계속해서 흑1, 3으로 끼워잇고 백6까지 일단락인데, 흑은 △를 잡기도 거북하고 ▲의 위치도 마음에 안 든다.

백a, 흑b, 백c, 흑d까지가 백의 권리이므로.

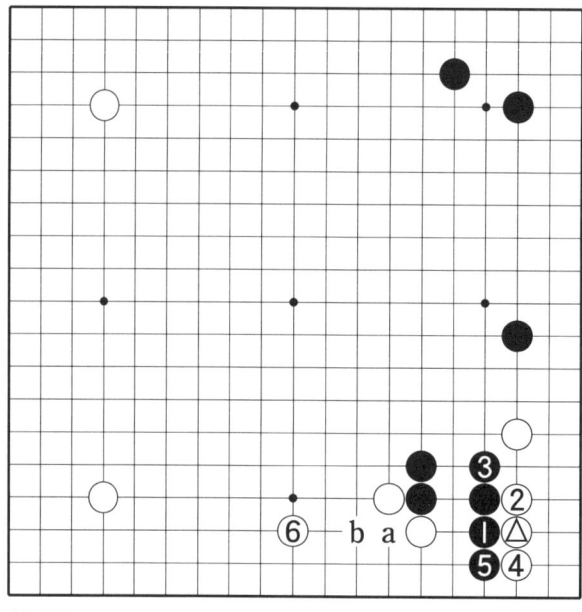

06-10도

10도(흑, 최악의 길)

백△의 3드침입 때 흑1로 막는 것은 최악이다. 백은 기쁘게 2에서 4로 귀를 차지할 것이다. 6까지 흑이 뭘 했는지 알 수 없다.

흑5로는 a에 끊는 것이 그나마 낫겠지만 백b로 몰려서 좋은 결과는 없다.

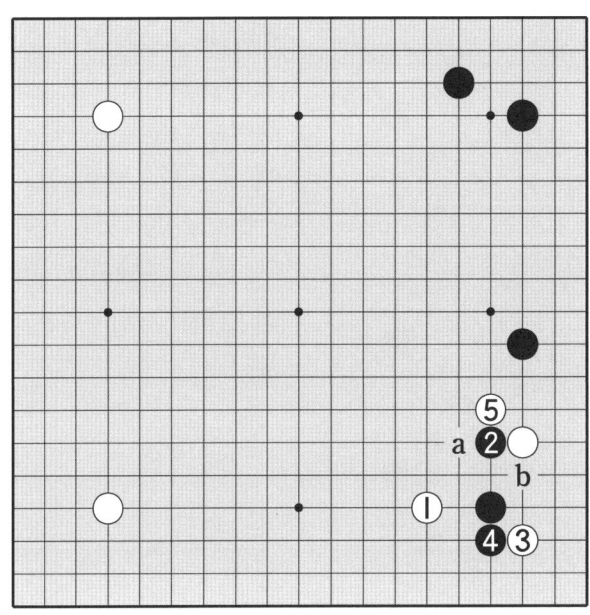

07-1도

1도(한칸 양걸침)

이번에는 백1의 한칸으로 양걸침을 시도하는 변화다.

　역시 흑은 2로 붙이는 것이 보통이다. 백3, 흑4를 문답하고 백5로 젖힌 다음 흑은 a와 b, 선택의 기로에 선다.

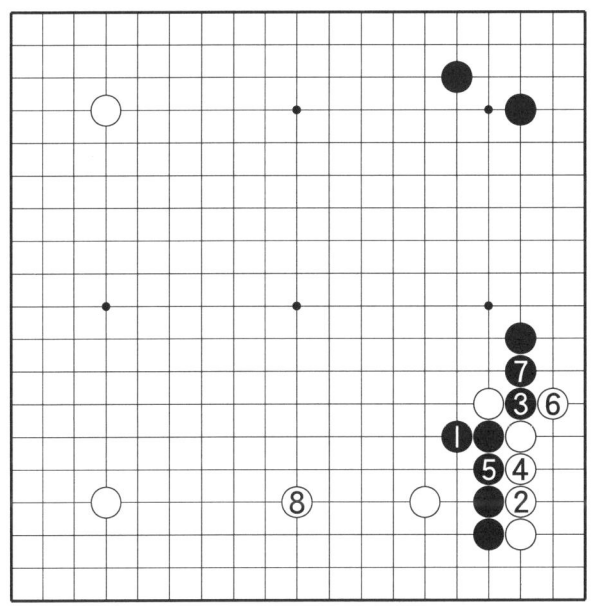

07-2도

2도(정석)

흑1로 뻗으면 백은 2로 건너간다. 흑3의 끊음은 절대의 한수이며, 백은 4와 6을 선수하고 나서 8에 벌린다.

　여기까지가 흔히 볼 수 있는 정석이다.

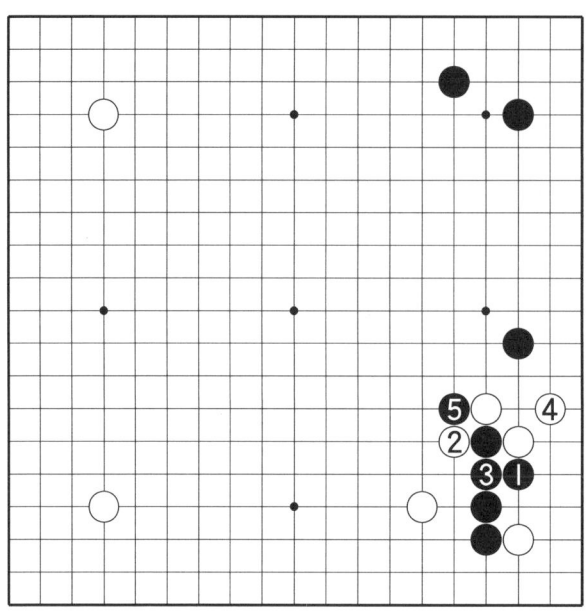

07-3도

3도(어려운 변화)

흑1로 호구쳐서 막으면 어려운 변화로 돌입한다. 백2로 하나 단수해 놓고 4에 호구치는 것이 익혀 두어야 할 수순이다. 흑5의 끊음은 필연이며….

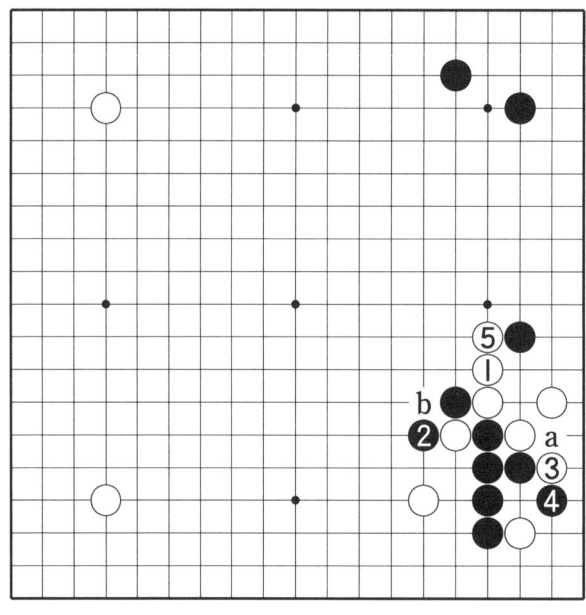

07-4도

4도(외길의 수순)

백1, 흑2 그리고 백3, 흑4, 백5 모두 현재로서는 외길이나 다름없는 수순들이다.

흑2로 a에 단수하고 싶지만, 그랬다가는 백b의 축으로 몰려 좋지 않다.

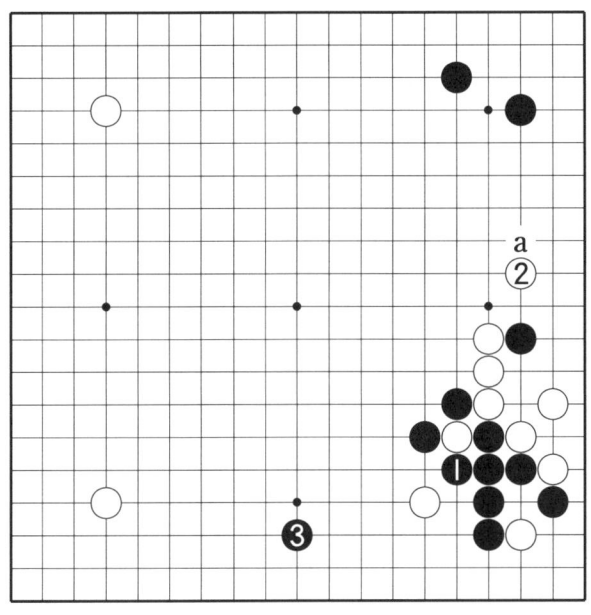

07-5도

5도(불만 없는 갈림)

백 한점이 달아나는 수를 방비해 흑1로 따낸 것은 당연하며, 백은 2(또는 a)로 지켜두고 흑은 3으로 전개해 일단락이다.

서로 불만이 없는 갈림이다.

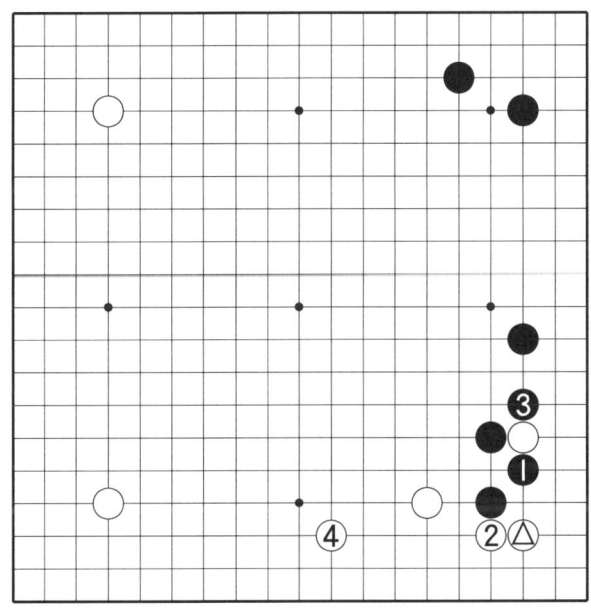

07-6도

6도(흑, 다소 미흡)

백△ 때 흑1로 물러서서 백2에 넘겨주고 흑3으로 잡는 것은 간명하기는 하다. 그러나 약간 중복형이며 백4가 호점이어서 다소 흑이 미흡한 갈림이다.

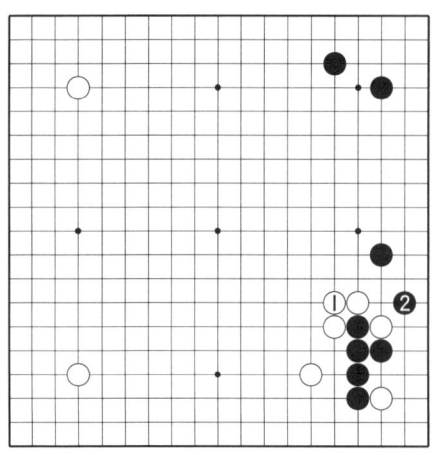

❶ 흑, 크게 유리

이 상황에서 흑에게 끊기는 것이 두려워 백1로 잇는 것은 흑2가 좋은 맥점이다.

흑은 실리도 크고 위아래가 모두 연결되어 크게 유리하다.

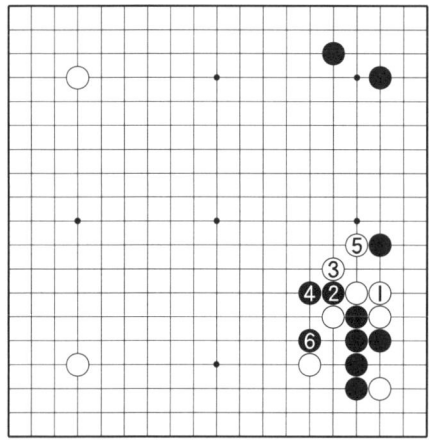

❷ 흑2, 통렬

그렇다고 백1로 잇는 것은 고지식하다. 흑2의 끊음이 통렬하다.

이하 6까지의 결과가 백에게 좋지 않다는 것은 설명할 필요도 없을 것이다.

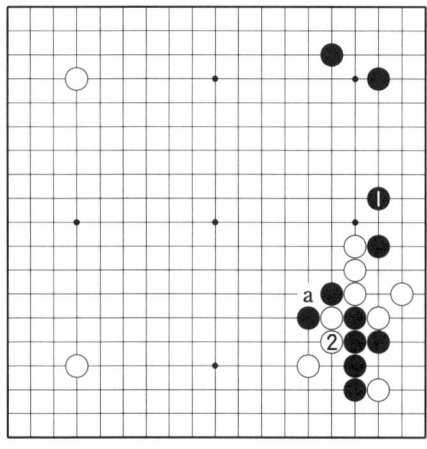

❸ 흑1, 무모

07-5도에서 백 한점을 따내지 않고 흑1쪽을 가는 것은 무모하다.

백2로 달아나면 a의 축도 있어 흑의 고전이 명백하다.

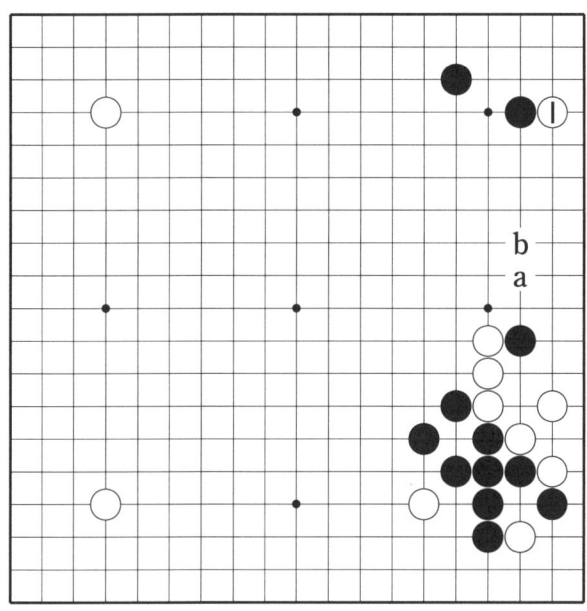

07-7도

7도(응수타진)

이 장면에서 백은 a나 b로 두기 전에 1로 우상귀 날일자굳힘의 아래쪽, 그러니까 2선에 붙여서 응수를 살피는 것이 재미있는 수법이다.

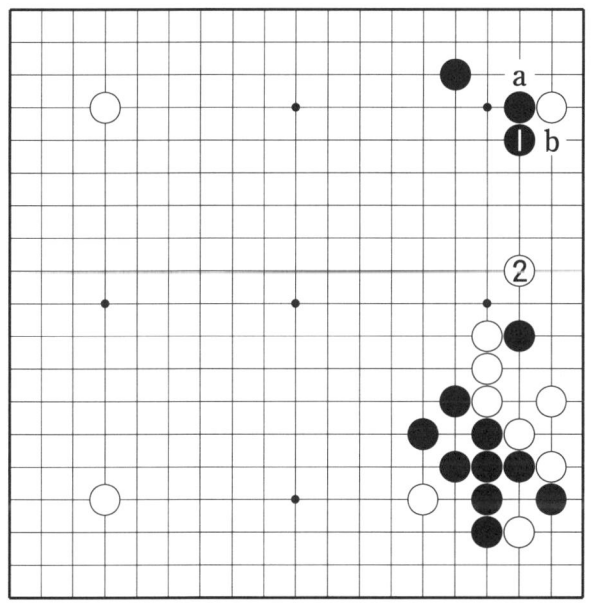

07-8도

8도(바깥쪽을 는다면)

흑1로 바깥쪽을 는다면 백은 2로 손을 돌려서 지켜둔다.

나중에 상황에 따라 a로 젖혀서 귀에서 살든가 b로 끌어내든가를 결정한다.

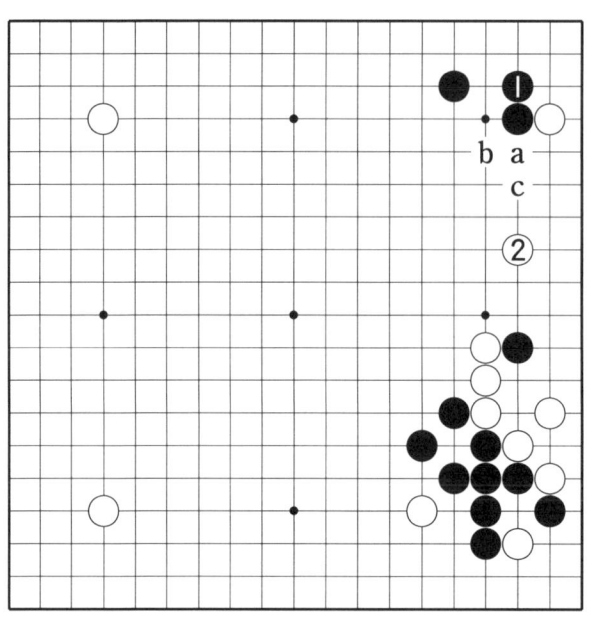

07-9도

9도(안쪽을 는다면)

안쪽을 흑1로 는다면 백은 한발 더 멀리 2까지 벌린다.

이다음 기회를 봐 백a로 젖히고 흑b, 백c가 큰 수가 된다.

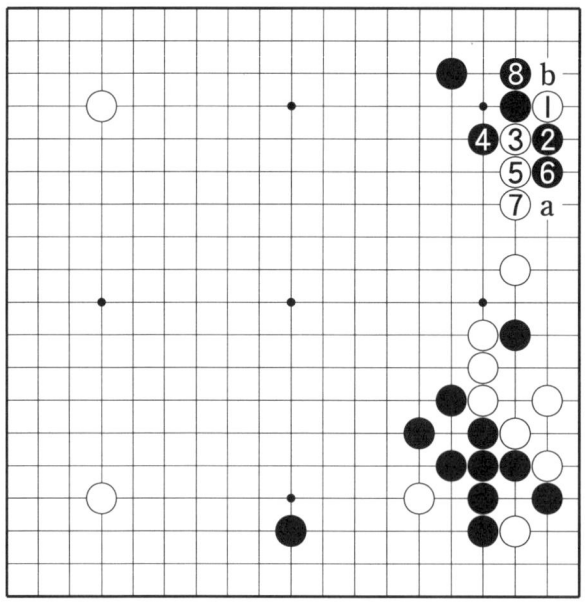

07-10도

10도(시기를 놓치다)

나중에 백1로 붙이는 것은 시기를 놓친 수이다.

흑은 2로 젖히고 백3의 맞끊음에 흑4, 6이라는 강수를 동원해 8까지 귀를 크게 확보해 만족할 것이다.

백a, 흑b가 선수라지만 백은 명백한 중복형이다.

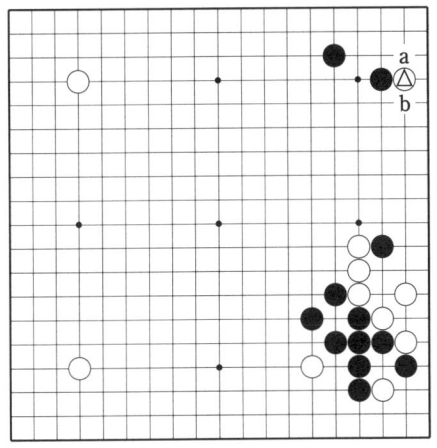

❶ 두 가지 변화

백△의 붙임에 대해 앞서 다루지 않은 수는 a의 안쪽 젖힘과 b의 바깥쪽 젖힘, 이 두 가지 변화를 간략하나마 알아보기로 한다.

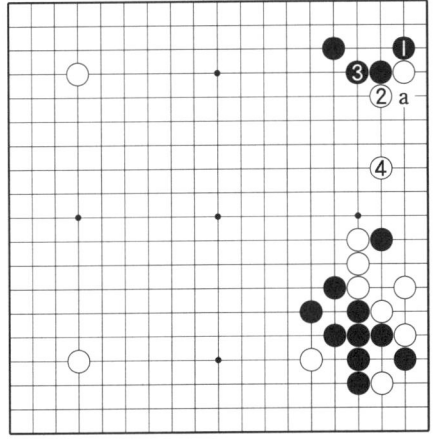

❷ 안쪽 젖힘

흑1의 안쪽 젖힘은 귀를 중시하는 수법이다.

백은 2로 하나 젖혀 흑3과 교환하고 백4로 벌리는 간격이 멋지다. 다음 백a가 큰 수이다.

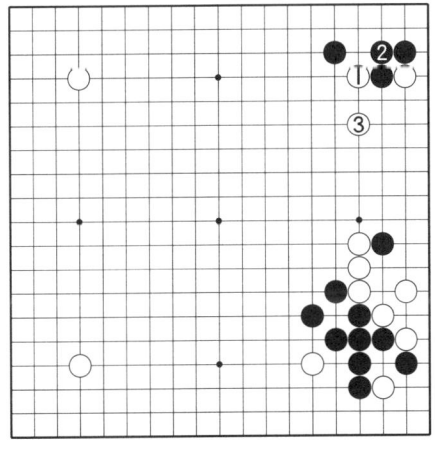

❸ 삭감의 방법

앞 그림의 2로 이 그림 백1로 위쪽을 껴붙이는 것은 맥점이지만 이 경우는 어울리지 않는다.

아래쪽에 흑 세력이 있을 때 삭감하는 방법이다.

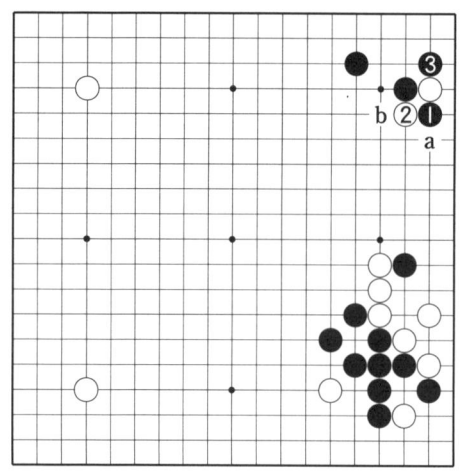

❹ 바깥쪽 젖힘

흑1의 바깥쪽 젖힘이면 백2의 맞끊음이 상용의 맥점이다.

이다음 흑에게는 3으로 백 한점을 잡는 수와 a로 느는 수, b로 단수하는 수 등이 있다.

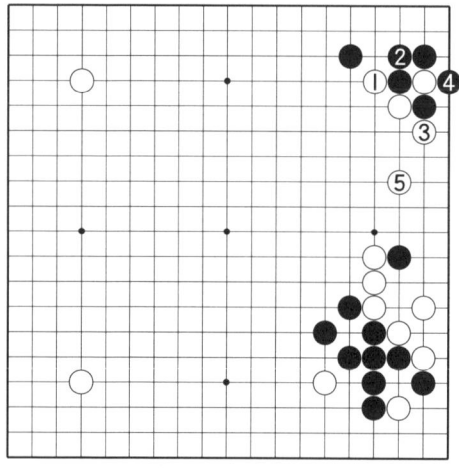

❺ 백, 만족

계속해서 백은 1과 3의 단수를 기분 좋게 활용하고 5로 지켜서 만족스런 결과를 얻는다.

흑으로서는 가장 피해야 할 그림이다.

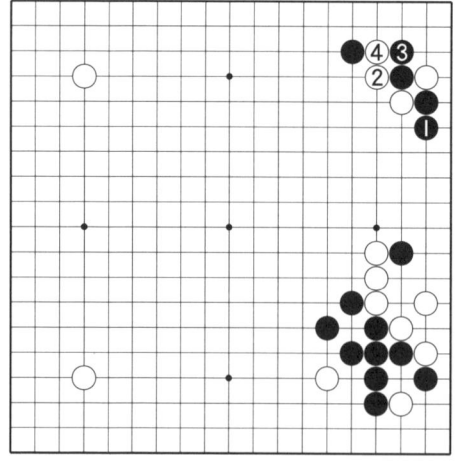

❻ 흑1로 늘면

백의 맞끊음에 대해 흑1로 느는 것도 좋은 결과를 얻지 못한다.

백은 2로 단수하고 4로 뚫고 내려간다. 계속해서…

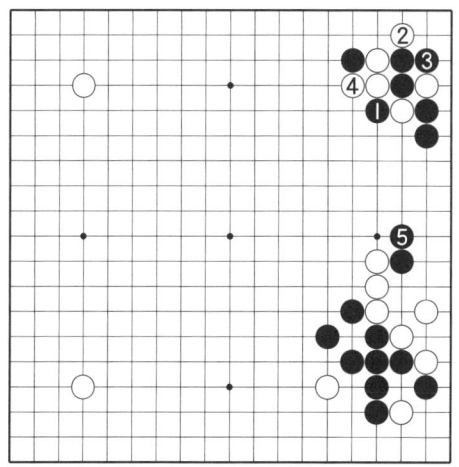

❼ 백, 성공

흑1의 끊음에 백은 2로 단수하고 4에 꼬부리는 것이 배워둘 만한 수법이다.

흑5로 손을 돌리겠지만 이 결과도 백의 성공이다.

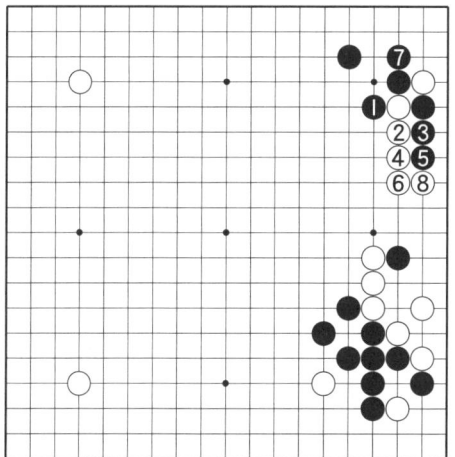

❽ 최강이지만

흑1, 3 이하의 수단이 최강이지만 백도 슬슬 4에 늘어서 불만은 없을 것이다.

이하 8까지 백은 소기의 목적은 달성한 셈이다.

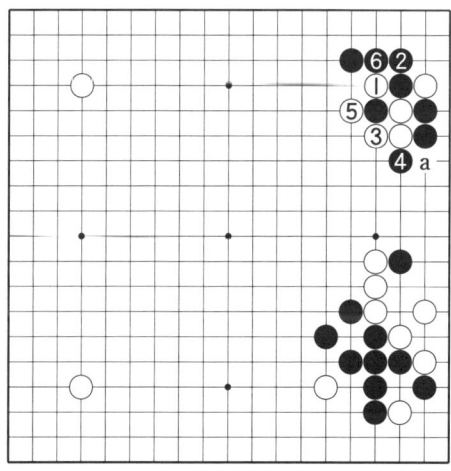

❾ 빵따냈지만

백1, 3은 이 경우 권하고 싶지 않은 수법이다. 이하 6까지 백은 빵따냈지만 곤마가 될 우려마저 있다.

수순 중 흑4로 5면 백a로 막아서 백이 나쁘지 않다.

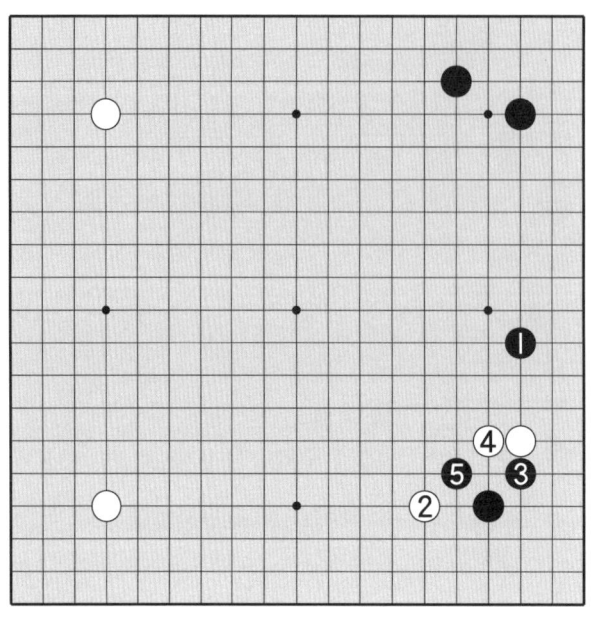

08-1도

1도(적극적인 수법)

흑1의 두칸협공에 백2의 한칸 양걸침 때 흑3으로 마늘모 붙이고 백4를 기다려 흑5의 마늘모로 째고 나가는 것은 적극적인 수법이다.

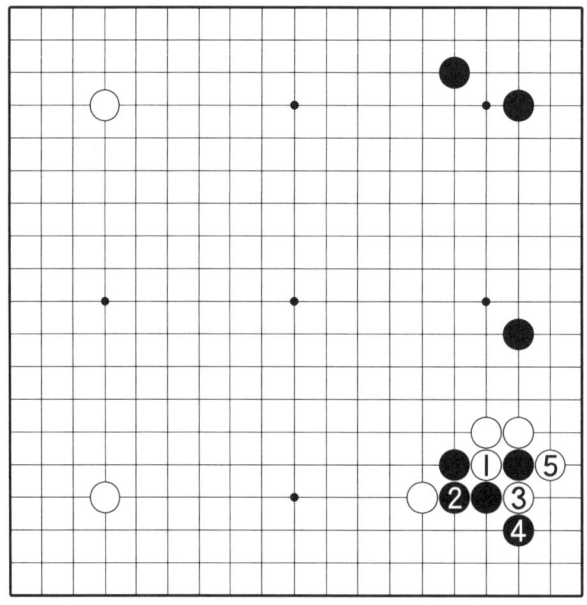

08-2도

2도(찝는 수)

백의 대응책은 여러 가지가 있는데, 우선 백1로 찝는 수부터 살펴보기로 한다. 흑2는 절대이며 백3의 끊음에 흑4로 몬 것은 필연이다. 백5로 따낸 다음…

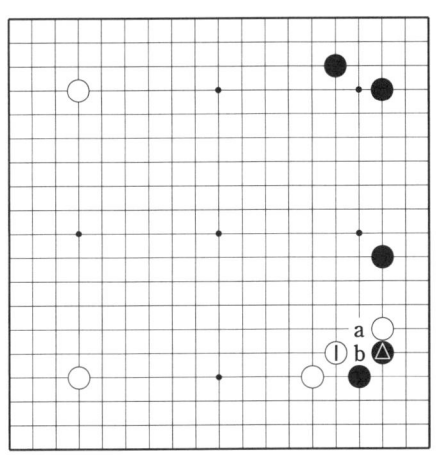

❶ 백의 마늘모

흑이 ▲로 붙였을 때 백1의 마늘모로 흑이 나올 곳을 먼저 두는 것은 어떨까?

여기서 흑a면 백b로 끊겨서 백이 바라는 바이다.

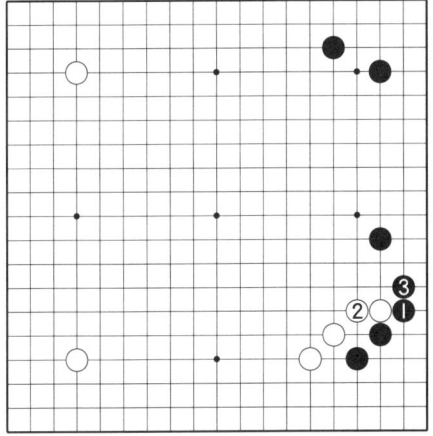

❷ 그냥 젖힌다

흑의 대응책은 아주 간단하다.

백의 책략에 말려들지 않고 흑1로 그냥 젖히면 해결된다. 백2에는 흑3으로 건너서 집도 크고 탈도 없다.

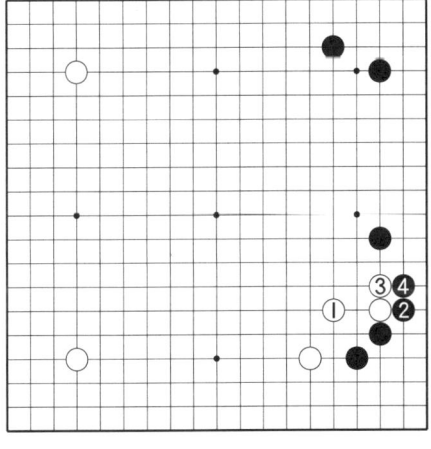

❸ 건너서 그만

백1로 흰킨을 뛰어서 흑을 봉쇄하려는 것에는 흔들릴 필요가 없다.

역시 알기 쉽게 흑2, 4로 건너서 그만이다.

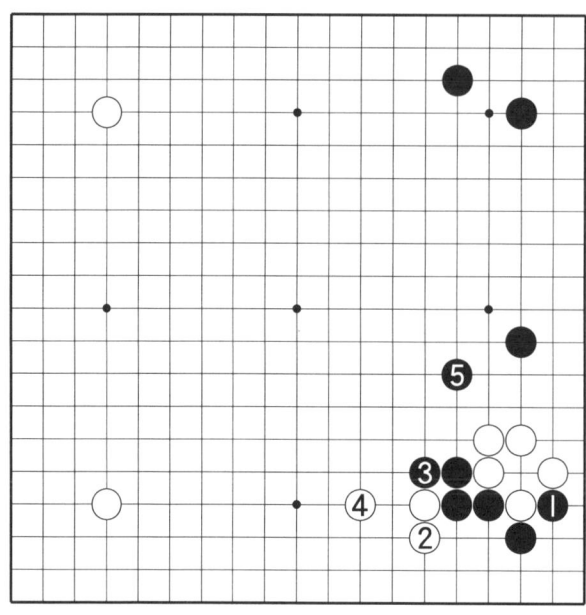

08-3도

3도(백2, 무리)

08-2도에 이어, 패를 두려워하지 않고 흑1로 단수한 것이 강력하다.

백2는 무리한 수로 흑3, 백4를 교환하고 흑5로 씌우는 것이 통렬해 백이 아주 피곤하다.

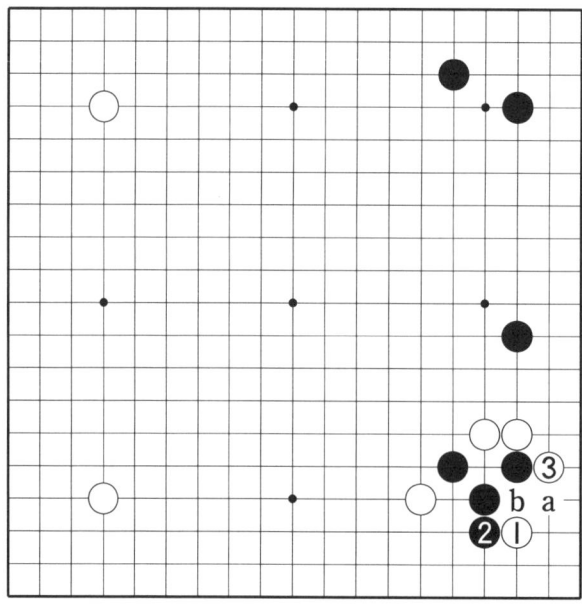

08-4도

4도(3三이 유력)

애초에 백1로 3三을 뛰어드는 것이 유력한 수법이다. 흑2로 막을 때 백3으로 젖힌 것은 예정된 행동이다.

백의 다음 수는 a와 b 가운데 어느 쪽일까?

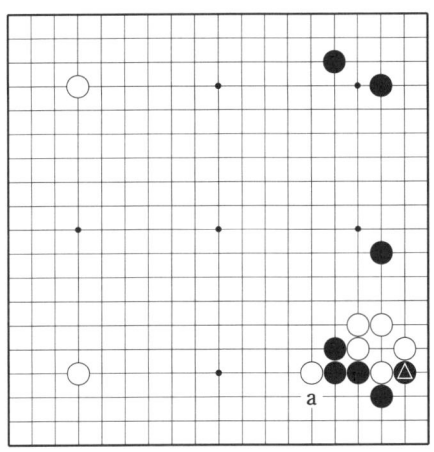

❶ 어떻게 두어야 할까?

08-3도의 그림을 옮긴 것이다.

　흑△로 몰아온 장면에서 백은 어떻게 두어야 할까? 앞서 봤듯이 백a는 좋지 않았다.

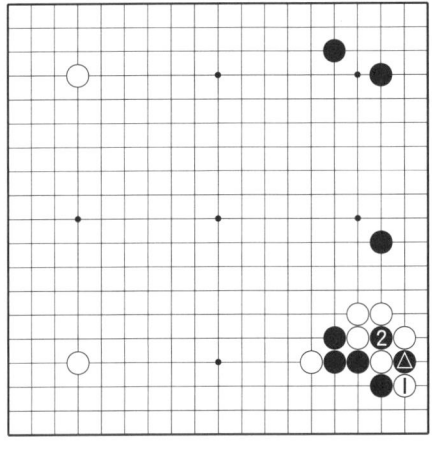

❷ 초반의 패는 무모

초반에는 팻감이 없으므로 패를 하는 것이 무모한 경우가 많다.

　백1로 당장 패를 하는 것은 흑2 다음 팻감이 마땅치 않다.

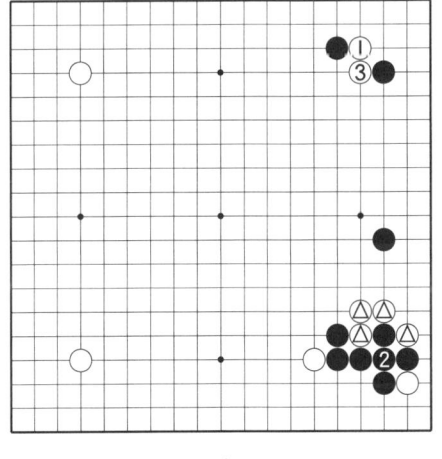

❸ 연타하면

백1, 3으로 연타하면 흑2를 허용해도 괜찮지 않느냐고 할지도 모른다.

　그러나 이렇게 되면 백△ 일단은 거의 폐석이 되며….

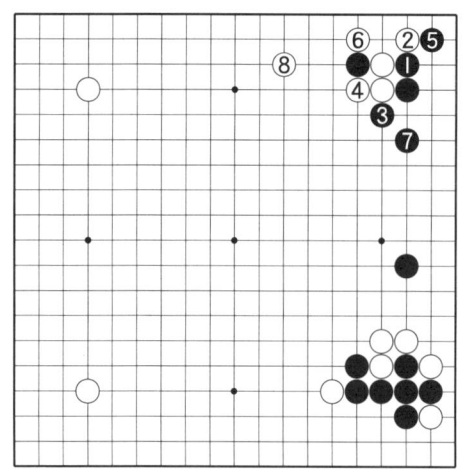

❹ 흑, 충분

우상귀는 흑1 이하 7로 처리해서 충분하다.

  역시나 우하귀에서의 백의 피해가 큰 점에 주목하지 않을 수 없다.

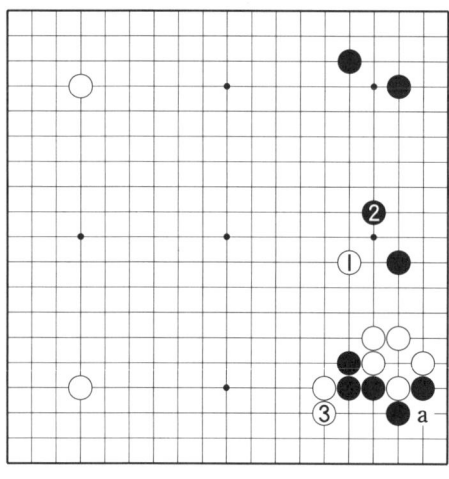

❺ 유연한 발상

a의 패를 엿보며 백1로 모자를 씌운다든지 하는 것이 유연한 발상이다.

  만약 흑2로 받는다면 백3으로 내려서서 싸울 만하다.

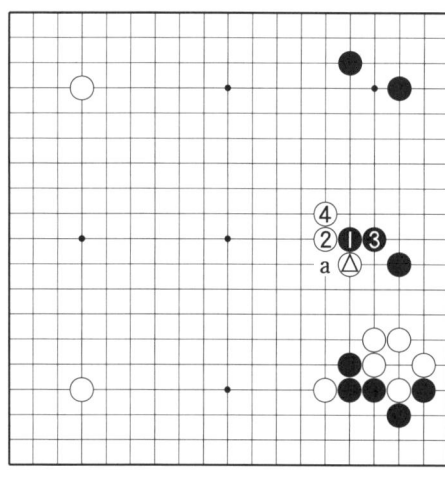

❻ 실전례에서

프로기사의 실전에서 백△에 흑1, 3으로 붙여끌었다.

  그러자 백은 힘차게 4로 뻗었다. 흑에게 a로 끊어와 달라는 뜻이다.

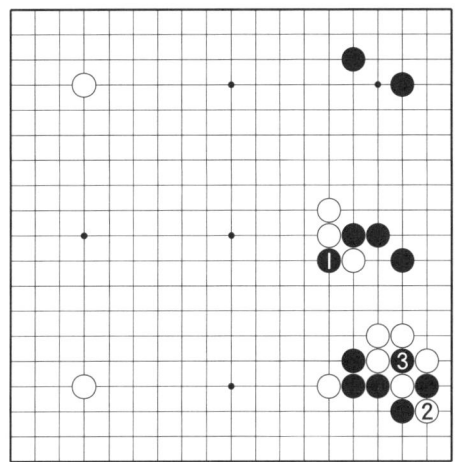

❼ 패를 하겠다는 뜻

흑1로 끊으면 어떻게 될까?

　백은 2로 패를 하겠다는 것이다. 요컨대 중앙 쪽에 팻감이 마련되었다는 얘기인 것이다.

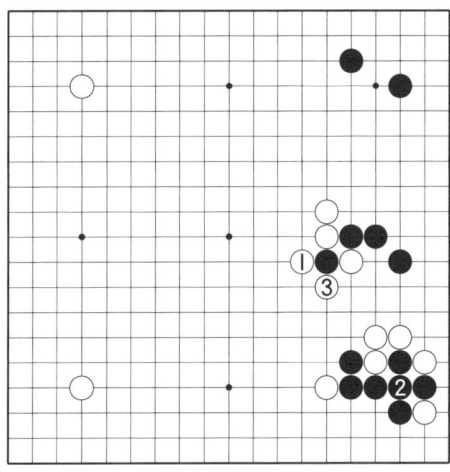

❽ 천하 호령

백1로 팻감을 쓴다. 기세로 흑2에 이어서 패를 해소한다면(이렇게 둘 사람은 없겠지만) 백3의 빵따냄이 천하를 호령한다. 따라서….

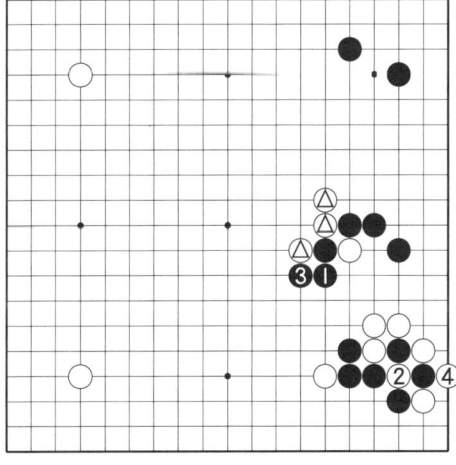

❾ 백, 작전 성공

흑은 1로 받고 백은 2에서 4로 패를 해소해 작전이 성공한 느낌이다.

　△ 석점도 아직 활용 가치가 있는 점이 백의 자랑이다.

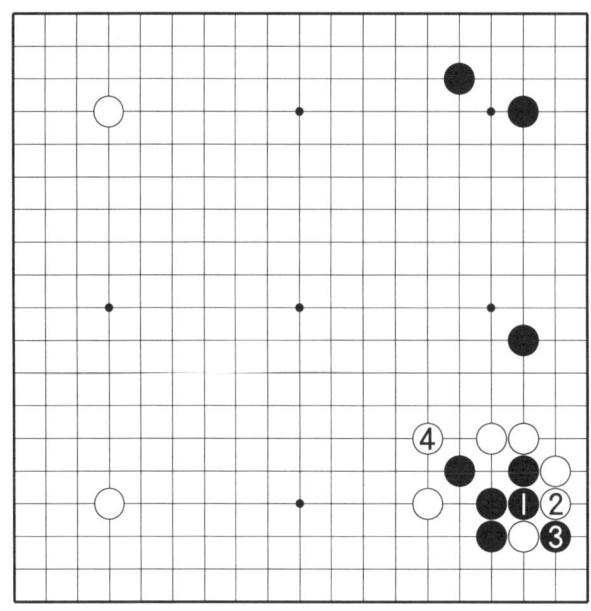

08-5도

5도(흑1, 정수)

흑1로 물러서는 것이 정수다. 백은 2로 하나 기어들어 흑3과 문답해 놓고 백4에 씌운다.

언뜻 허술해 보이지만 믿는 구석이 있다.

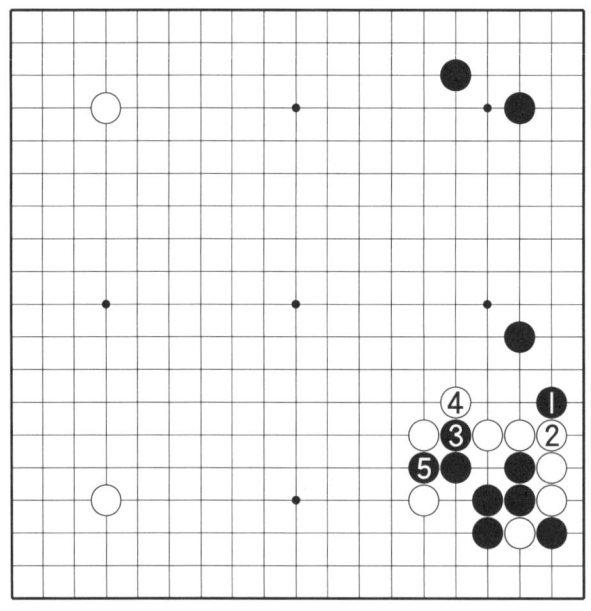

08-6도

6도(중요한 순간)

계속해서 흑1, 백2는 손해 없는 선수활용이다.

그리고 흑3으로 하나 찔러 놓고 다시 5에 나갔을 때가 중요한 순간이다.

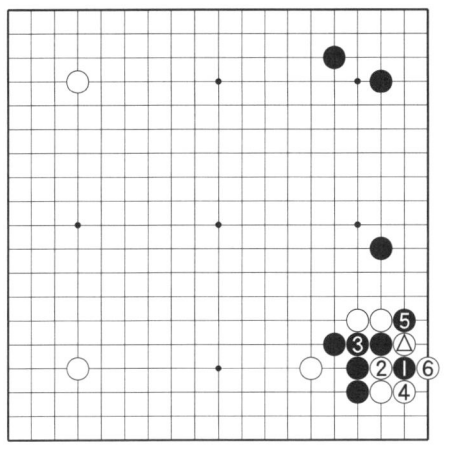

❶ 좋지 않은 이유는?

앞서 백이 △로 젖혀온 장면이다. 여기서 흑1로 받는 것은 좋지 않은데 왜 그럴까?

백은 2에서 4로 귀를 접수한다. 흑5, 백6 다음…

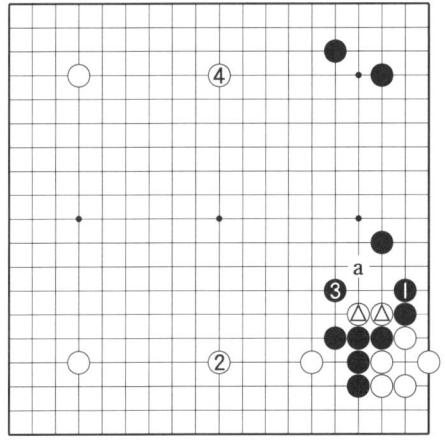

❷ 백이 활발한 포석

흑1에 백2로 벌리면 흑은 백△ 두점의 준동을 막을 수밖에 없다.

흑3을 안두면 백a로 시끄럽다. 백4도 큰 곳이어서 백이 활발한 포석으로 흑의 불만!

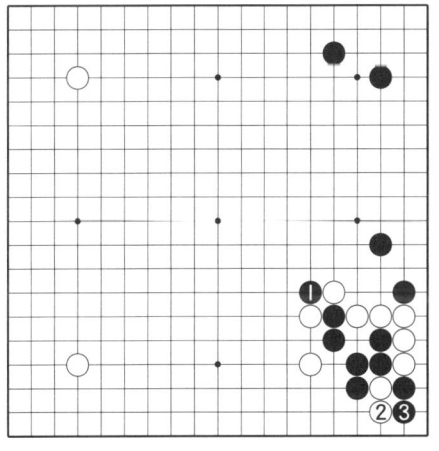

❸ 백이 괴롭다?

08-6도의 5로 이 그림 흑1쪽을 그냥 끊으면 어떻게 될까?

얼른 백이 괴로워 보이지만 2로 살그머니 나가는 수가 있다. 흑3은 당연하며…

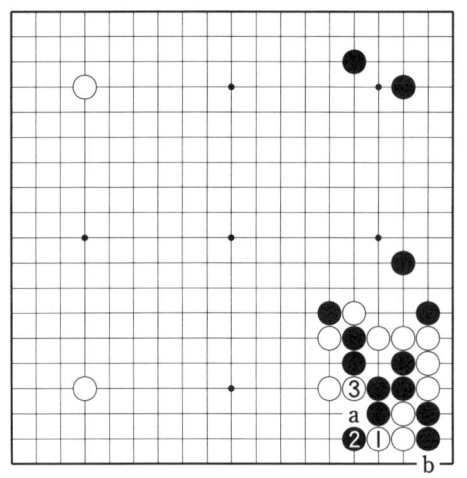

❹ 흑, 곤란

백1로 기어나가는 것이 흑의 자충에 착안한 행동이다.

흑2를 기다려 백3으로 찝으면 흑은 더 이상 둘 수가 없다. 그렇다고 2로 a는 백b.

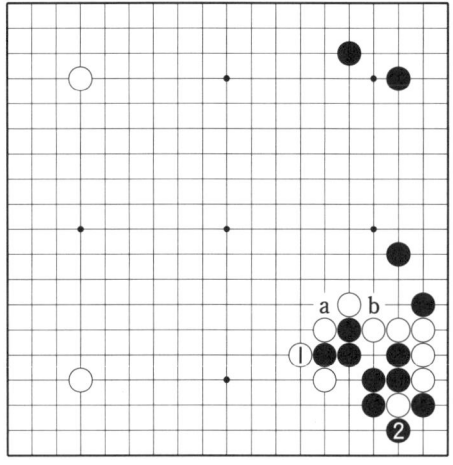

❺ 백, 낭패

08-6도 다음 백1로 덥석 막다가는 큰일이 난다.

흑은 가만히 2로 따낸다. 이러면 백은 a, b 등 단점이 여러 군데 생겨 낭패가 아닐 수 없다.

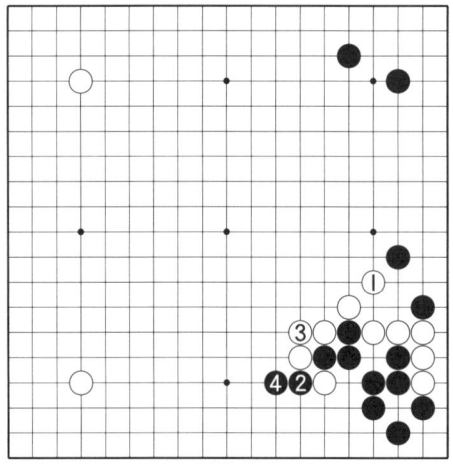

❻ 흑, 대만족

백1로 지키는 정도일 것이다. 그러면 흑은 2로 끊고 백3으로 이을 때 흑4로 뻗어서 대만족이다. 우하의 실리가 여간 튼실하지 않다.

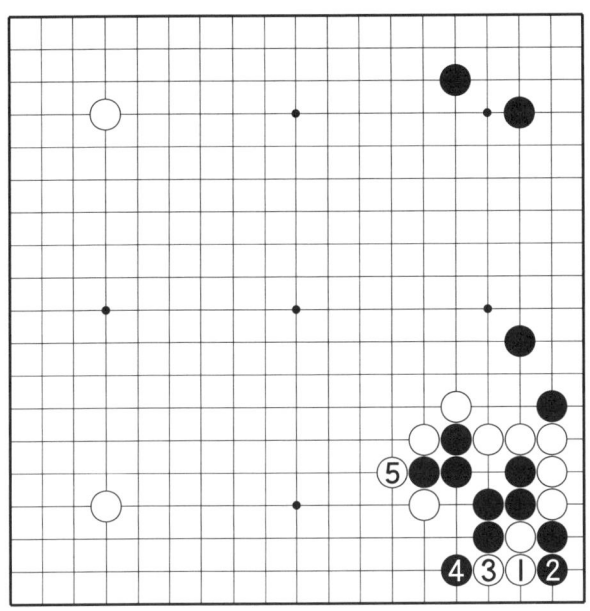

08-7도

7도(중요한 수순들)

앞 그림(08-6도)에 이어, 백1로 달아나는 것이 중요하다.

흑2에 또 백3으로 키워서 잡혀주고 비로소 백5로 막는 것이 이른바 수순이다.

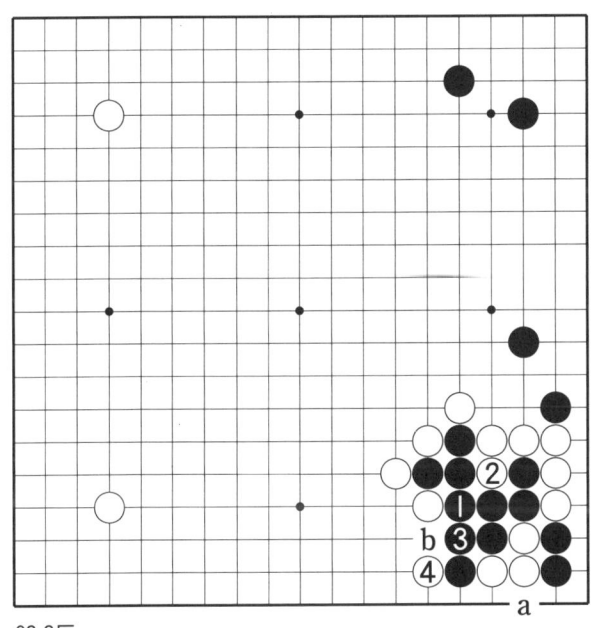

08-8도

8도(흑의 응수는?)

계속해서 흑1로 받을 때 백2로 단수하고 4에 붙여오면 흑은 어떻게 받아야 하는 것일까?

흑a면 백b의 선수가 너무도 뻔한데….

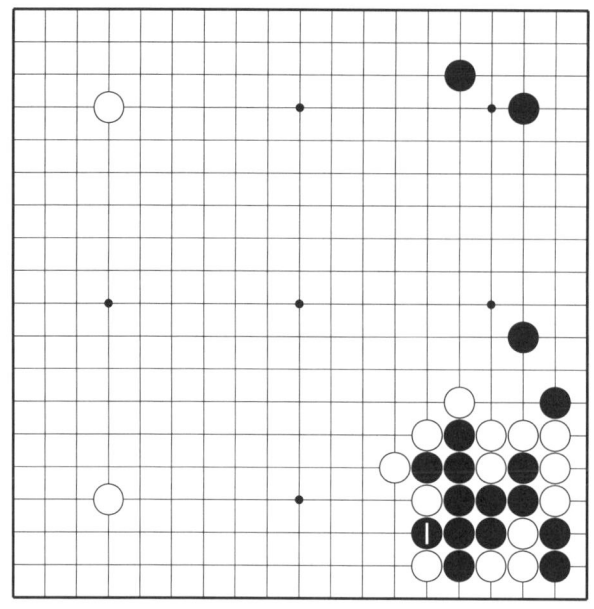

08-9도

9도(흑, 괜찮을까?)

흑1로 응수해도 괜찮을 것일까? 언뜻 흑이 다 잡혀 버리는 게 아닐까 싶은데….

이 변화는 '레벨업 레슨' 난에서 자세히 설명하기로 한다.

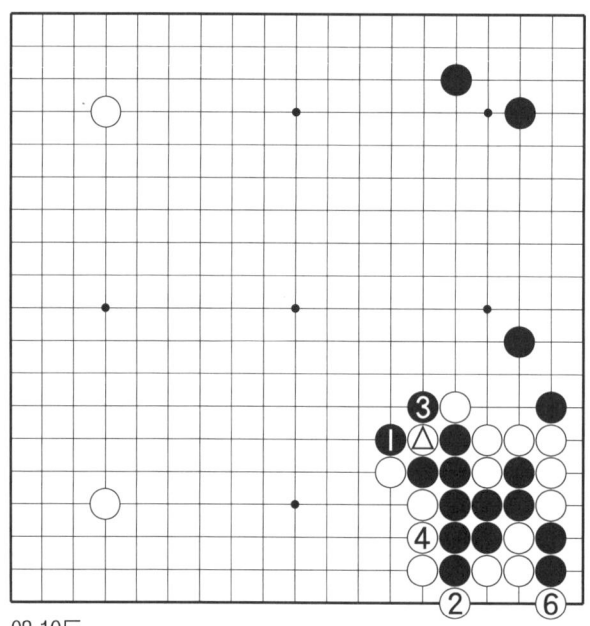

08-10도

10도(백, 실리가 크다)

앞 그림의 1로 이 그림처럼 흑1쪽을 끊는 것은 백2, 4를 불러 달갑지 않는 결과를 낳는다. 이하 6까지 백의 실리가 크다.

(❺‥△)

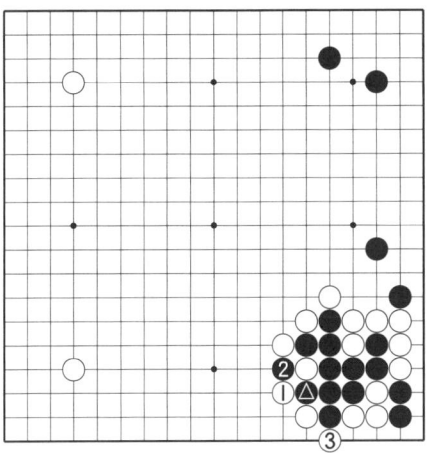

❶ 흑, 전멸

흑▲에 대해 백1로 되돌려치는 수가
성립하는 것처럼 보인다.

　흑2에는 백3의 단수로 흑 전멸! 바
둑은 여기서 끝이다. 하지만…

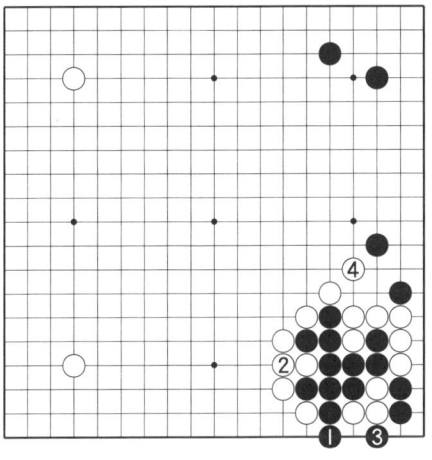

❷ 백, 멋지다

그것은 착각으로, 흑1로 달아나는 수
가 있었다.

　백2에 이었을 때 이번에는 흑3이
실착! 4로 손을 돌려 백이 멋지다. 흑
3으로는…

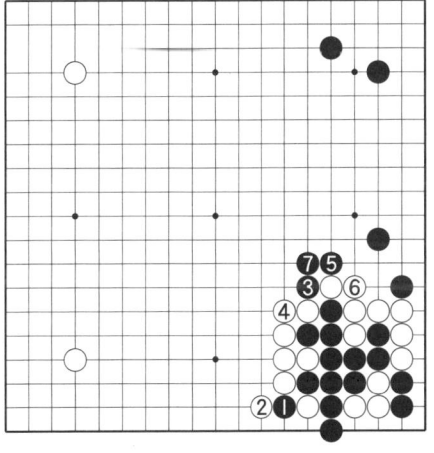

❸ 백, 망함

흑1로 하나 끊어 놓는 것이 호수! 백
2로 받아준다면 흑3으로 끊고 이하
7까지 오른쪽 백을 삼킨다. 이것은 백
이 망한 꼴이다.

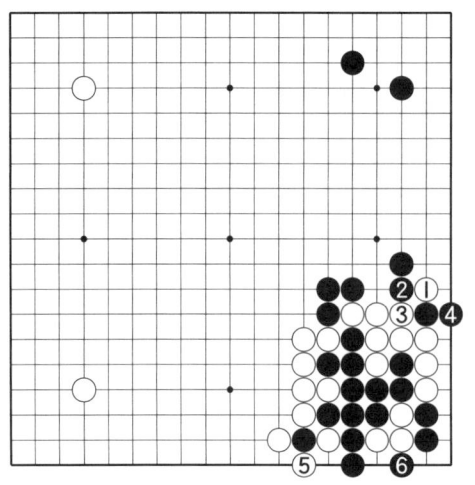

❹ 필살의 수법

그런데 우변 백은 잡혀 있는 것일까?

백1에는 흑2에서 4가 필살의 수법! 백5는 선수가 되지만 흑6 다음 후속 수단이 없다.

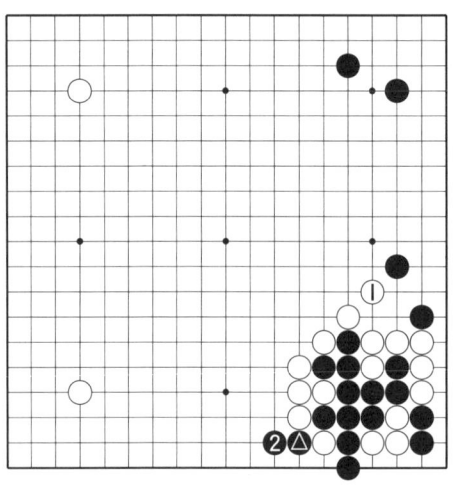

❺ 5% 부족

흑이 ▲로 끊은 시점에서, 하는 수 없다고 보고 백1로 지키는 것은 5% 부족한 수이다. 흑은 2로 머리를 내밀어 기분 좋은 결과다.

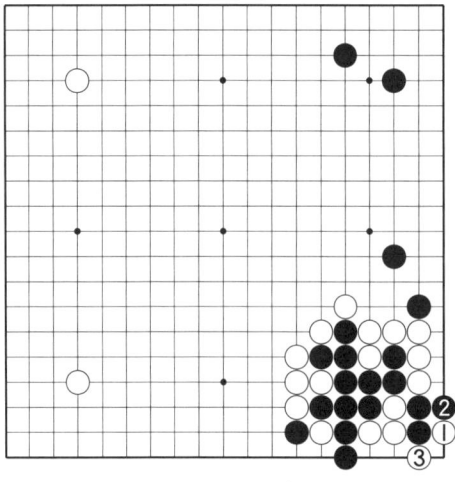

❻ 응수타진

앞 그림의 출발점에서 백1로 '2의 一'의 곳에 붙여서 응수를 타진하는 것이 재미있다. 흑2의 반발은 백3의 패가 있어 무리!

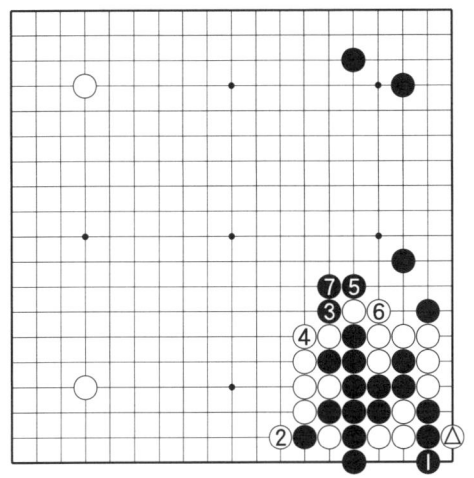

❼ 별 차이가 없다?

백△의 붙임에 흑1로 응수한다면 이제는 백2로 단수한다.

흑3~7로 ❸과 별 차이가 없어 보이지만 엄청나게 다른 결과가 기다린다.

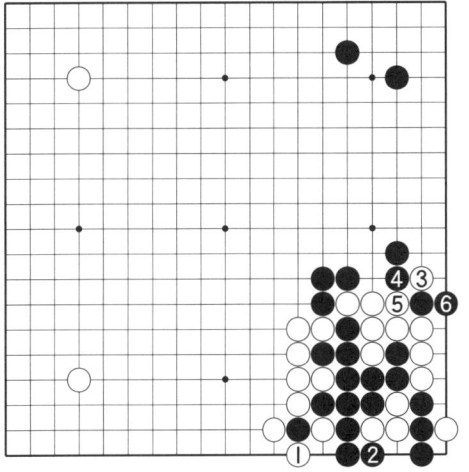

❽ 수단 모색

계속해서 백1, 흑2를 선수하고 백3으로 수단을 모색한다.

흑은 4, 6으로 잡으러 오겠지만 백은 대비책이 마련되어 있다.

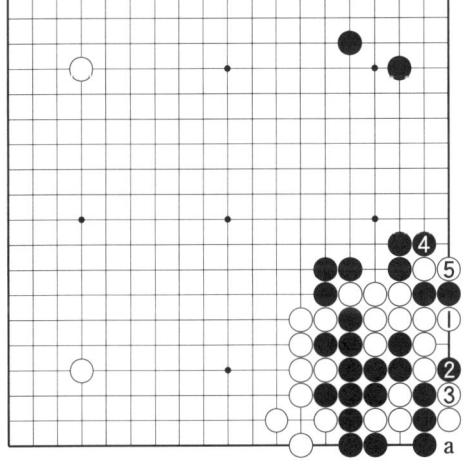

❾ 백, 빅의 삶

백1로 단수하면 이제는 사정이 다르다. 흑2에 백3의 먹여침이 성립해 잡히지 않는다. 흑a에도 백3으로 먹여쳐서 빅이다.

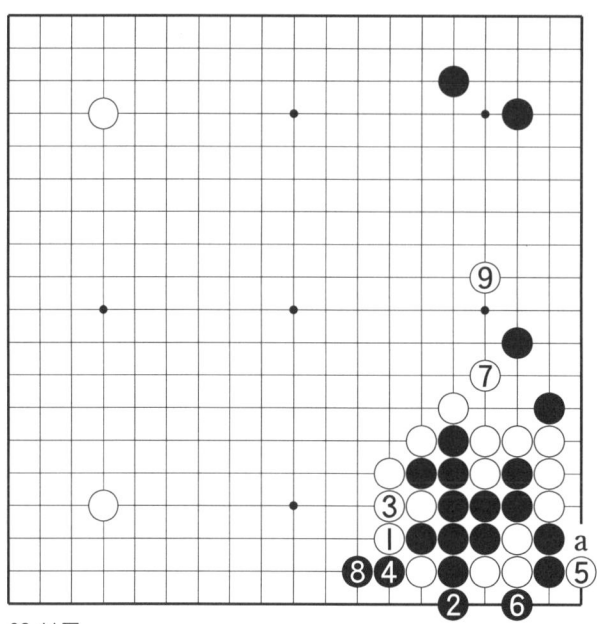

08-11도

11도(결정판)

08-9도에 이어서 백1부터 쌍방 최선의 수순을 정리한다. 흑2, 4 때 백5가 좋은 응수타진!

흑6에 받게 하고 이하 백9까지 호각의 갈림이다. a는 백의 선수 권리. 현재 이 그림이 결정판이다.

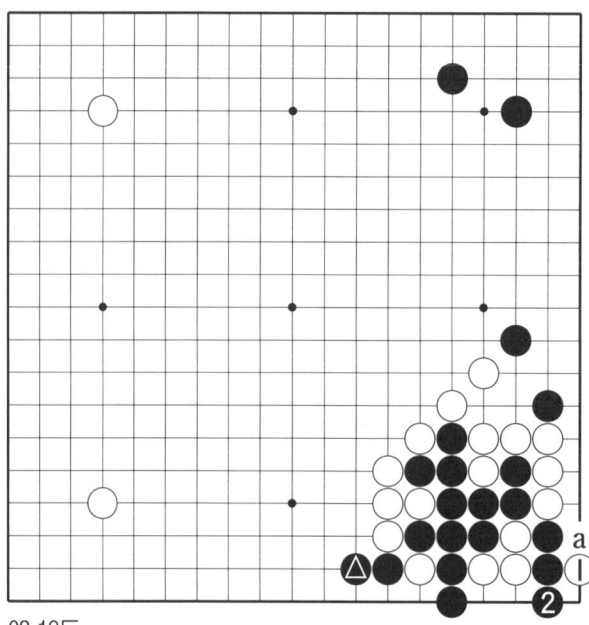

08-12도

12도(때가 늦다)

흑이 ▲로 머리를 내민 장면에서 백1로 붙이는 것은 때가 늦다. 이제는 흑2로 받아 백a가 선수가 안 되는 점에 주목하자. 앞 그림과의 차가 바로 여기에 있다.

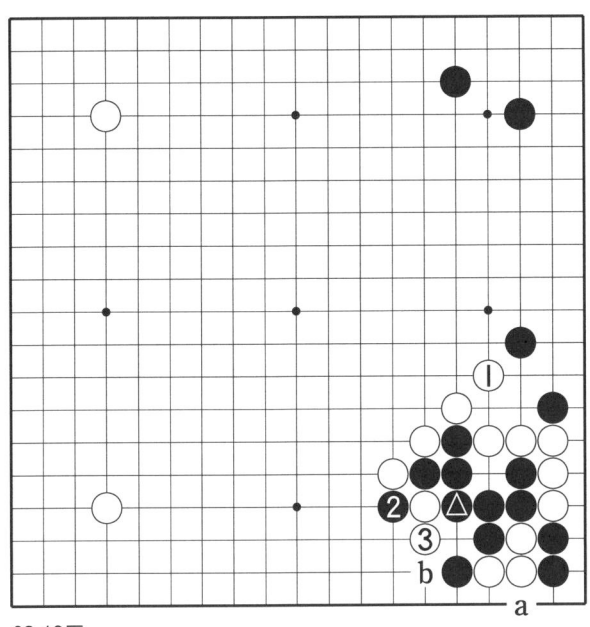

08-13도

13도(선택의 기로)

흑이 ❹로 응수한 시점으로 거슬러 올라간다.

여기서 백은 가만히 1로 호구쳐서 지켜 두고 흑의 동향을 살피는 수도 있다. 흑은 a와 b, 선택의 기로에 놓인다.

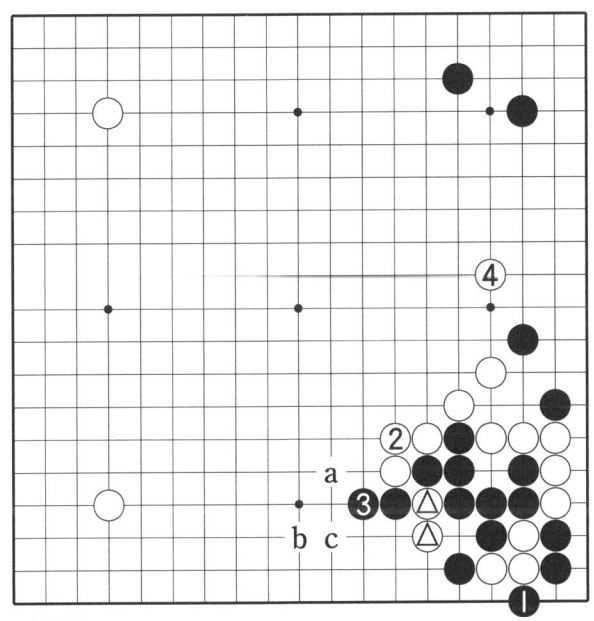

08-14도

14도(백, 재미있다)

흑1로 잡는다면 백2로 잇고 흑3에는 백4로 손을 돌려서 일단락이다.

이후 백은 △ 두점을 활용해 a로 씌우든가 b나 c로 육박하는 수를 엿봐 재미있는 갈림이다.

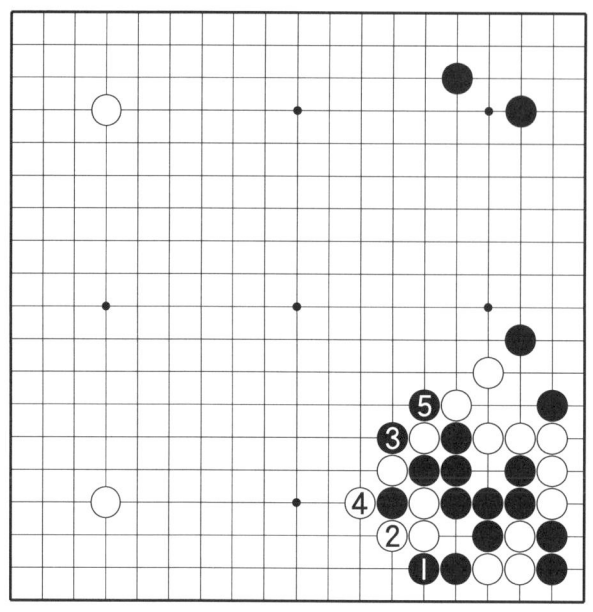

08-15도

15도(흑, 빵따냄)

흑1로 기어나가는 것이 좋다. 이렇게 둘 리는 없겠지만 백2면 흑3의 양단수가 작렬한다.

5까지 빵따내어서 흑이 좋은 결과임은 말할 나위도 없을 것이다.

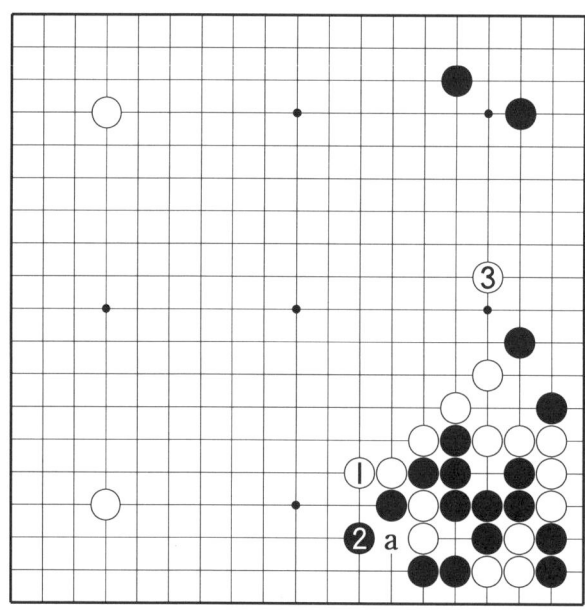

08-16도

16도(어울린 갈림)

앞 그림 2로는 이 그림 백1에 늘 수밖에 없을 것이다. 다음 흑2는 a보다 능률적인 응수법이다.

백3으로 손을 돌려서 일단 잘 어울린 갈림으로 보인다. 흑2로는….

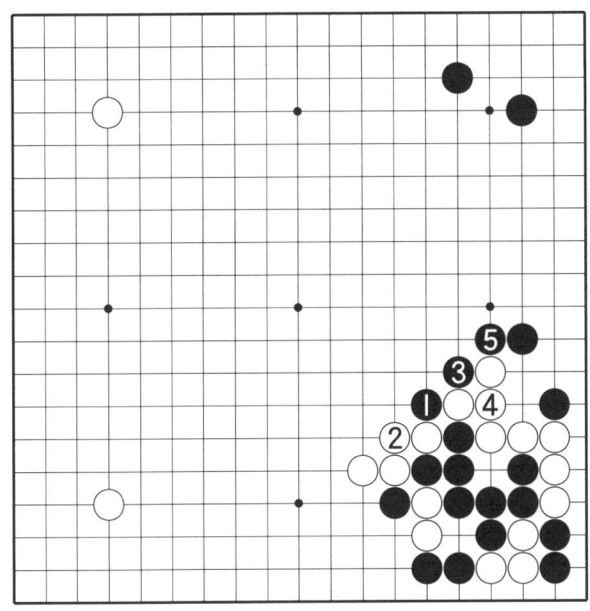

08-17도

17도(흑의 다른 수법)
이 그림처럼 흑1, 3을 단수단수하고 흑5로 막아버리는 수법도 생각할 수 있다.

백을 우형으로 만들어 놓겠다는 의미도 있는 수순이다. 계속해서….

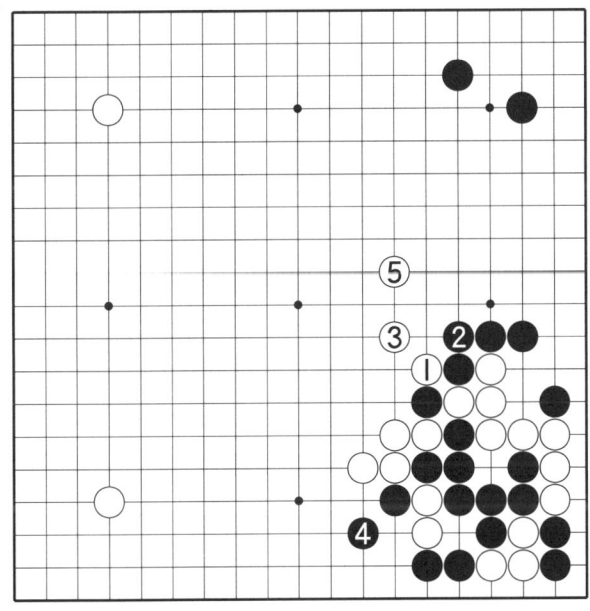

08-18도

18도(불만 없는 갈림)
백1로 끊고 흑2로 이을 때 백3의 마늘모가 배워 둘 만한 행마법이다.

흑4는 큰 수이며 백5로 뛰어 우상 흑 세력을 지워서 서로 불만이 없는 갈림일 것이다.

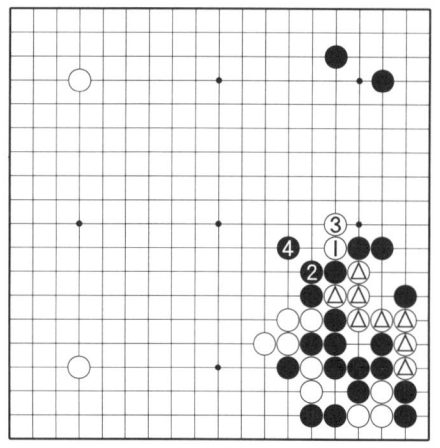

❶ 백, 무리

08-17도를 옮긴 그림. 여기서 백1로 끊고 3에 뻗어서 싸우려는 것은 무리한 수법이다. 흑4로 마늘모하면 백△들만 곤경에 처했다.

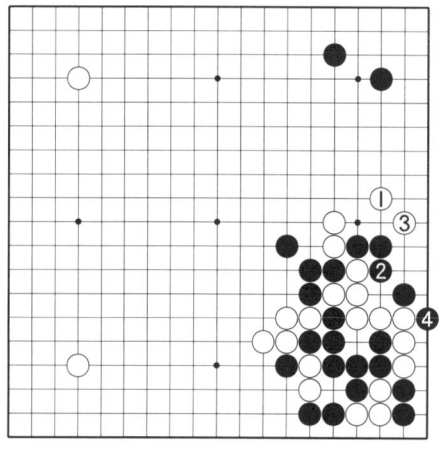

❷ 수상전은 흑승

계속해서 백1에는 흑2, 백3에는 흑4로 이 수상전은 백이 버틸 수 있는 상황이 아니다.

흑의 승리임이 명백하다. 확인해 보도록!

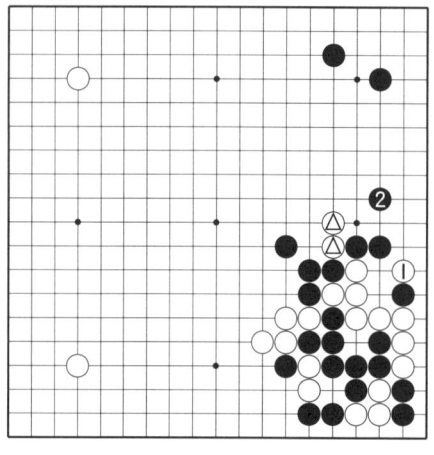

❸ 백, 부담

그러므로 앞 그림 1로는 이 그림처럼 백1로 삶을 꾀하는 정도일 것이다. 그러면 흑은 느긋하게 2로 뗀다. 백은 △ 두점이 부담이다.

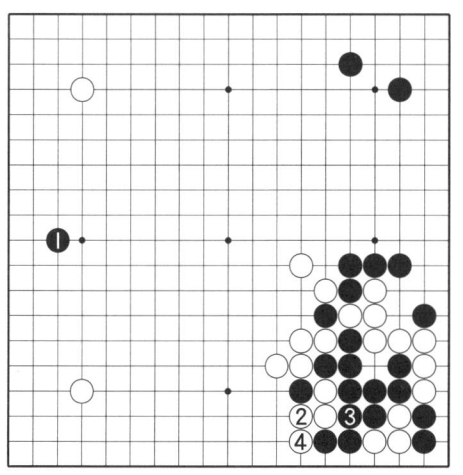

④ 백2, 큰 수

08-18도의 4는 큰 수였다. 손을 빼고 흑1로 갈라치고도 싶지만 백2가 워낙 큰 수이다. 4에 막히면 귀의 흑도 몇 집 되지 않는다.

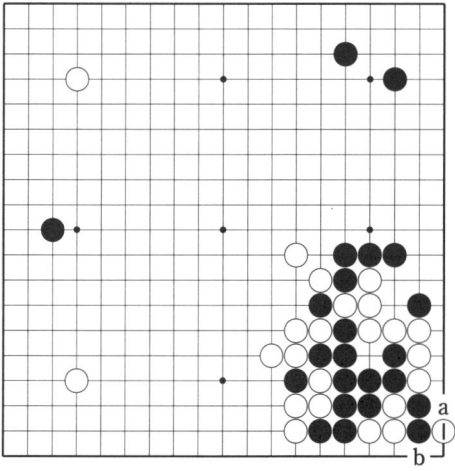

⑤ 백1, 맥점

앞 그림 이후, 귀는 언제든지 백1로 붙여서 흑을 괴롭히는 맥점이 남아 있다.

흑a는 백b로 꽃놀이패가 되므로 안 될 말이니….

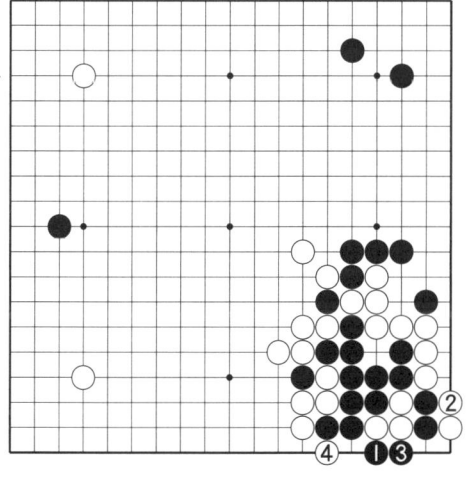

⑥ 모두가 팻감

천상 흑은 1로 물러나지 않을 수 없다. 그러면 백은 2의 단수도 선수이고 4마저 선수가 된다. 물론 이 모든 수가 상황에 따라 팻감이다.

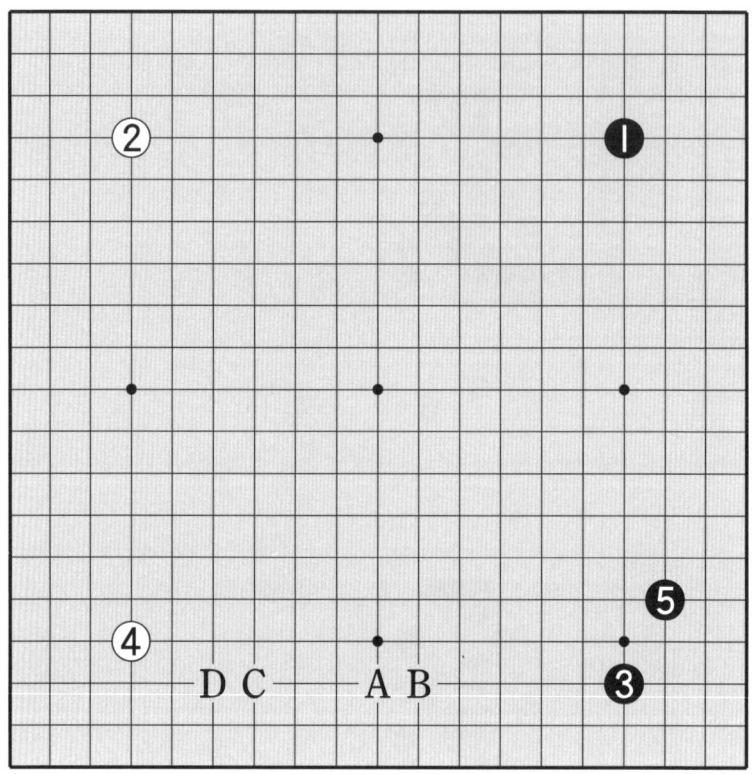

두 번째 연구 과제는 흑1의 화점, 그리고 화점과 마주보는 3
의 소목에서 5의 날일자굳힘이다. 이에 대해 백은 역시 2, 4
로 두 개의 화점으로 대항하는 포진이다.

　이 장면에서는 백도 우변보다 하변을 중시해야 한다. 따라
서 백의 선택은 A와 B의 벌림이 가장 먼저 떠오르며, C와
D의 굳힘도 흑의 우하귀 굳힘을 멀리서 견제하는 뜻을 품고
있는 수들이다.

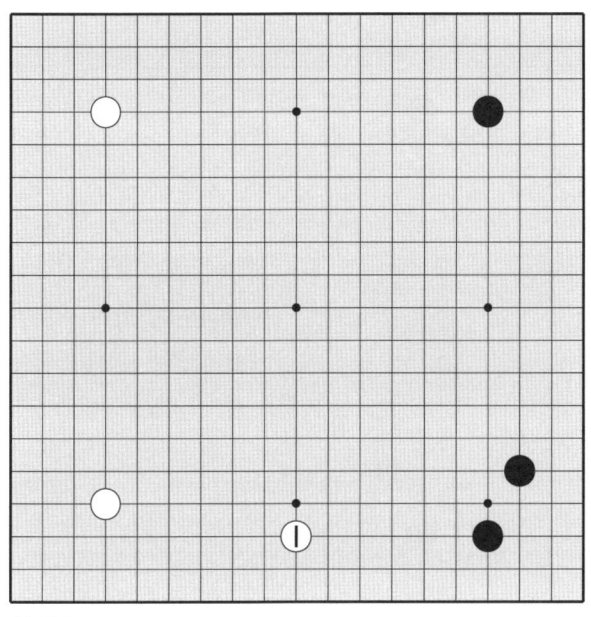

01-1도

1도(넘버원의 한수)

뭐니뭐니 해도 백1의 벌림이야말로 이런 배석에서 둘 수 있는 넘버원의 한수일 것이다.

대치하고 있는 중앙에 해당하는 격언에 부합되는 수이기도 하다.

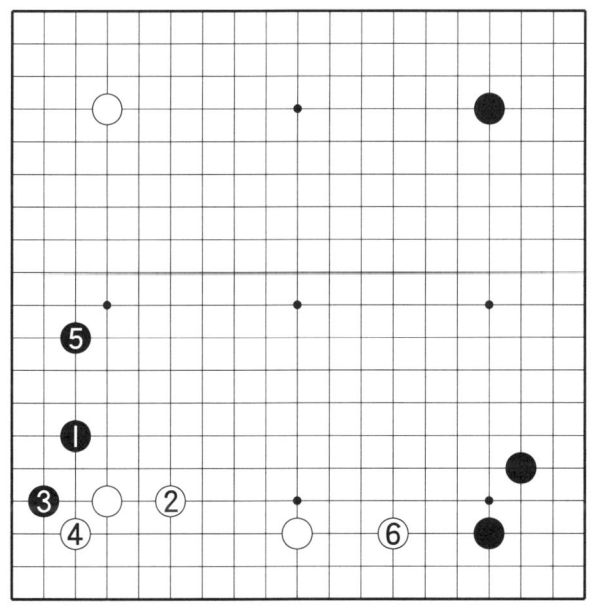

01-2도

2도(모범 포석)

앞 그림에 이어, 흑1의 날일자로 걸치는 것이 보통이며 백은 2로 받는 것이 무난한 수법이다.

흑3, 5의 기본정석 다음 백은 6으로 두칸을 벌려서 모범 포석이 출현한다.

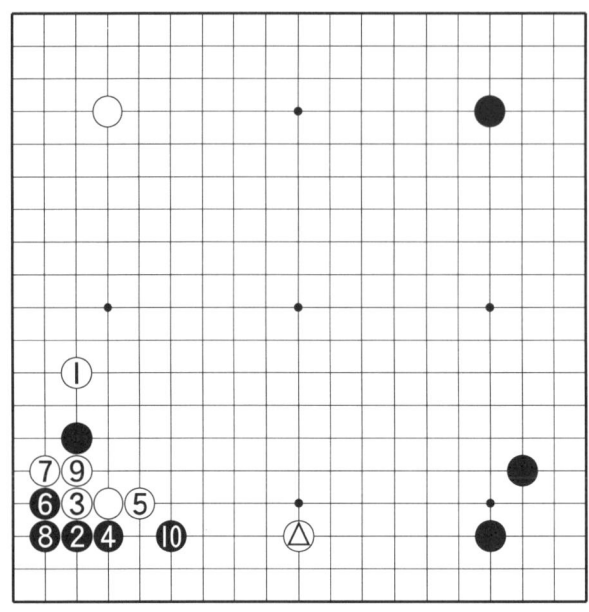

01-3도

3도(방향착오)

앞 그림 2로 이 그림 백 1로 협공하는 수도 생각할 수 있다.

단, 흑2의 3三침입에 백 3쪽을 막는 것은 심각한 방향착오다. 이하 10까지 정석이지만 백△가 어정쩡한 모습이다.

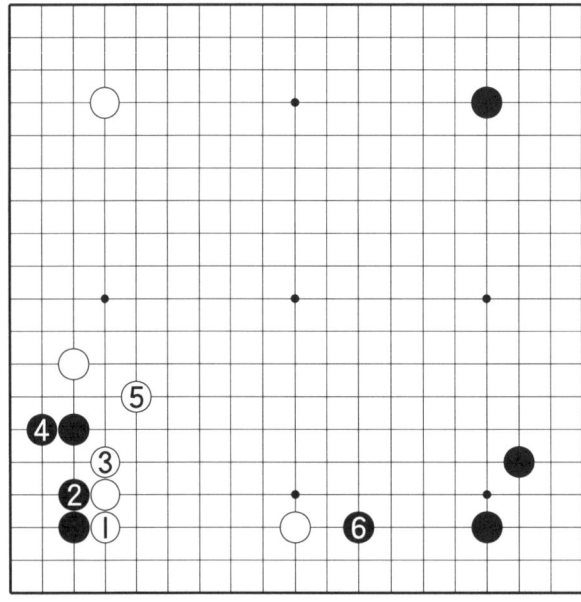

01-4도

4도(올바른 방향)

백1쪽을 막는 것이 올바른 방향이다. 흑2에서 4는 정석의 하나이며 백5까지 일단락된다.

다음 흑6으로 다가서는 것이 놓칠 수 없는 큰 곳이다. 이것도 한판의 바둑이다.

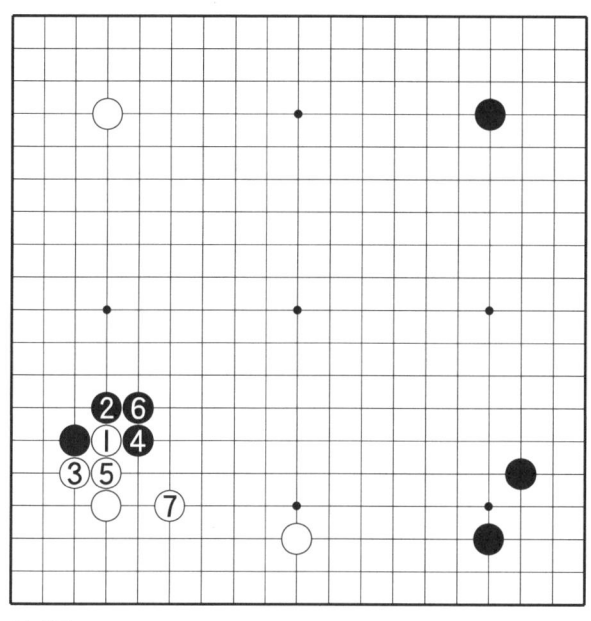

01-5도

5도(이창호정석)

흑의 날일자걸침에 백1로 붙이고 3에 호구쳐 막는 것은 한때 크게 유행했던 수법이다.

흑4의 한방이 아프지만 백7까지 실리가 튼실하다. 이른바 '이창호정석'이다.

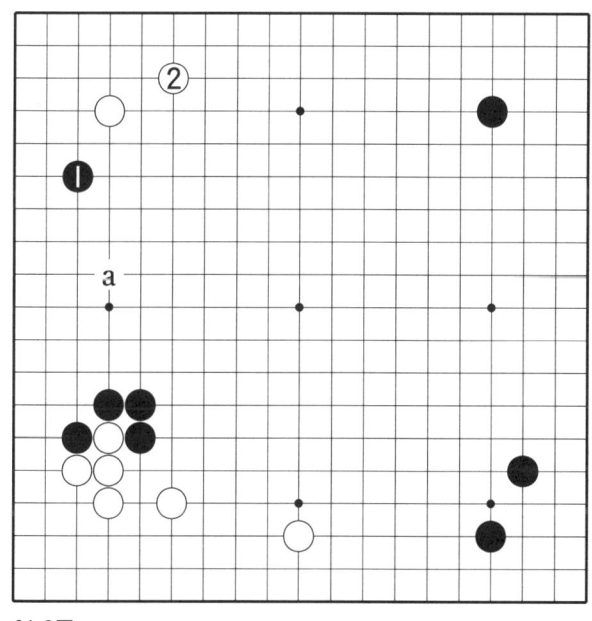

01-6도

6도(절호의 걸침)

계속해서 흑1이 아래쪽 흑 세력을 활용하는 절호의 걸침으로, 좌하귀에서 백에게 실리를 내어준 대가를 찾아온다. 이다음 흑은 a쯤으로 좌변을 구축하면 보통이다.

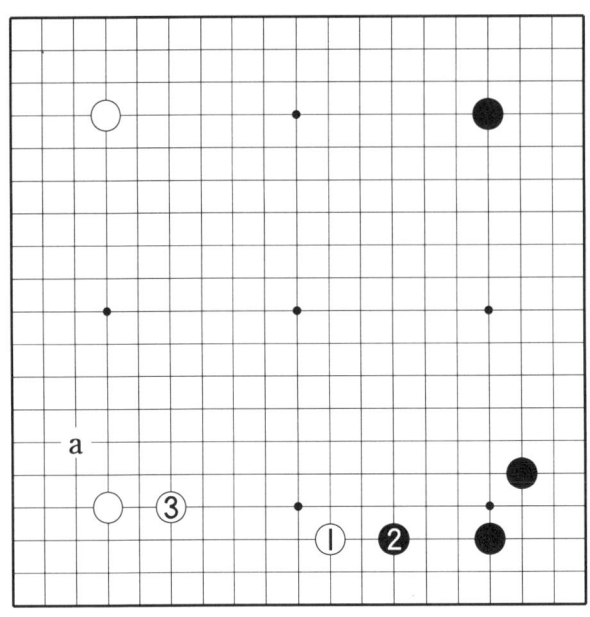

01-7도

7도(한발 더 벌림)

처음으로 되돌아가서, 백 1로 한발 더 벌리는 것은 유력한 수법이다.

흑2는 좁지만 큰 수이며, 그러면 백은 3 또는 a로 굳히는 진행이 예상된다.

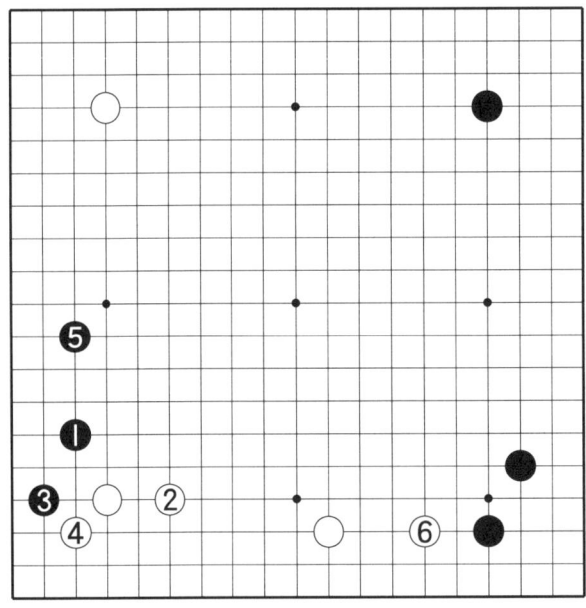

01-8도

8도(백6, 절호점)

앞 그림 2로는 이 그림 흑1쪽에서 걸칠 수도 있다. 그러면 백은 2에서 4로 받아 두는 것이 간명하다.

정석이 5까지 일단락된 다음 백6의 두칸벌림이 절호점이다.

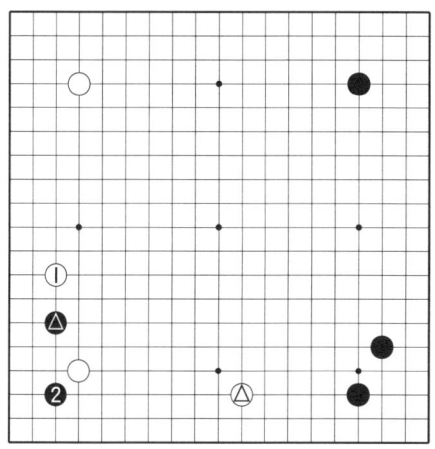

❶ 협공은 별로다

백△로 한발 더 갔을 때는 흑▲의 걸침에 백1로 협공하는 수가 바람직하지 않다. 흑2의 3三침입에 대응이 마땅치 않기 때문이다.

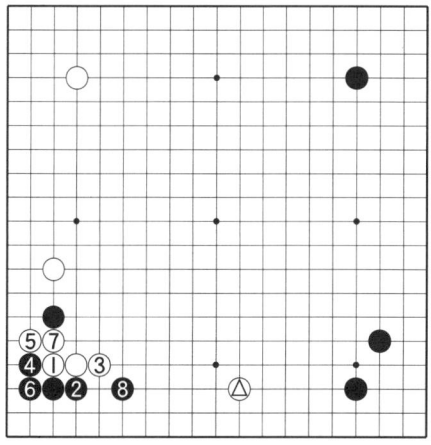

❷ 급하지 않은 곳

백1로 막으면 흑2 이하 8까지는 일사천리로 기본정석이 진행된다.

이렇게 되면 백△의 위치가 급하지 않은 곳에 있음을 알 수 있다.

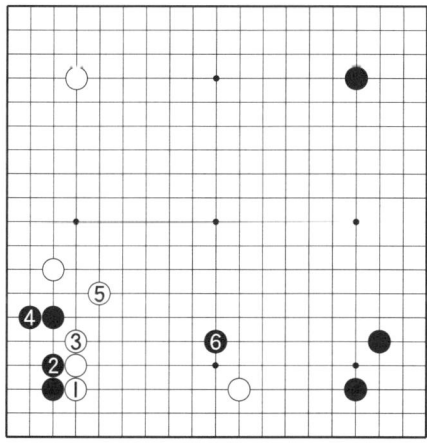

❸ 삭감이 안성맞춤

백1로 막는 것도 신통치 못하나. 흑2, 4에 백5까지가 앞서도 나왔던 기본정석인데 다음 흑6의 삭감이 너무도 안성맞춤이기 때문이다.

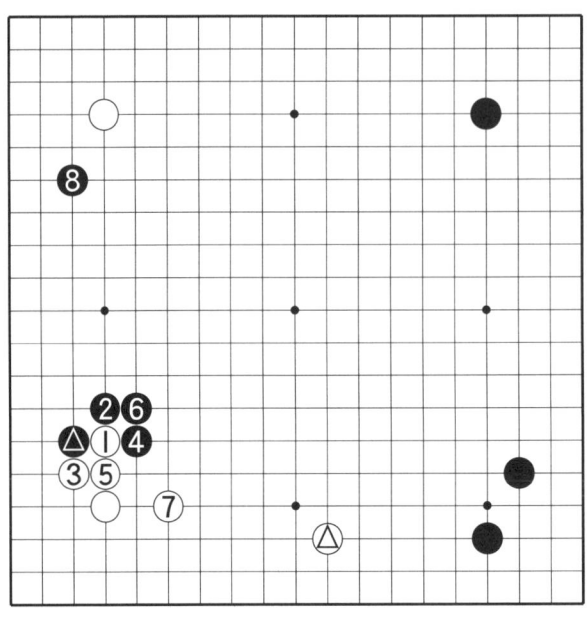

01-9도

9도(역시 유력)

흑▲의 걸침에 백1로 붙이고 3에 호구쳐 막는 것은 이 경우도 유력한 수법이다. 흑2 이하 6, 그리고 백7로 좌하귀는 일단락인데 백△와의 간격도 좋다.

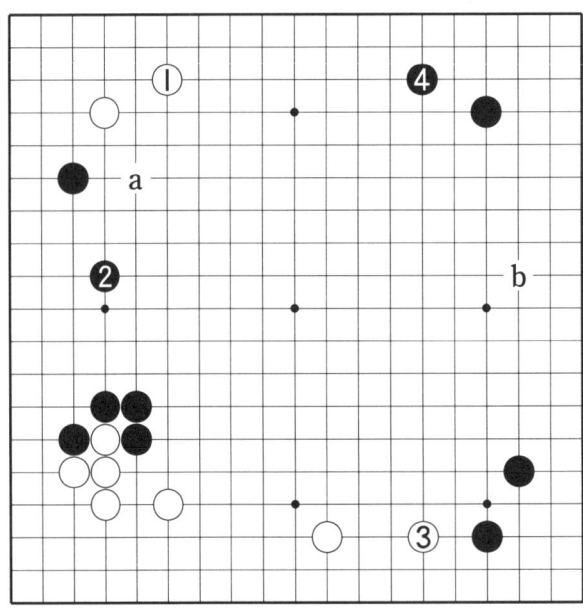

01-10도

10도(예상되는 진행)

앞 그림에 이어, 백1의 날일자응수에 흑2(또는 a)로 좌변을 구축한 것은 상식적이다.

　백3의 두칸벌림은 왼쪽 엷음과의 관계상 큰 곳이며, 흑4의 굳힘도 큰 곳이다. 다음 백은 b로 갈라치는 정도일 것이다.

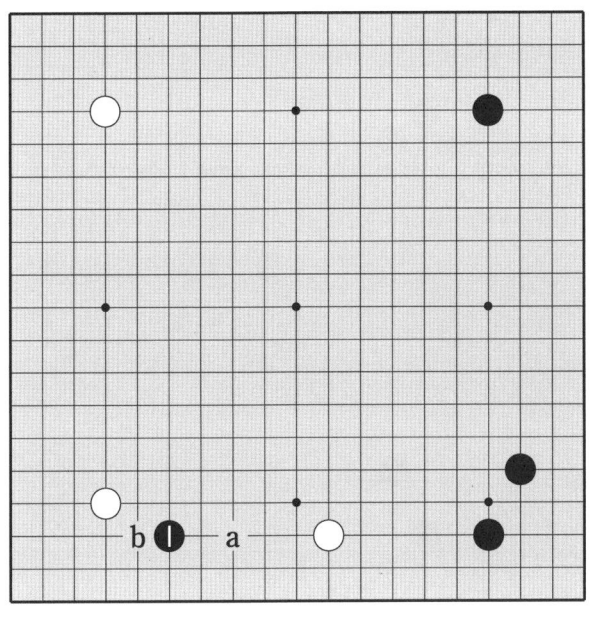

02-1도

1도(안쪽 날일자걸침)

이번에는 백의 벌림 안 쪽에서 흑1의 날일자로 걸치는 변화를 알아본다. 다음에 백의 선택은 a의 한칸협공 아니면 b의 마늘모붙임일 것이다.

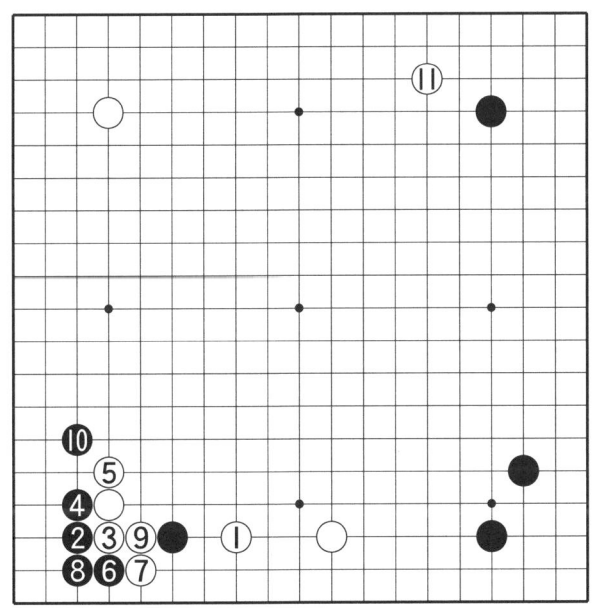

02-2도

2도(유행했던 수법)

백1의 한칸협공은 한때 유행했던 수법인데 요즘 은 시들해진 느낌이다.

흑2에 백3 이하 흑10 까지의 기본정석 다음 백 11로 걸쳐가는 포석이 될 것이다.

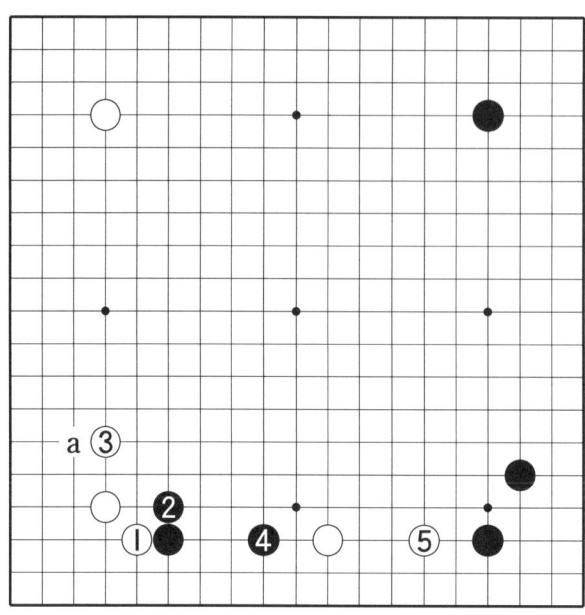

02-3도

3도(상식적인 진행)

오히려 백1로 마늘모 붙이고 3(a도 있다)에 뛰는 수의 빈도가 아주 높다.

흑4의 두칸벌림에 백도 5로 두칸을 벌리려는 것으로, 상식적인 진행이라고 볼 수 있다.

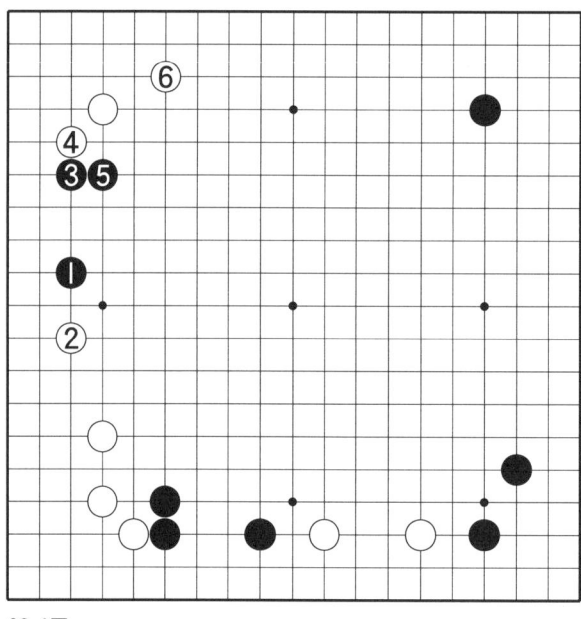

02-4도

4도(무난한 포석)

계속해서 좌변을 둔다면 흑1로 갈라치는 것이 무난한 수이다. 백2로 다가서고 흑3에 또 백4, 6으로 요령은 앞서와 같다.

여기까지도 흔히 볼 수 있는 포석이다.

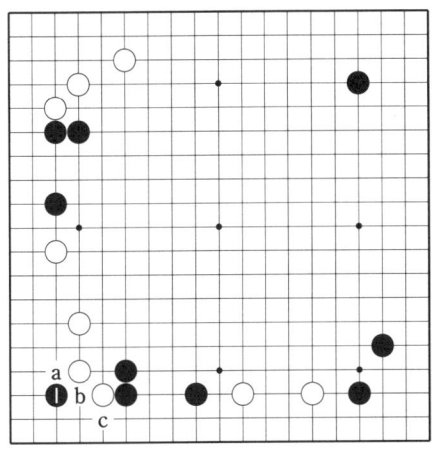

❶ 3三침입

02-4도를 옮긴 그림. 좌하귀 백집이 커 보이지만 실은 흑1의 3三침입에 약하다.

그 시기가 문제인데, 백은 a, b, c의 세 가지 응수가 있다.

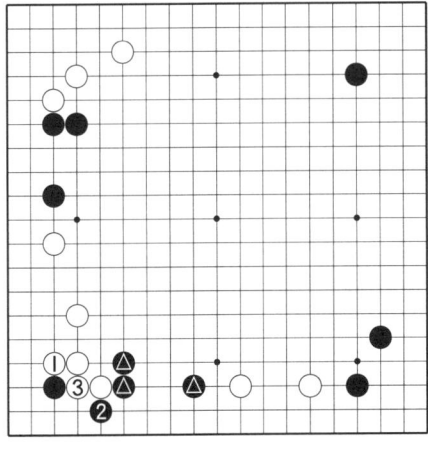

❷ 백, 좋지 않다

백1은 가장 안전한 응수이지만 흑2를 선수당해 별로 좋지 않다.

흑△는 그리 강한 돌이 아닌데 편한 모습으로 만들어주고 있다.

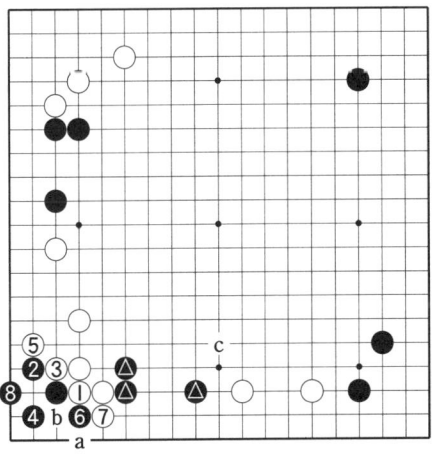

❸ 흑이 당장 살면

백1의 빈삼각은 중용(中庸)의 응수다. 흑2 이하 8로 당장 사는 것은 백a, 흑b 다음 백c로 공격당해 흑△ 석점이 피곤해진다.

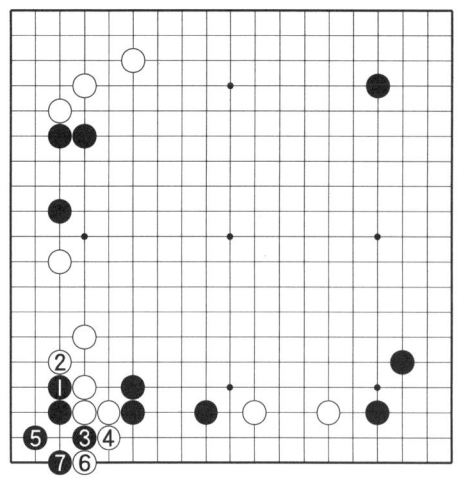

❹ 시기상조

흑1에서 3, 5, 7로 패를 할 수도 있지만 시기상조일 것이다.

　　이곳은 보류했다가 기회를 봐서 ❸이나 ❹를 선택하는 것이 옳다.

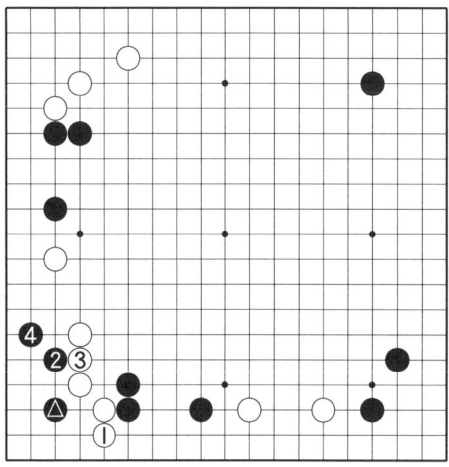

❺ 최강의 대응

흑▲에 대해 백1의 내려섬은 최강의 대응이다.

　　그러면 흑은 2로 하나 들여다봐 백3에 잇게 하고 흑4로 마늘모하는 것이 틀이다.

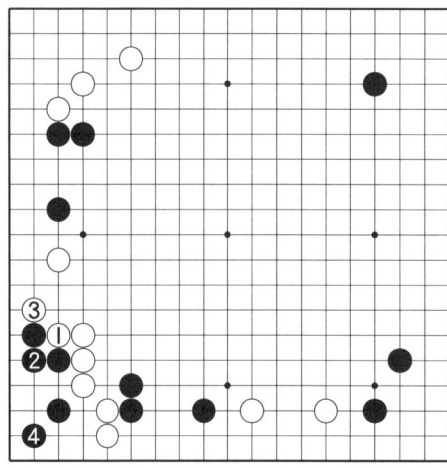

❻ 약화

계속해서 백1, 3에 흑4로 거뜬히 살 수 있다.

　　그러나 이 결과, 위쪽 흑 석점과 오른쪽 흑 석점이 모두 약화되었음을 간과할 수 없다.

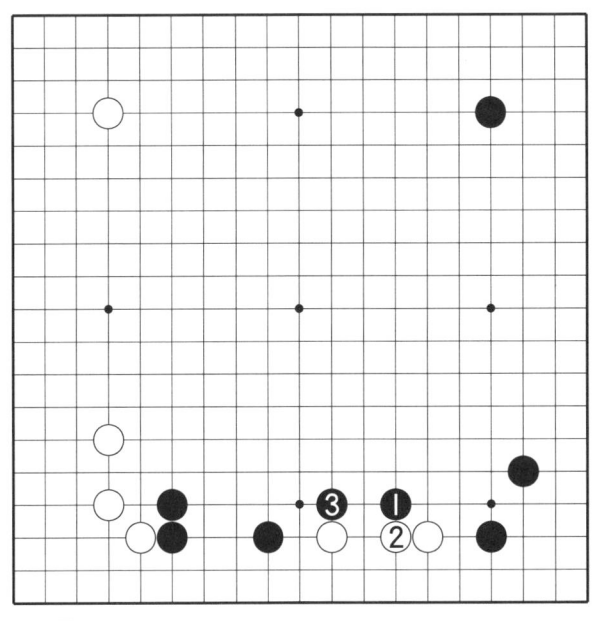

02-5도

5도(배석에 따라)

앞 그림(02-4도) 1로는 이 그림처럼 흑1로 짚어 백2를 강요한 다음 흑3으로 봉쇄를 꾀하면서 백을 압박하는 것도 주위의 배석에 따라 유력한 수법이다.

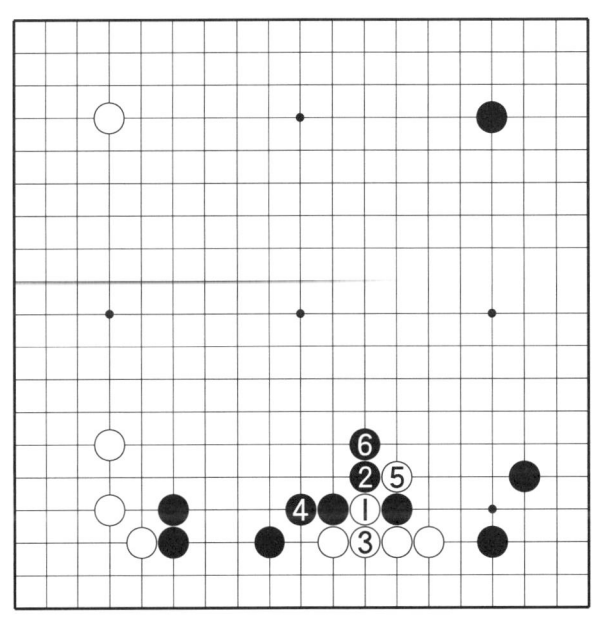

02-6도

6도(흑, 두터움을 얻다)

앞 그림에 이어, 백은 1, 3으로 끼워이을 수밖에 없다.

흑4로 끌 때 백5의 끊음은 정형화된 수이며 흑은 6까지 상당한 두터움을 얻는다.

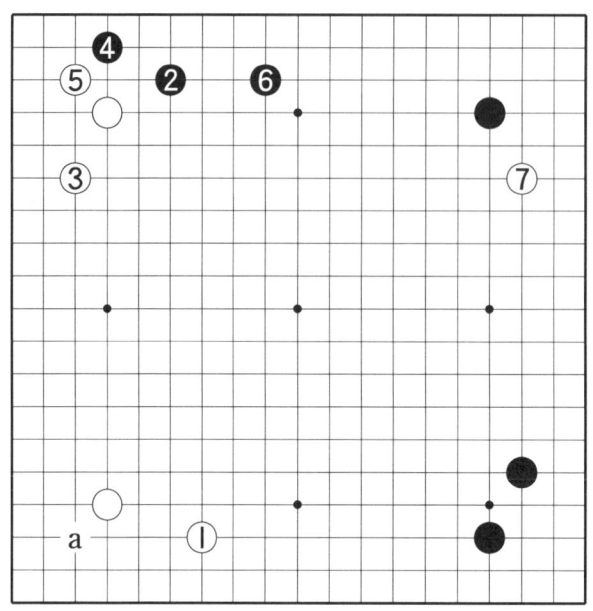

02-7도

7도(백, 눈목자굳힘)

백1의 눈목자는 좌하귀를 굳히면서(흑a의 침입이 남는 것이 흠) 우하귀 흑의 날일자굳힘의 발전을 제한하고 있다.

흑2에서 6 그리고 백7의 걸침까지 무난한 포석이다.

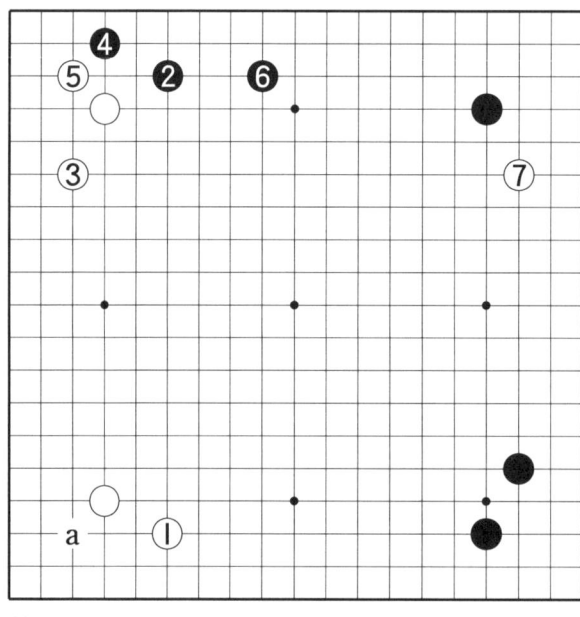

02-8도

8도(백, 날일자굳힘)

백1의 날일자굳힘이면 특별한 상황이 벌어지지 않는 한, 흑이 a로 침입하기는 어렵다. 역시 흑2 이하 백7까지 한판의 바둑이다. 앞 그림과는 일장일단이 있다.

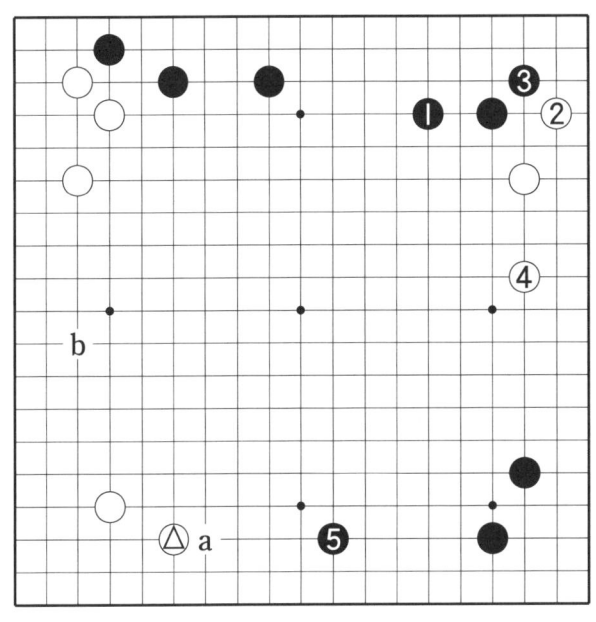

02-9도

9도(흑5, 큰 곳)

계속해서 흑1에서 백4의 기본정석 다음 흑5가 큰 곳이다.

만약 △가 a의 눈목자인 경우라면 흑은 5 대신 b로 갈라치는 수가 더 좋을지도 모른다.

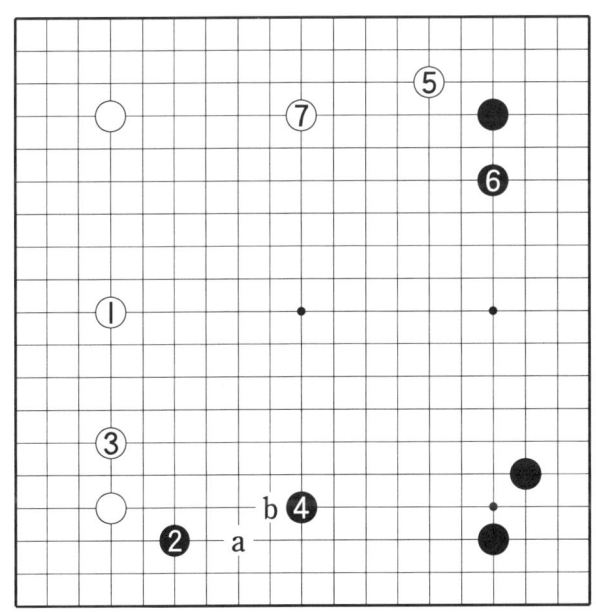

02-10도

10도(백의 3연성)

맨 처음으로 돌아가서, 백1의 3연성으로 대항한다면 전혀 다른 포석이 된다.

백3으로 a나 b에 협공하는 바둑도 있고 그러면 또 다른 한판이 될 것이다.

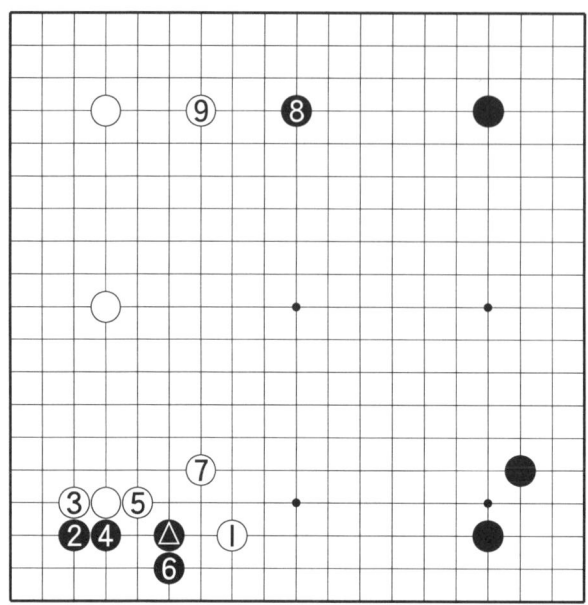

02-11도

11도(한판의 바둑)

흑▲의 걸침에 백1로 협공하면 흑2 이하 백7까지의 정석 코스를 밟을 가능성이 높다.

백은 좌변 일대에 큰 세력권을 형성하게 되며 이것도 한판의 바둑이다.

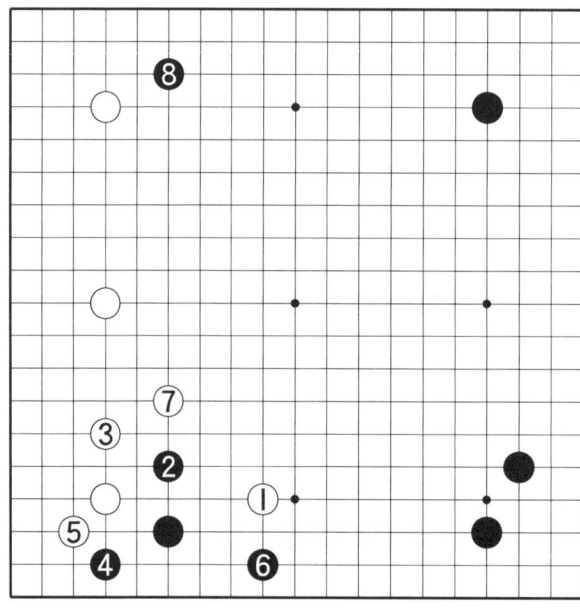

02-12도

12도(잘 안 쓰이지만)

백1의 두칸높은협공이면 지금은 잘 안 쓰이지만 흑2 이하 6의 정석 선택이 간명하다.

흑2로 5의 3三에 들어가면 백에게 대모양을 주므로 그것을 꺼린 것이다. 백7은 대세점이며 흑8에 걸쳐서 알기 쉬운 포석이다.

2

중국식과
고바야시류
포석

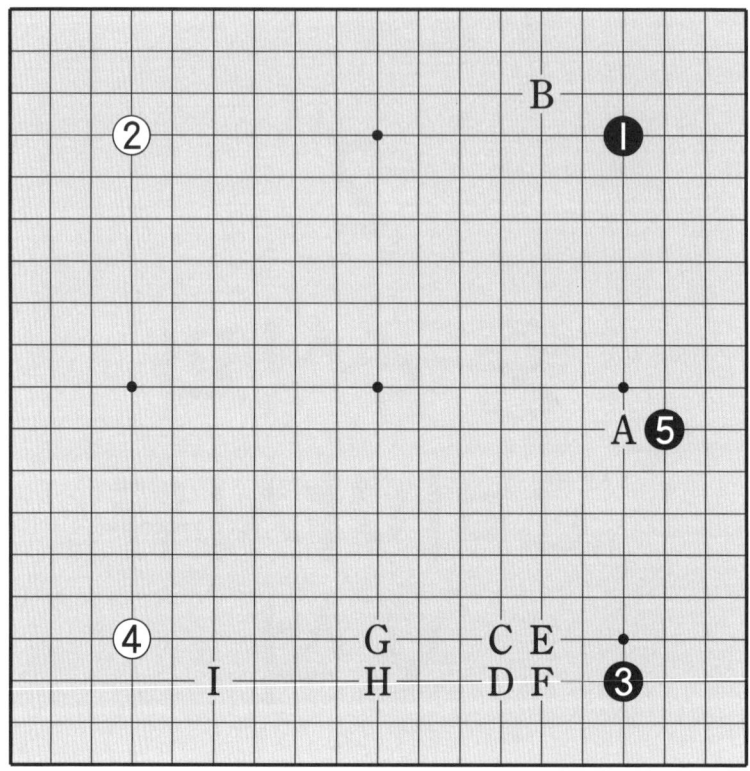

'중국식 포석'의 유래는 1980년을 전후해 벌어진 일본과 중국의 바둑교류전에서 중국 기사들이 일제히 들고 나와 주목을 받자, 일본의 어느 바둑 라이터가 이름을 붙였다고 한다. 창안한 이는 중국바둑의 아버지 천쭈더(陳祖德)로 알려져 있다.

　흑1의 화점과 마주보는 3의 소목에서 5로 변에 전개한 것이 바로 중국식이다. A로 높게 두면 높은 중국식이라 부른다. 이 포진은 귀의 굳힘을 생략하고 변에 벌려 스피드를 중시했으며 호전적인 특성을 갖고 있다. 백은 2연성으로 대항하는 것이 유력하며, 백B 이하 I까지 다양한 대응수법이 있다.

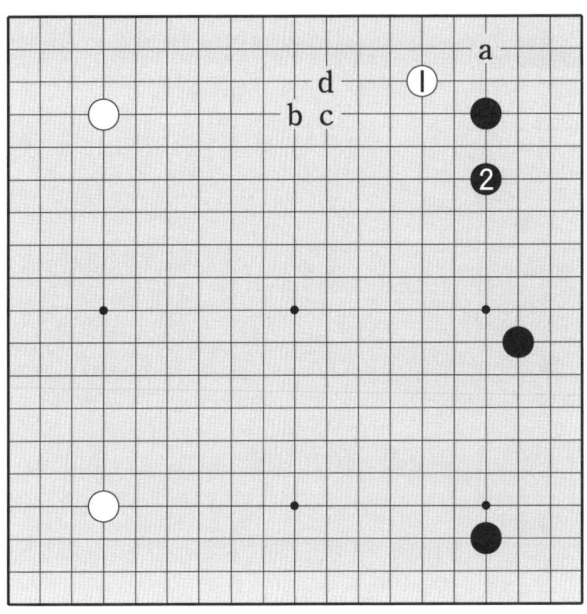

01-1도

1도(우상귀 걸침)

중국식에 대한 가장 일반적인 대응은 백1의 우상귀 걸침일 것이다. 흑2로 받을 때 백은 a의 날일자달림과 b, c, d로 벌리는 수 가운데에서 하나를 선택하게 된다.

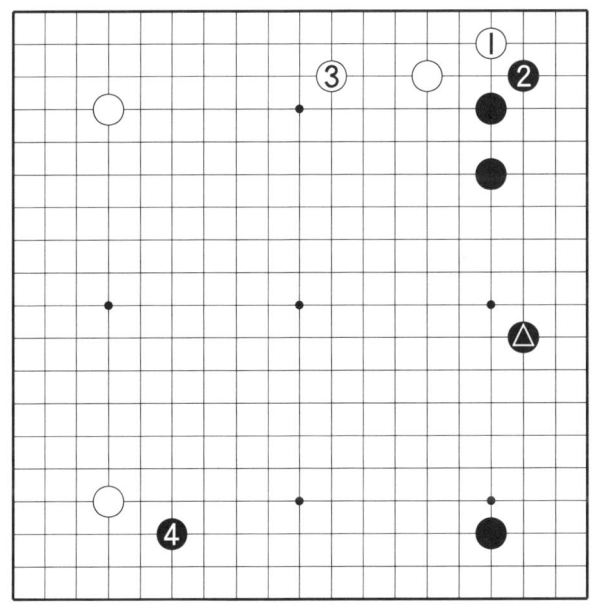

01-2도

2도(평범한 진행)

백1의 날일자달림이 상식적인 수법이다.

흑2로 받으면 백3에 두 칸을 벌려서 기본정석이 완료된다. 흑도 ▲와의 간격이 좋다. 4로 좌하귀에 걸쳐서 평범한 진행이다.

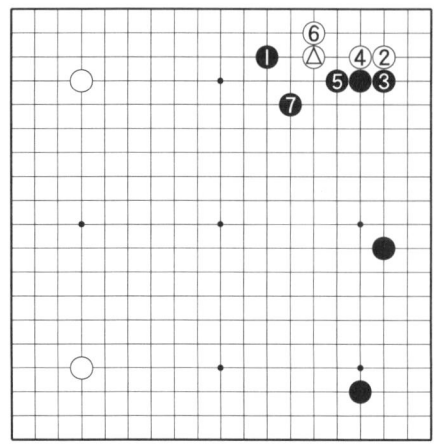

❶ 흑, 한칸협공은?

백△의 날일자걸침 때 흑1로 한칸협공하는 수는 어떨까?

결론을 먼저 말하면 흑이 바람직하지 못하다는 것. 그 이유는 백2 이하 흑7까지의 정석 다음…

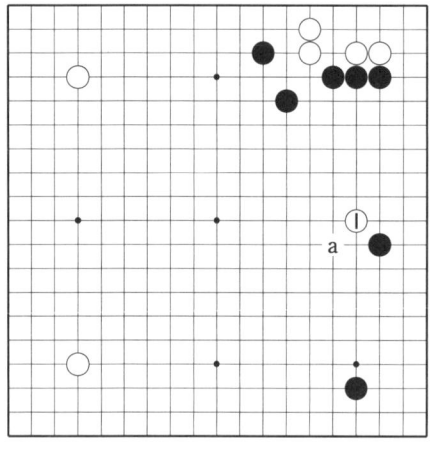

❷ 절호의 삭감

백1의 어깨짚음이 절호의 삭감수여서 흑은 애써 쌓아놓은 두터움이 쓸모없게 될 처지가 되었다.

백1로는 a의 모자도 있다. 따라서 ❶의 한칸협공은 적절하지 못했다.

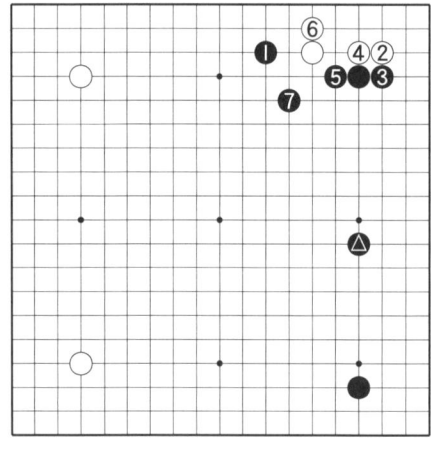

❸ 높은 중국식이면

만약 높은 중국식, 즉 흑▲에 돌이 있을 경우라면 흑1의 협공도 이상할 것이 없다.

흑7까지 폭도 좋고 백이 삭감하기도 만만치 않아 앞 그림과는 얘기가 다르다.

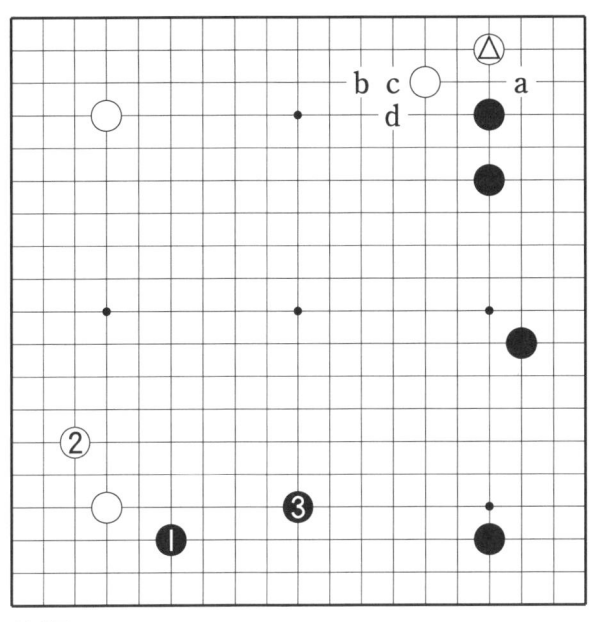

01-3도

3도(묘미 있는 전환)

백△에 대해 흑a로 받지 않고 1, 3으로 전환하는 것이 묘미 있는 발상이다. 상황을 봐서 b의 협공, c의 옆구리붙임, d의 어깨짚음 등의 수단을 택하겠다는 의도다.

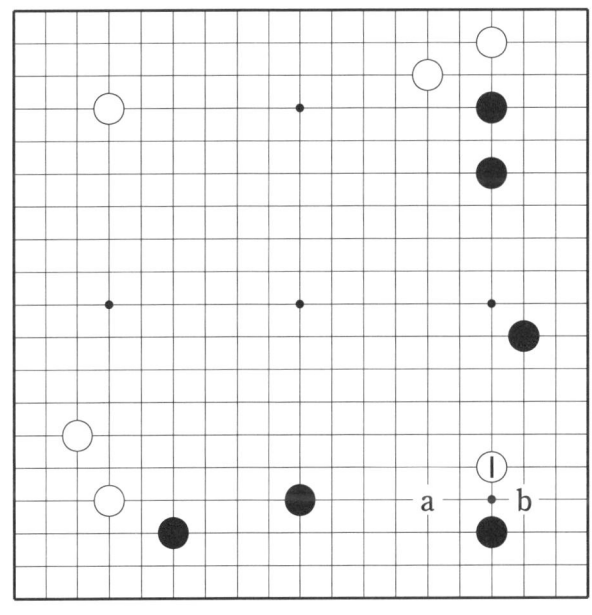

01-4도

4도(시급한 행동)

백1로 우하귀에 걸친 것은 시급한 행동이다.

소홀히 하다가 흑에게 이곳을 빼앗기면 우하의 흑 모양이 너무도 이상적이다. 다음 흑은 a와 b의 선택이 있다.

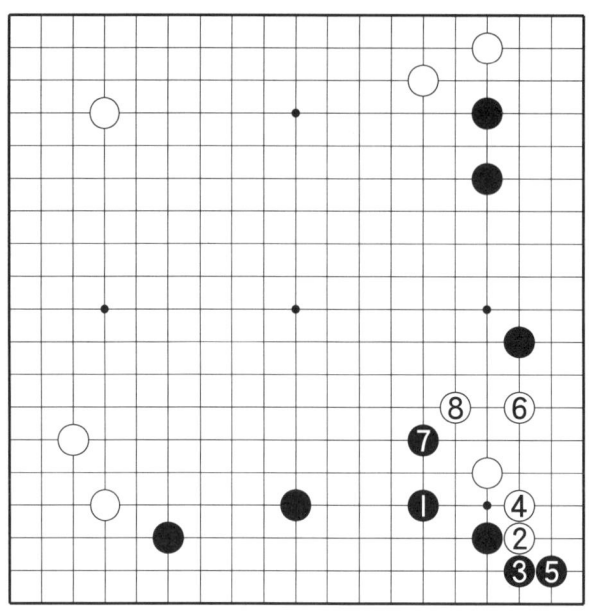

01-5도

5도(흑, 날일자)

흑1의 날일자에 백2, 4로 붙여끌고 좁더라도 근거를 마련하기 위해 6으로 둘 곳이다.

흑7로 한칸을 뛴 수는 요소다. 봉쇄를 피해 백8로 뛰는 수를 유도해….

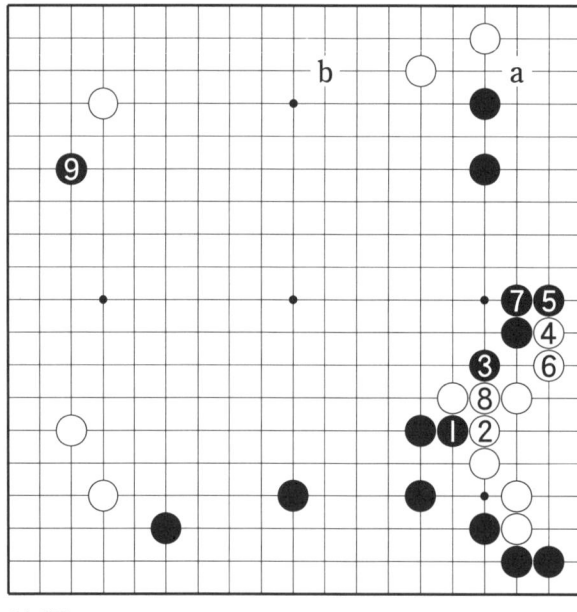

01-6도

6도(백4, 중요한 수)

흑1, 백2를 문답하고 흑3에 들여다볼 때 백4에 붙인 것이 중요한 수로, 흑5에 백6, 흑7을 선수하고 백8에 잇는 것이 수순이다.

흑9는 a, 백b를 교환하고 둘 수도 있다.

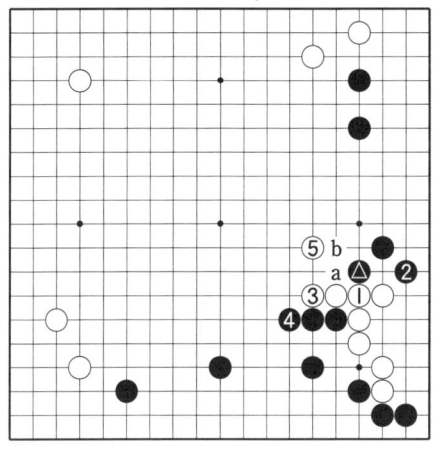

❶ 백, 곤마

흑▲에 대해 백1로 덥석 잇는 것은 흑2의 마늘모를 불러 백은 곤마 신세가 된다.

백3으로 a에 꼬부리면 흑b로 막아 역시 백의 신세가 나아지지 않는다.

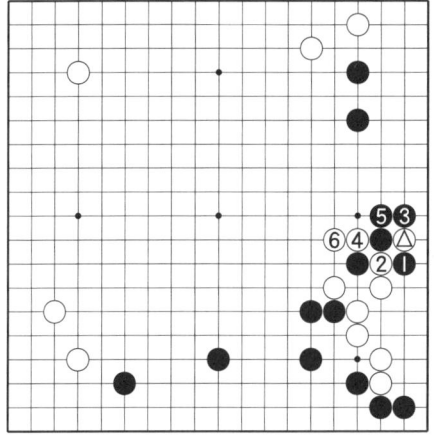

❷ 흑1, 무리

백이 △로 붙였을 때 흑1로 반발하는 것은 무리한 행동이다.

백2의 끊음 이하 6까지 백은 흑 한 점을 접수하며 여유 있게 안정한 모습이다.

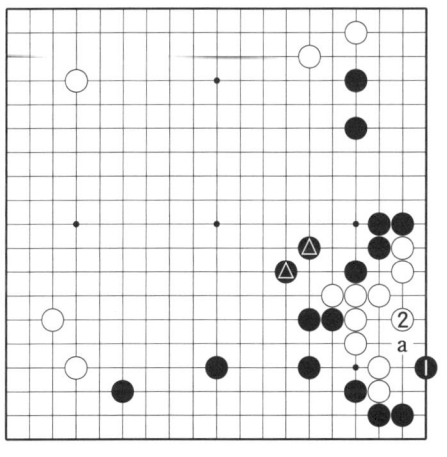

❸ 삶의 확인

01-6도에서 우하 백이 완벽하게 살아 있음을 확인한다.

흑▲로 봉쇄되었다고 가정해도 흑1에 백2로 간단하게 삶이다. 흑1로 2여도 백a로 역시 삶.

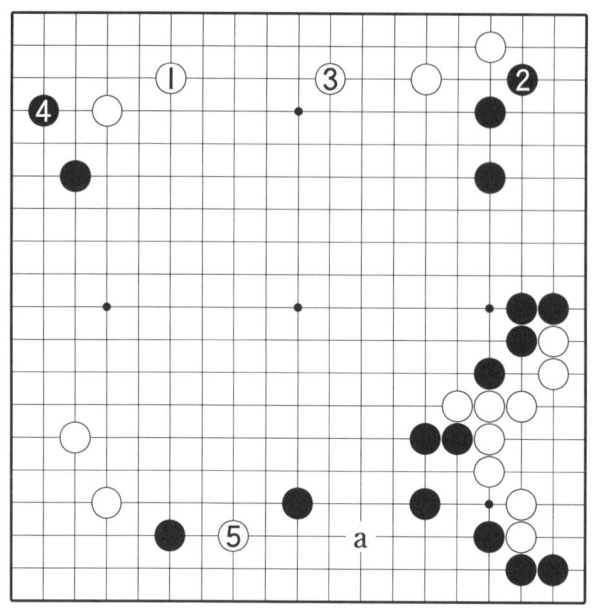

01-7도

7도(날카로운 침투)

01-6도에 이어, 백1의 날 일자응수에 흑2, 백3으로 정석을 완료하고 흑4 때 백5로 뛰어드는 것이 날카로운 수법이다.

본래 하변은 이곳과 a의 침투가 성립하는 곳이었다.

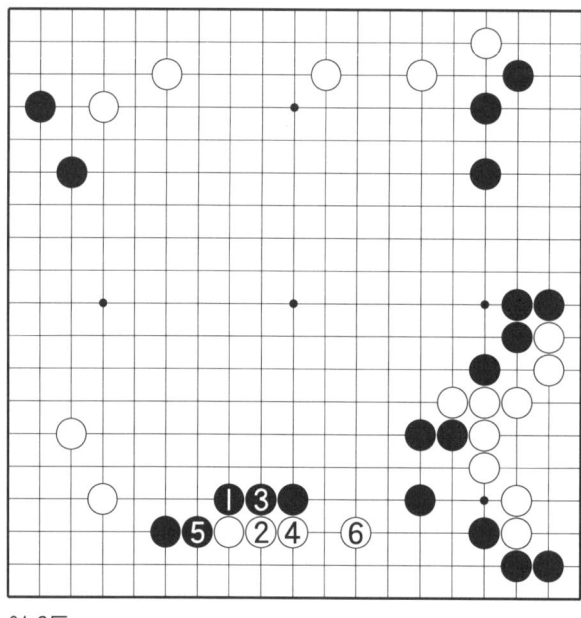

01-8도

8도(백, 타개 가능)

계속해서 흑1의 붙임에는 백2, 흑3을 교환하고 백4로 기어드는 수가 성립한다.

다음 흑5에 백6으로 뛰어 충분히 타개할 수 있는 모습이다. 흑5로…

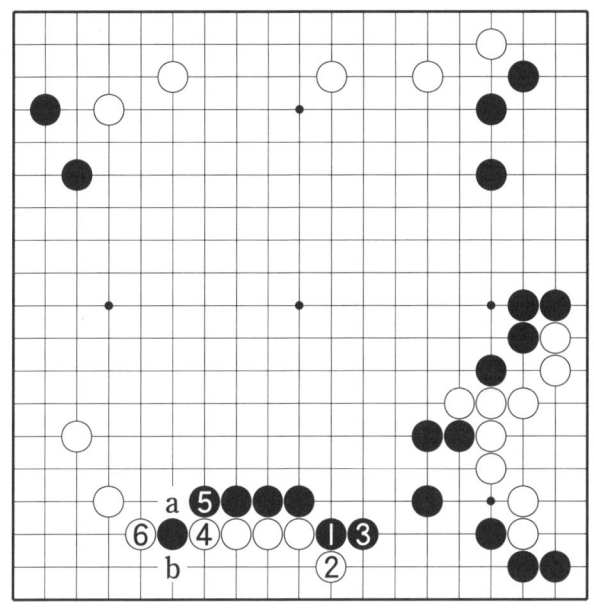

01-9도

9도(좌하귀와 연락)

흑1쪽에 젖혀오면 백2를 선수하고 4로 치받는다.

흑5를 기다려 백6으로 마늘모 붙여서 좌하귀와 연락해 적지 않은 집을 얻는다. 다음 흑a, 백b로 될 곳이다.

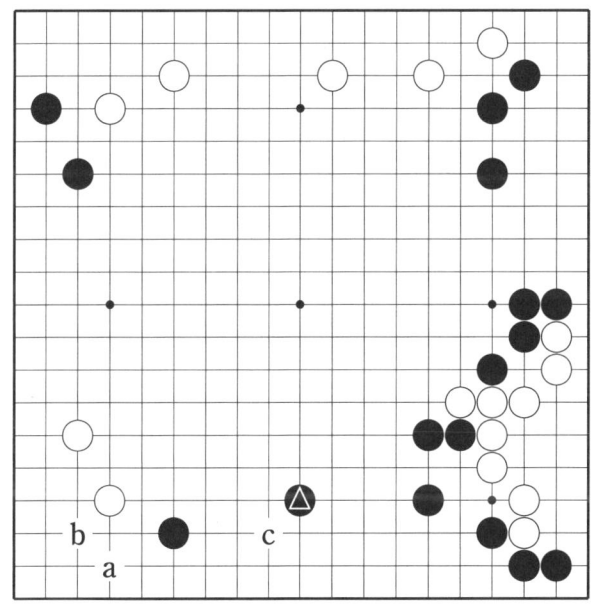

01-10도

10도(무난한 정석)

흑이 ▲로 전개한 수로는 달리 두는 것이 좋았다. a의 날일자로 달리고 백b로 받을 때 흑c로 두 칸을 벌리는 정서이 배의 침입을 없애는 뜻에서 무난했던 것이다.

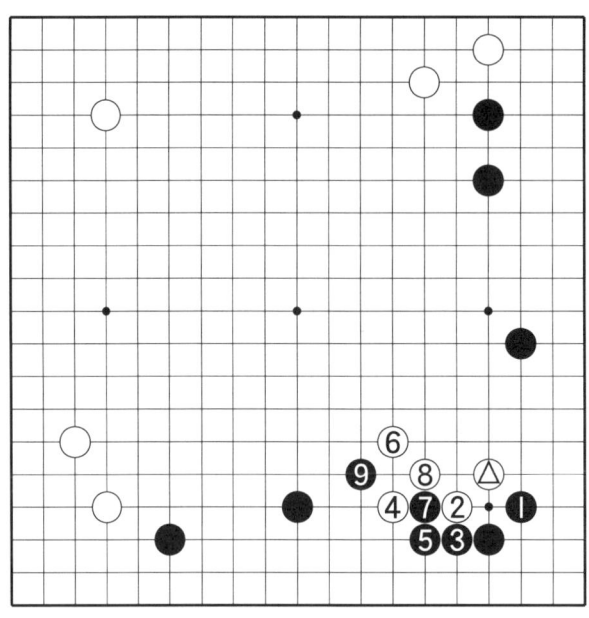

01-11도

11도(흑, 마늘모)

백△의 걸침에 흑1의 마늘모는 근거를 쉽게 주지 않겠다는 강력한 수단이다.

그러면 백2로 마늘모하고 4에 뛰는 것이 요령이며 흑은 5, 7에서 9로 들여다본다.

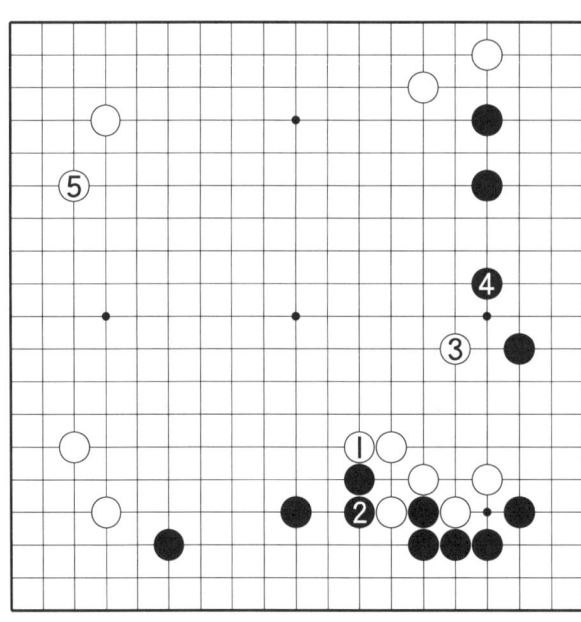

01-12도

12도(불만 없는 포석)

계속해서 백은 잇지 않고 1로 누르는 것이 정수이며 흑2에 백3으로 모자를 씌워서 흑4를 강요하고 백5로 큰 곳에 달려간다. 서로 불만이 없는 포석이다.

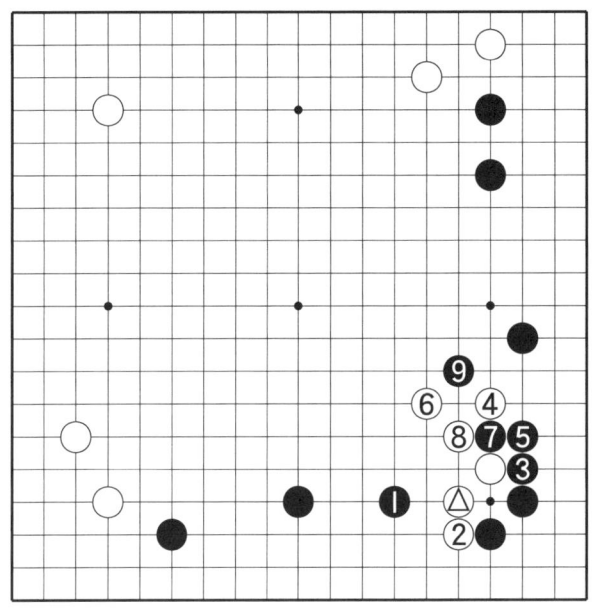

01-13도

13도(우변을 집으로)

백△ 때 흑1로 이쪽에서 백을 다그치는 수도 있다. 그러면 백2는 당연하며 흑은 3에서 7 그리고 9에 들여다봐 하변 대신 우변을 집으로 만드는 작전으로 나간다.

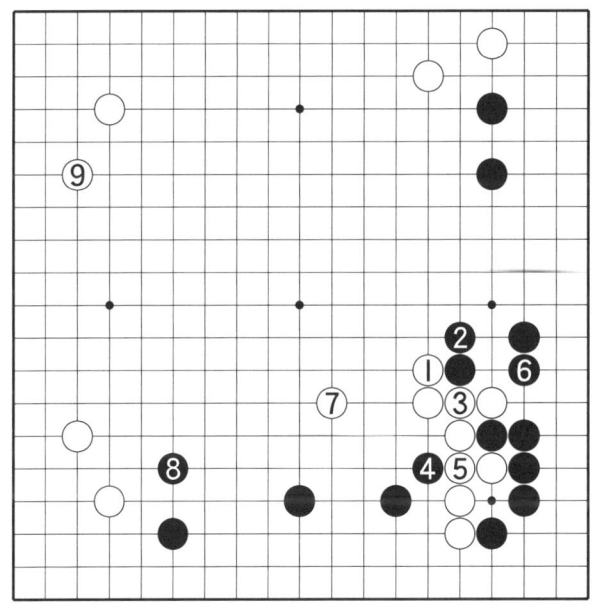

01-14도

14도(팽팽한 흐름)

계속해서 백1, 3에 흑4, 6으로 우변을 지킬 때 백은 7로 뛰어 일단 안심하는 모습이며 9로 좌상귀를 굳히는 진행이 예상된다. 쌍방 팽팽한 흐름의 포석이다.

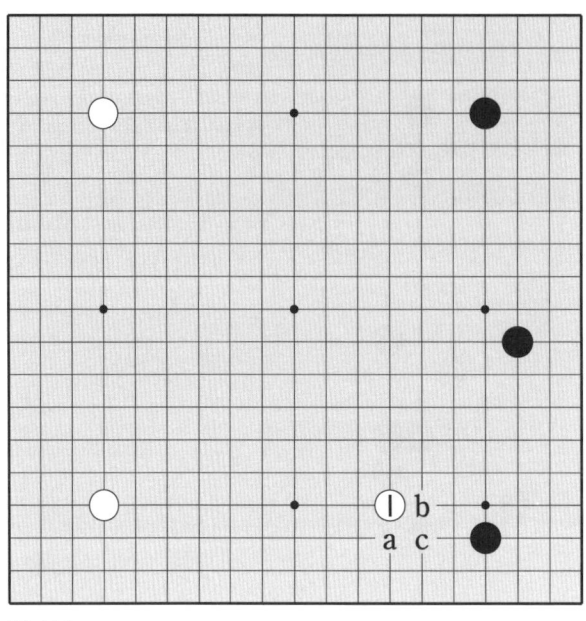

02-1도

1도(소목으로의 다가섬)
우하귀 흑의 소목에 다가서는 수로는 백1을 비롯해 a, 한발 더 가는 b와 c 등의 수단이 있다.

이 가운데 가장 먼저 등장한 것이 백1이었다. 이에 대해….

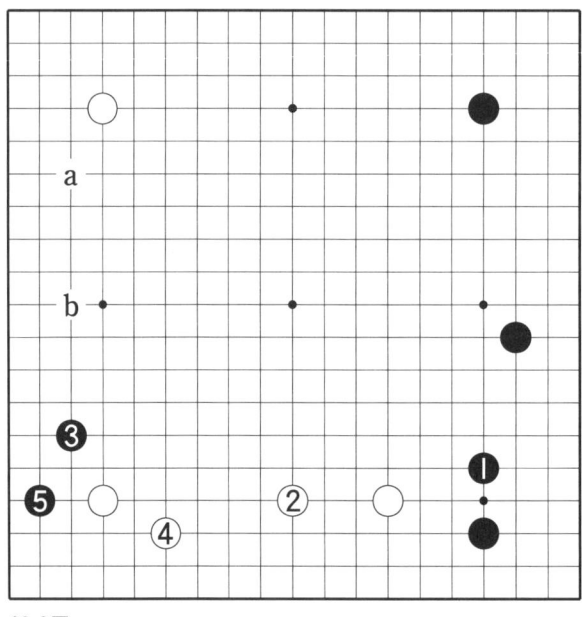

02-2도

2도(흑, 온건한 응수)
흑1로 우하귀를 굳힌 것은 온건한 응수이며 백2로 벌린 것은 당연하다.

흑3으로 걸치고 백4에 흑은 5 대신 a로 또 걸치든가, b로 벌릴 수도 있을 것이다.

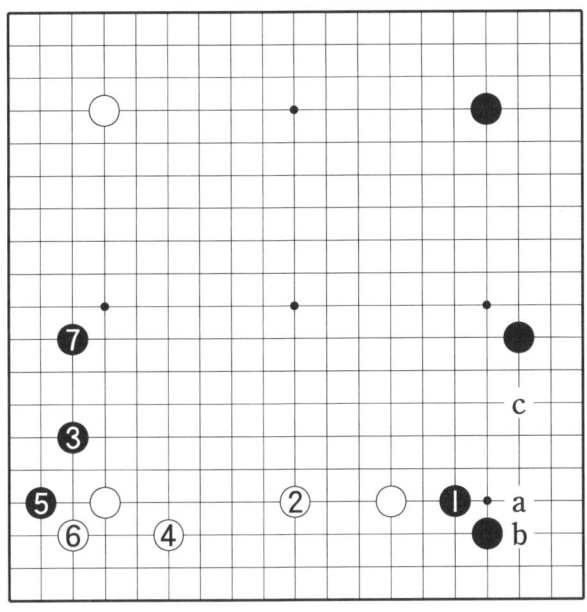

02-3도

3도(비슷한 진행)

흑1의 마늘모도 있다. 이 것도 백2 이하 비슷한 진 행을 예상할 수 있다.

단 우하귀는 백a, 흑b, 백c로 파헤치는 수단이 있는 만큼 앞 그림과는 일장일단이 있다.

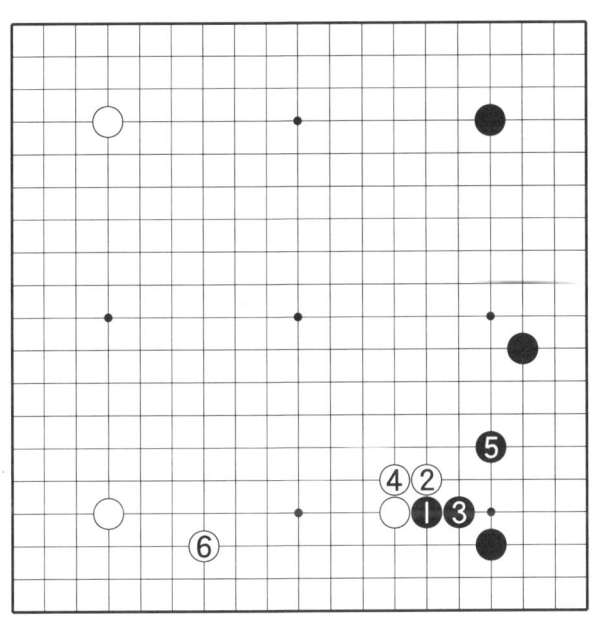

02-4도

4도(이렇게 두지 않는다)

흑1, 3으로 붙여끌고 5에 지키면 흑집이 꽤 크다. 단, 백도 얻은 세력을 활 용해 6에 굳혀서 두터운 모습이다.

요즘은 재미없다고 보 는지 흑이 이렇게 두지 않는다.

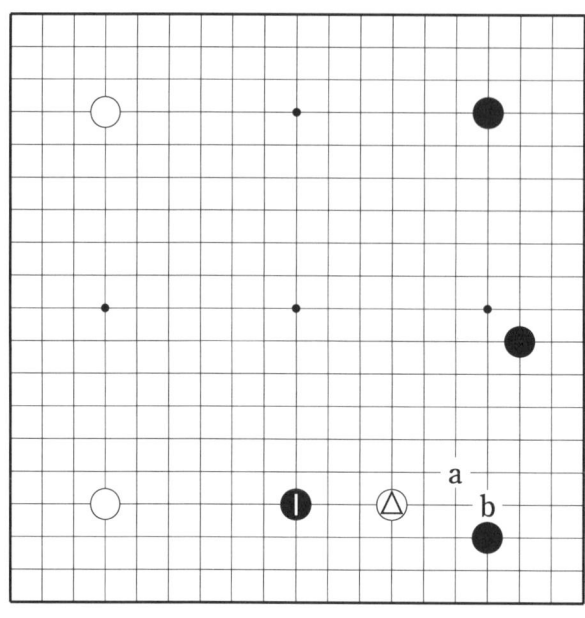

02-5도

5도(배후에서 협공)

백△에 대해 순하게 받지 않고 흑1로 배후에서 협공하는 수가 유력하다.

이다음 백은 a로 비키든가, b로 붙이든가 둘 중 하나를 택하게 될 것이다.

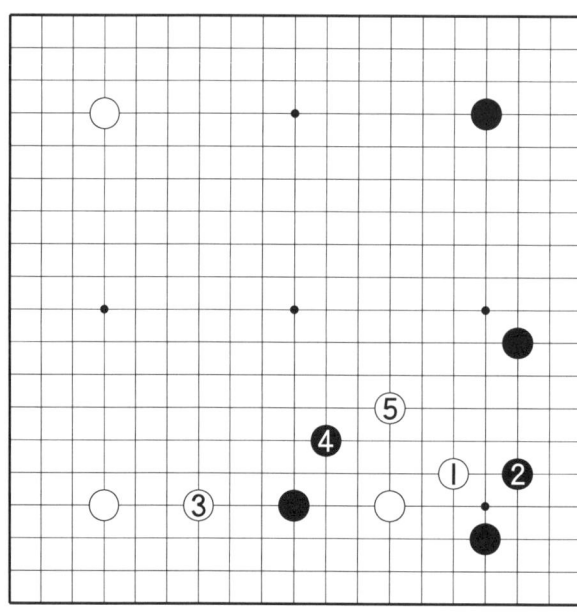

02-6도

6도(쉬운 응접?)

백1에는 흑2로 받는 것이 틀이며 백3으로 되협공하고 흑4를 기다려 백5로 뛰어나간다.

언뜻 쉬운 응접 같지만, 실은 앞으로의 싸움이 매우 어렵다.

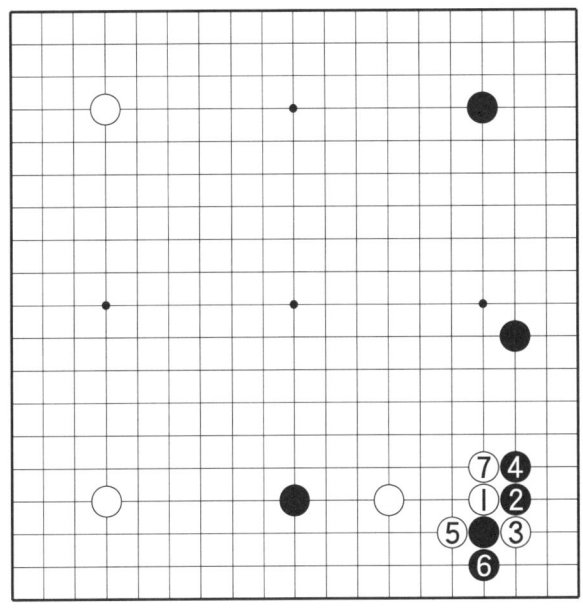

02-7도

7도(본격적인 변화)

본격적인 변화는 백1로 붙이고 흑2에 백3으로 맞 끊는 데서 시작된다. 조 금 어렵지만 몇 가지 중 요한 수만 기억하면 좋 겠다. 흑4는 이 한수이며 백5에서 7 다음….

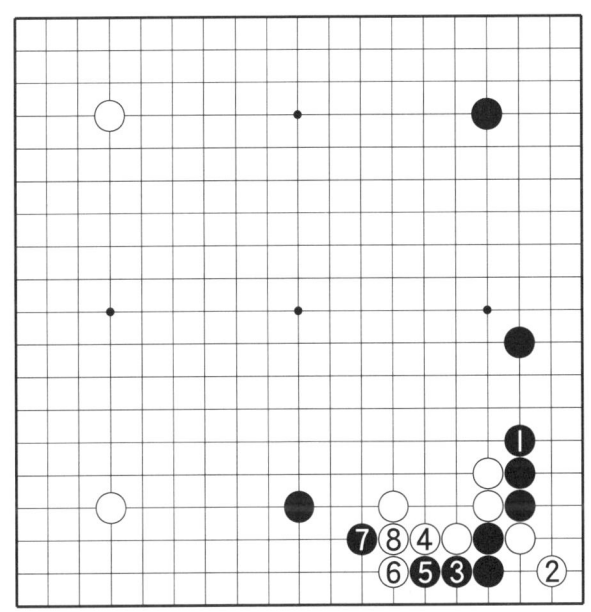

02-8도

8도(백2, 중요한 한수)

두점머리를 피해 흑1로 는 것은 어쩔 수 없다. 거 기서 백2가 배워둘 만한 중요한 한수이다.

흑3, 5로 기어나가고 백6에 흑7로 들여다봐 선 수활용한다. 계속해서….

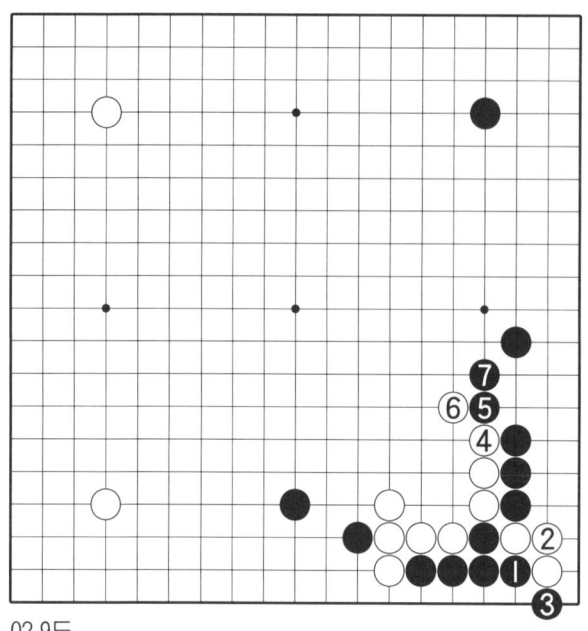

02-9도

9도(흑, 석점 접수)

흑은 1, 3으로 귀의 백 석점을 접수한다(실은 아직 백 석점은 확실하게 잡혀 있는 것은 아니다).

그러면 백은 4, 6을 선수한 다음…:

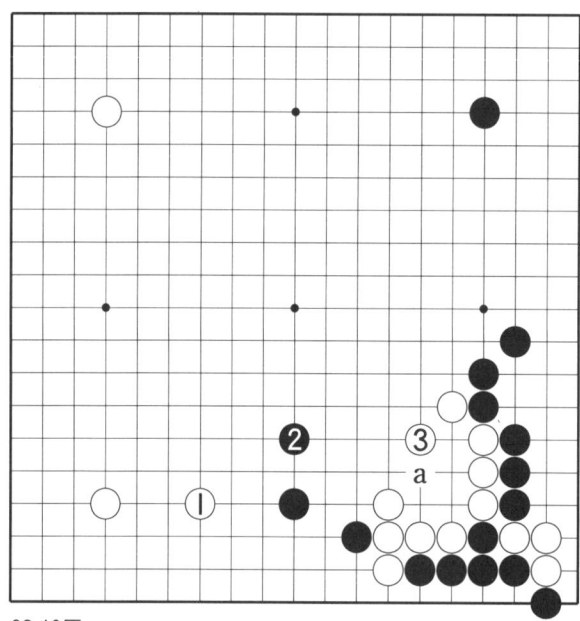

02-10도

10도(귀의 뒷맛)

백1로 흑 두점을 윽박질러 흑2로 뛰게 하고 자연스럽게 백3으로 보강한다.

백3을 안두면 흑a가 통렬하다. 귀의 흑집이 상당히 커 보이지만 뒷맛이 남아 있다.

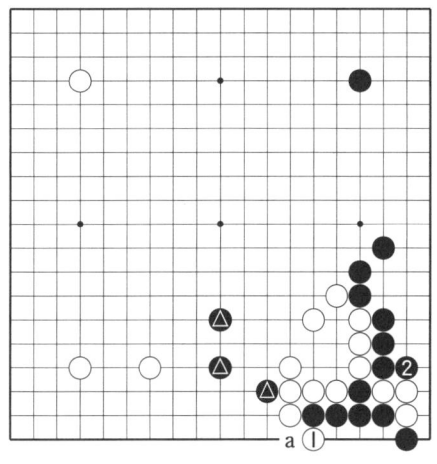

❶ 백, 젖히면

백1로 젖히면 그 순간 흑2로 받아 귀의 맛은 사라진다.

단, 백a가 선수이므로 흑▲ 석점을 공격하는 데는 도움이 될지도 모르지만….

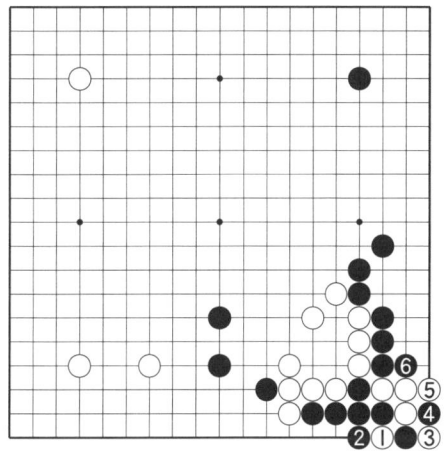

❷ 백, 꽃놀이패

백1의 먹여침이 맥점이다. 흑2로 따내기를 기다려 백3에 집어넣는다.

백5, 흑6으로 패가 된다. 비록 이단패이지만 백의 꽃놀이패!

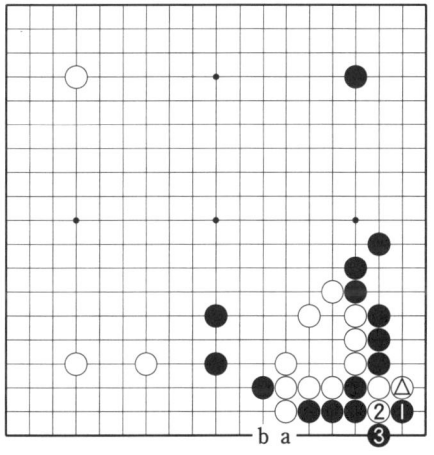

❸ 귀의 맛이 없다

02-8노의 2 대신 백△로 누고 똑같이 진행되었다고 가정한다.

그러면 이번에는 흑1의 붙임이 맥점이어서 귀에 맛이 없다. 백a만 선수가 될 뿐. 또는 패를 이용한 b의 선수도 있으므로 경우에 따라 선택할 수 있다.

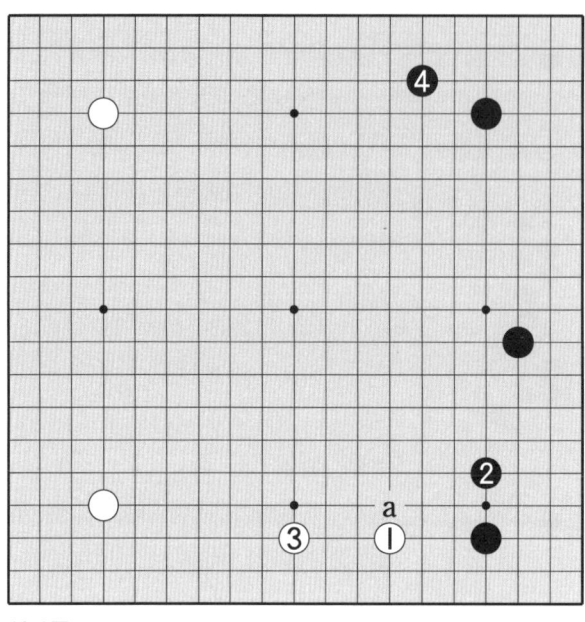

03-1도

1도(실리 지향)

우하귀에 백1로 낮게 다가서는 것은 유력한 수법이다. 높은 a쪽이 세력 지향이라면, 이 수는 실리 지향이다.

흑2는 온건한 수법으로 백3, 흑4라는 식의 진행이 예상된다.

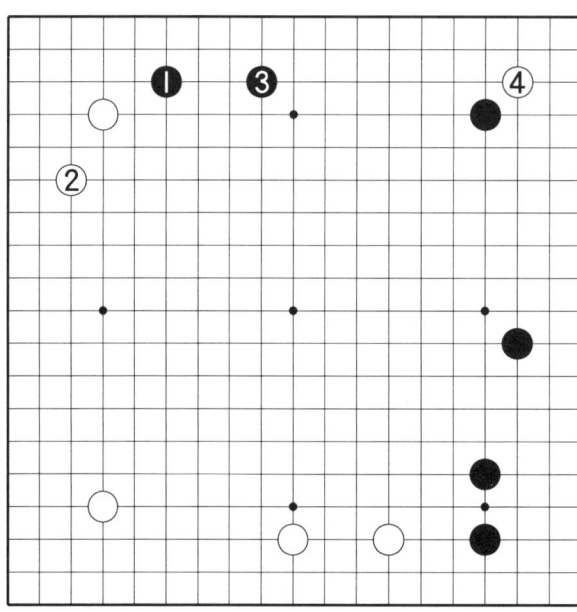

03-2도

2도(재미가 적다)

앞 그림 4로 이 그림 흑1쪽에서 걸치는 것은 재미가 적은 수라는 평가가 있다.

그것은 백4의 3三침입 때문인데, 좀 어려운 얘기이므로 그렇다고만 알아두자.

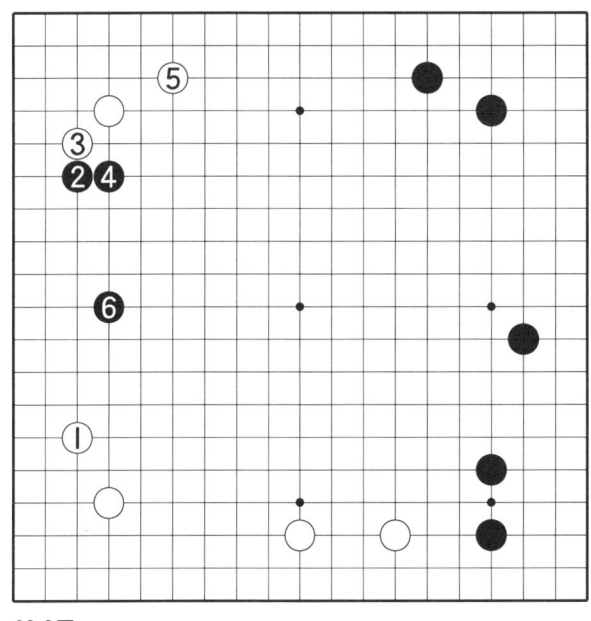

03-3도

3도(적절한 수법)

1도에 이어, 백1로 좌하 귀를 굳히면 흑은 2쪽을 걸쳐 백의 모양 확장을 견제한다.

이럴 때 보통은 금기 시되는 착상이지만 백3, 5가 적절한 수법이다. 흑 6 다음…

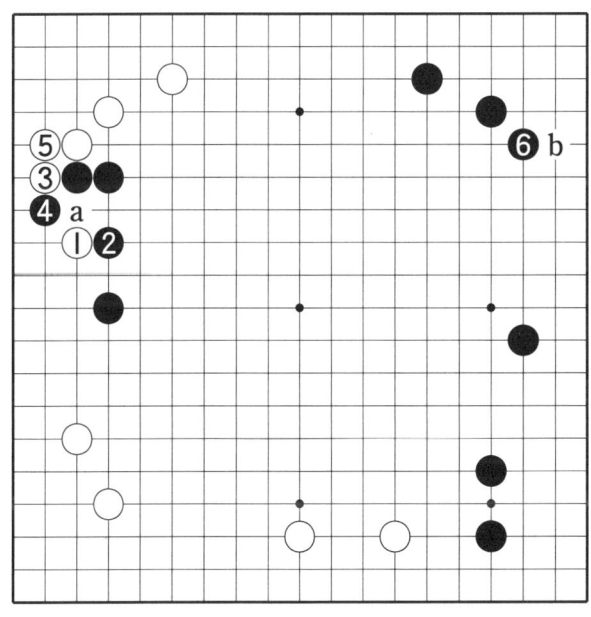

03-4도

4도(백, 좋은 수순)

백1로 하나 던져 흑2에 받을 때 백3, 5로 젖혀잇 는 것이 좋은 수순으로 귀의 백집을 크게 확보 할 수 있다.

흑6으로 a에 잇는 것 은 백b를 불러 포석에 뒤 쳐진다.

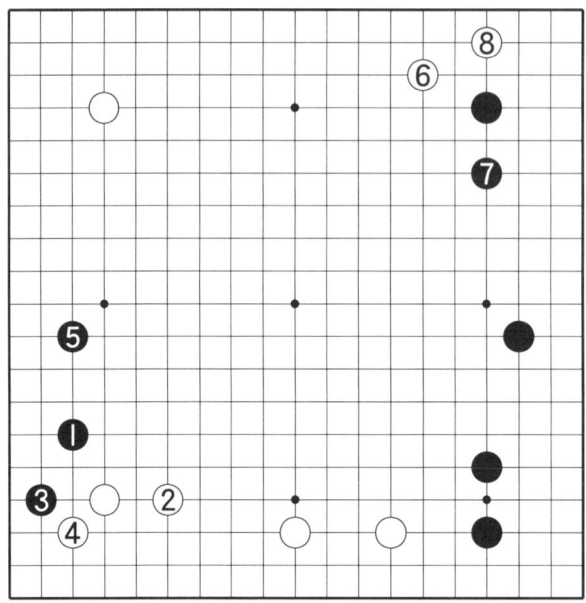

03-5도

5도(다른 한판의 바둑)
우상귀를 굳히지 않고 흑
1쪽에서 걸치는 것은 생
각할 수 있다.

그러면 백2 이하 흑5
까지의 기본정석 다음 백
6으로 걸쳐가서 전혀 다
른 한판의 바둑이 될 것
이다.

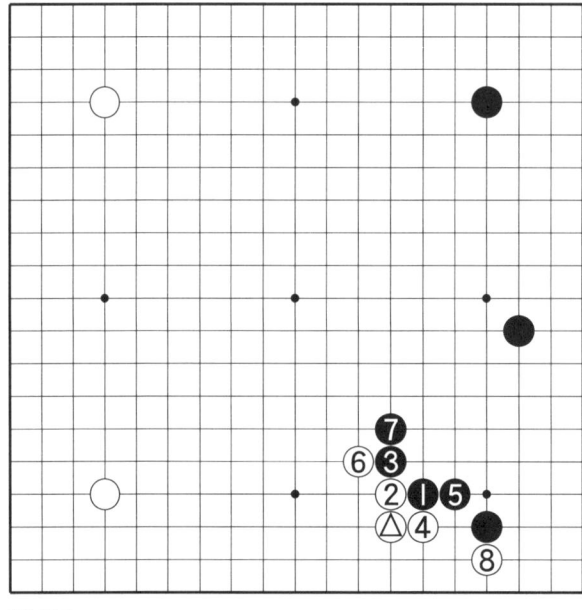

03-6도

6도(흑, 어깨짚음)
백△ 때 흑1로 어깨를 짚
는 수가 있다.

백2에는 흑3으로 젖히
는 것이 강력해 보이지
만 백은 4를 선수하고 6
에 젖히는 것이 간명하
다. 백8의 붙임은 이것이
타이밍.

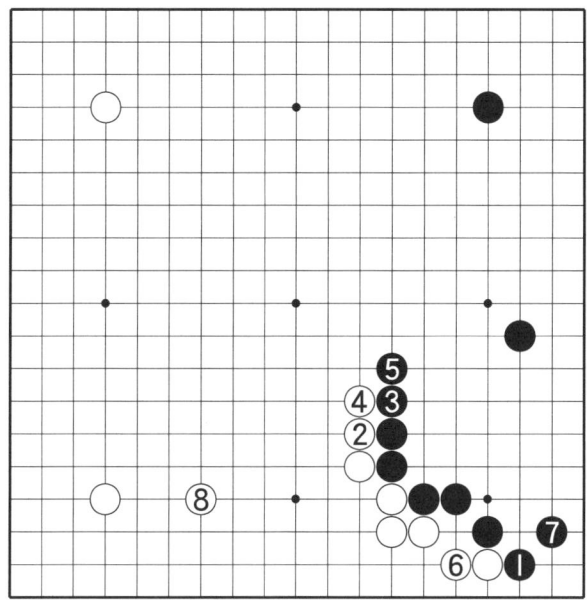

03-7도

7도(불만 없는 진행)

계속해서 흑1에 백2, 4로 밀어 놓고 6에 끌어서 아낌없이 선수한다. 그리고 8에 손을 돌린다.

우하 흑집도 상당히 크지만 백의 세력도 멋지다. 서로 불만 없는 진행이다.

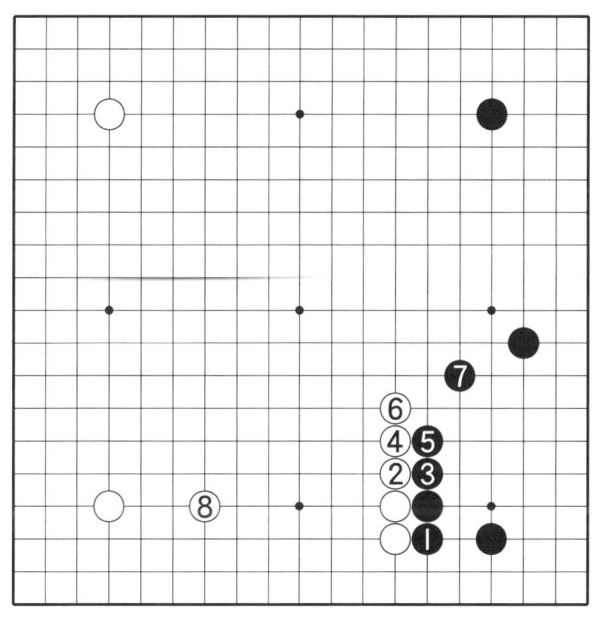

03-8도

8도(백, 다소 좋다)

흑은 젖히지 않고 1로 막는 수도 있다. 백2에 늘 때 흑3, 5로 밀어 놓고 7에 지켜서 우하를 크게 확보한다.

하지만 8이 워낙 호점이어서 약간 백이 좋은 갈림이다.

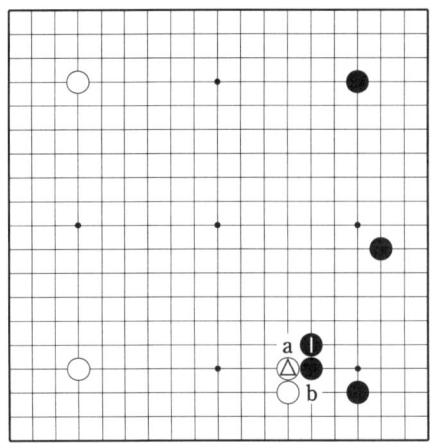

❶ 어정쩡한 늘기

백이 △로 밀자, 흑은 1로 가만히 늘었다.

a의 젖힘도 아니고 b의 막음도 아닌 어정쩡한 이 수에 대한 백의 대응법을 알아본다.

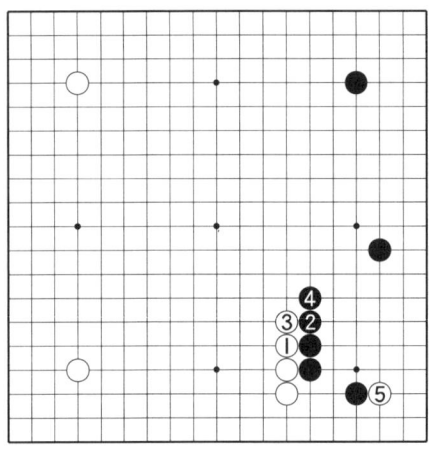

❷ 응수타진

여기서는 백1, 3으로 두 차례 밀어두고 5로 3三의 곳을 붙여서 응수를 타진하는 것이 좋은 타이밍이다.

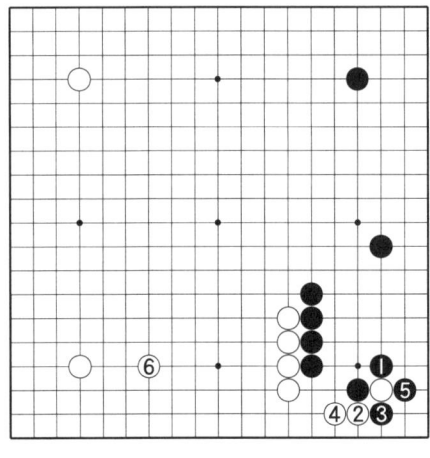

❸ 귀의 선수활용

지금이라면 흑은 1로 물러서는 정도이므로 백2에 젖히고 4를 선수할 수 있다.

6으로 손을 돌려서 백이 재미있는 갈림이다.

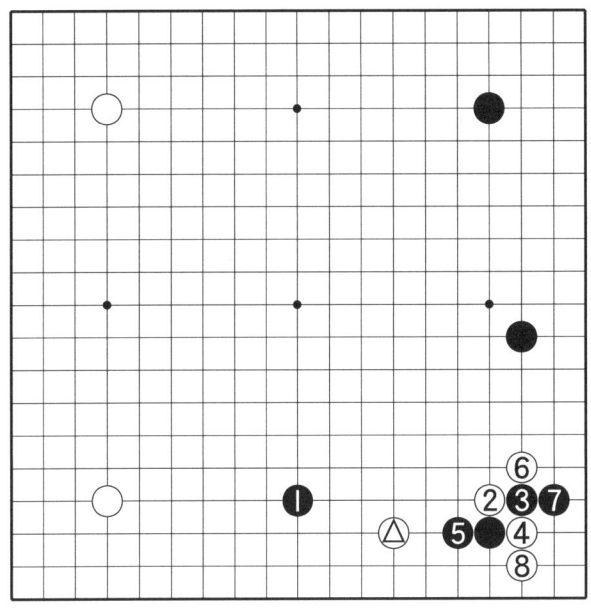

03-9도

9도(흑의 협공)

백△에 대해서도 흑1로 협공하는 수가 있다.

　이번에도 백2, 4의 맞끊음이 맥점이며 흑5쪽을 늘어야 한다. 거기서 백6에 단수하고 8에 내려선다. 계속해서….

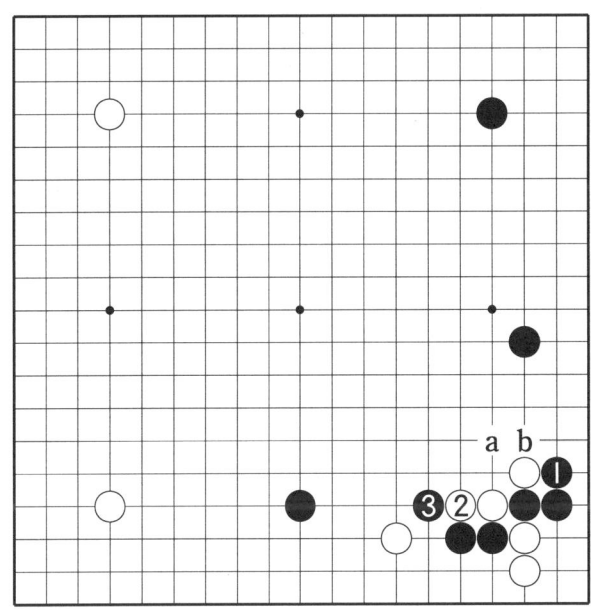

03-10도

10도(선택의 기로)

흑1의 꼬부림은 절대이며 백2로 막아왔을 때 흑3에 젖힐 수가 있다.

　다음 백은 a로 호구치든가, b로 늘든가 선택의 기로에 서게 된다.

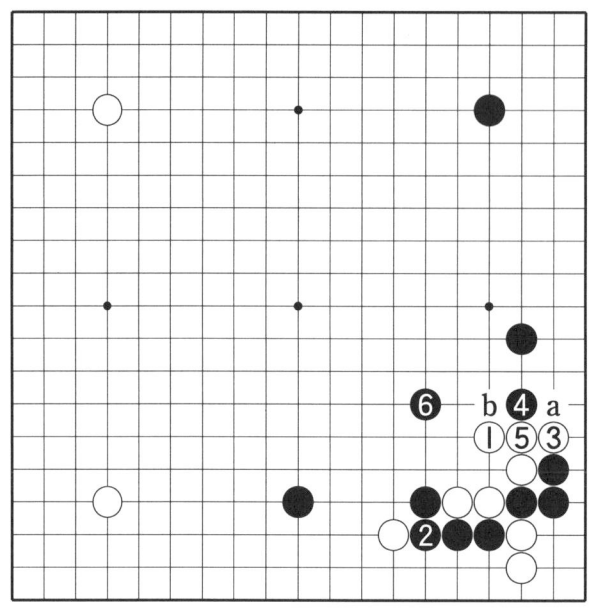

03-11도

11도(호각의 갈림)

백1로 호구치면 흑2의 이음은 절대다.

백3에 막혀서 흑 석점은 잡히지만 흑4를 선수 활용하고 6에 씌워서 세력이 멋지다. a와 b가 듣고 있다.

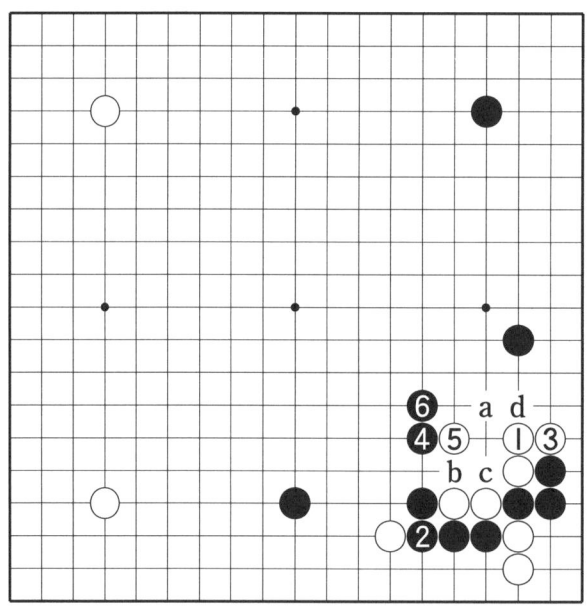

03-12도

12도(축관계)

백1에 느는 수는 축이 유리할 때 쓸 수 있다. 흑2~6 다음 언제든지 흑a가 선수!

이 경우 흑2로 3에 두고 백2 때 흑b, 백c, 흑d의 축이 백에게 유리함을 확인하기 바란다.

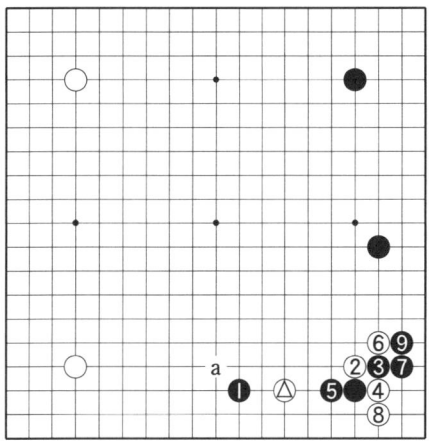

❶ 한칸협공

백△에 대해 흑1로 바짝 한칸협공하는 변화를 집중적으로 알아본다.

흑a와는 좀 다른데, 백2에서 4의 맞끊음은 여기서도 마찬가지다.

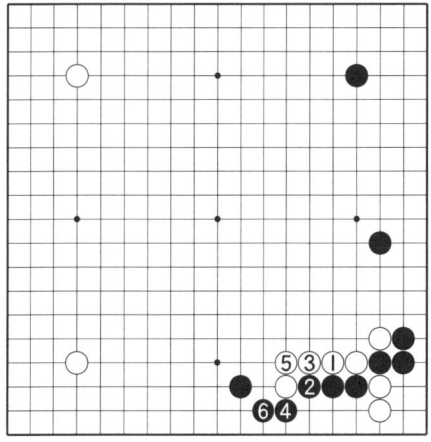

❷ 흑, 건너간다

앞 그림에 이어, 백1로 막는 것은 흑2로 치받고 4에 젖혀서 건너가는 것이 간명하면서도 좋은 응수여서 신통치 않다. 백5, 흑6 다음….

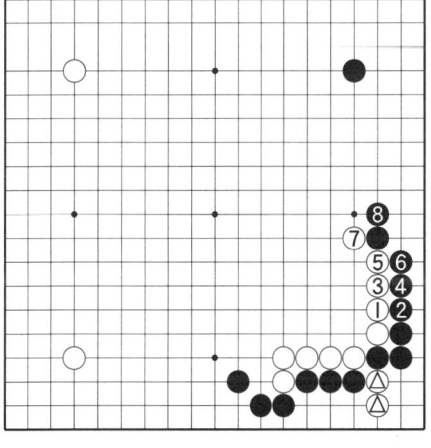

❸ 흑, 유리

백1에 흑2 이하 8까지 백△ 누점을 수중에 넣은 실리가 커서 흑이 유리한 갈림이다.

따라서 백은 다른 수를 찾아야 할 것이다.

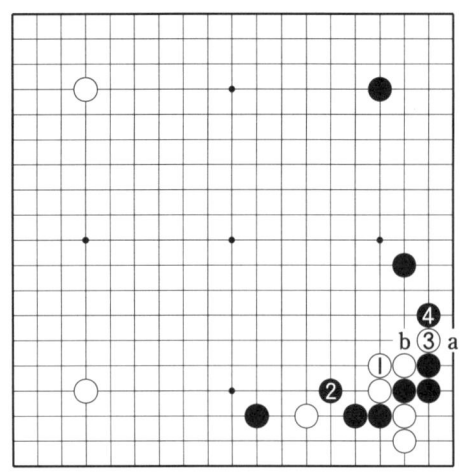

❹ 흑4, 호수

그렇다면 이 상황에서 백1로 잇는 것은 어떨까. 흑2를 기다려 백3에 막으면?

그러나 흑4의 껴붙임이 호수! 백a는 흑b로 끊겨 안 되므로….

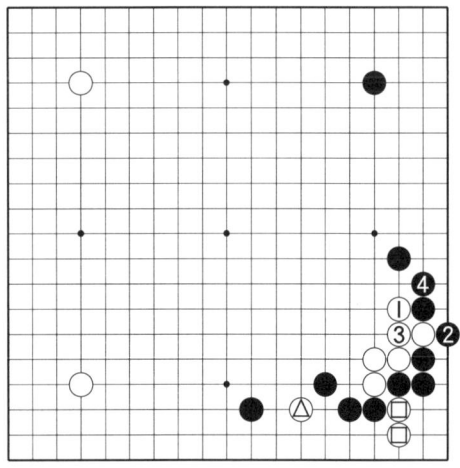

❺ 백, 낭패

백은 천상 1로 물러설 수밖에 없는데 흑이 2, 4에 건너면 백은 낭패를 본다.

△와 □의 처리도 곤란하고 가운데 여섯점도 위험하다.

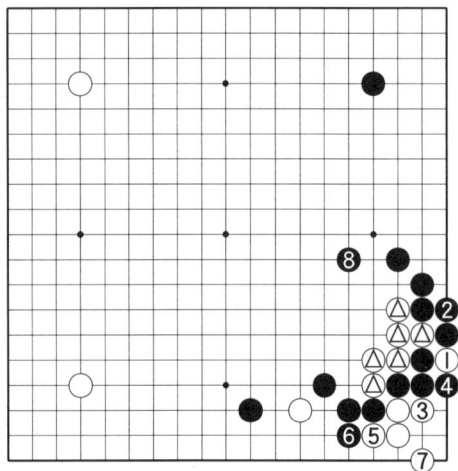

❻ 백, 망함

계속해서 백1로 먹여치고 3에서 7이면 귀는 살릴 수 있다.

그러나 흑8로 뛰면 △ 여섯점은 점점 움직이기 어려워져 백이 망한 꼴이다.

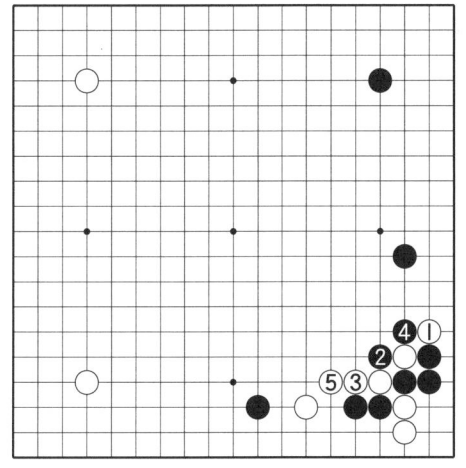

❼ 어려운 맥점

❶로 되돌아가, 착안하기 어려운 맥점이지만 백1로 젖히는 것이 필사의 한수이다.

흑2의 양단수에는 백3, 5로 흑 두점을 잡아 유리하다.

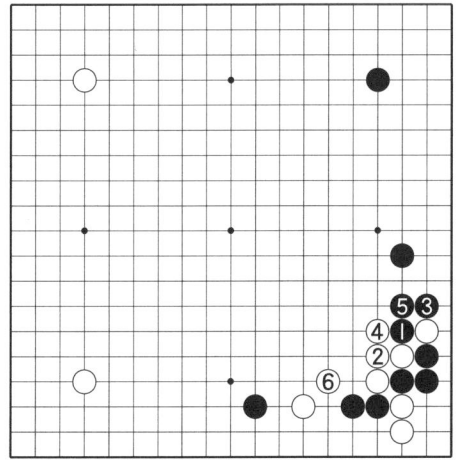

❽ 흑, 끊으면

앞 그림 2로 이 그림처럼 흑1쪽을 끊는 것도 좋은 결과를 이끌어내지 못한다.

백은 4를 선수활용하고 6에 씌운다. 계속해서….

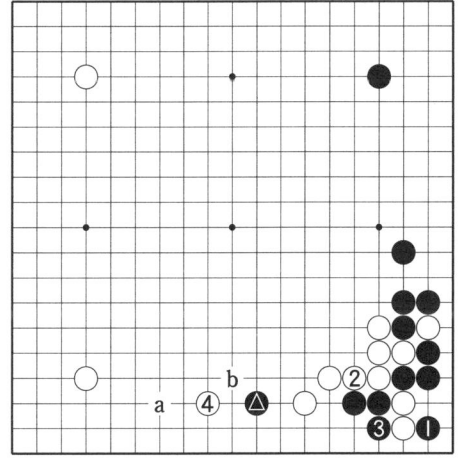

❾ 백, 충분한 결말

흑1, 3으로 귀는 흑의 수중에 들어가지만 백4로 흑△를 협공해서 충분한 결말이다.

백4는 a로 늦출 수도, b로 어깨짚을 수도 있다.

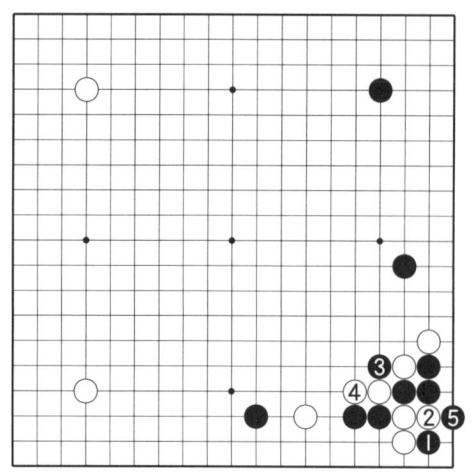

❿ 교묘한 맥점

흑은 이 장면에서 1로 배붙이는 것
이 교묘한 맥점이다.

백2에 비로소 흑3으로 양단수하고
백4를 기다려 흑5에 건너는 것이 수
순이다.

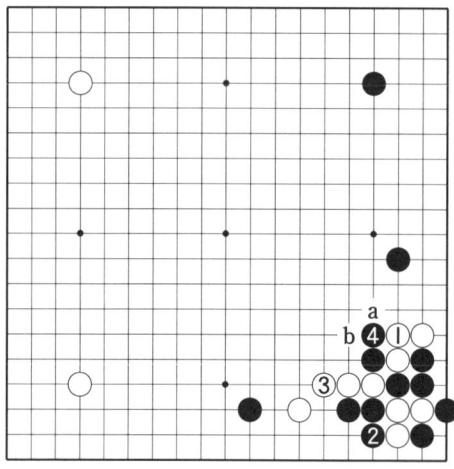

⓫ 백, 고전

계속해서 백1, 흑2는 서로 절대인데,
백은 흠집이 두 군데!

백3에 흑4로 움직여나가서 백의
고전이 명백하다. 다음 백a에는 흑b.

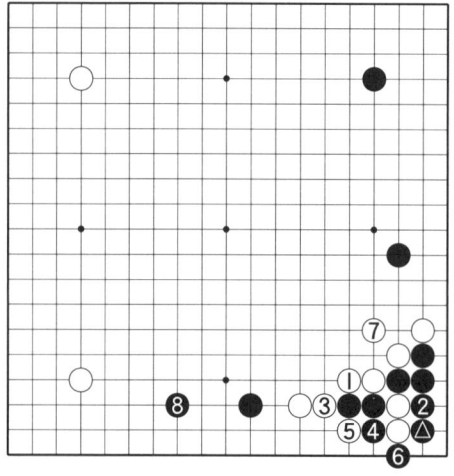

⓬ 백의 최선

흑△에 대해 백1로 막는 것이 최선
이다.

흑2로 응수한다면 백3, 5를 선수
활용하고 7에 정비해서 멋진 모습이
다. 이 그림 흑2로⋯.

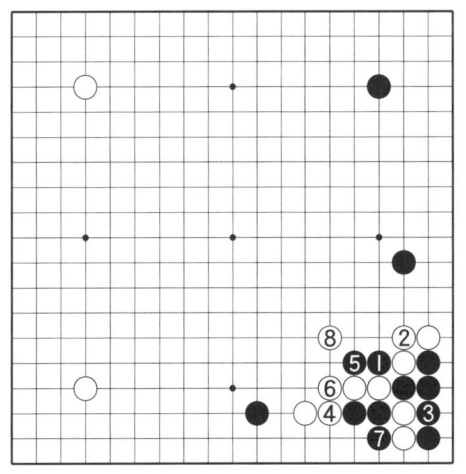

❸ 장문

흑1로 단수해서 백의 형태에 흠집을 남기려고 해도 뜻대로 안 된다.

백4 이하 8의 장문이 성립함에 주목하기 바란다. 백 성공!

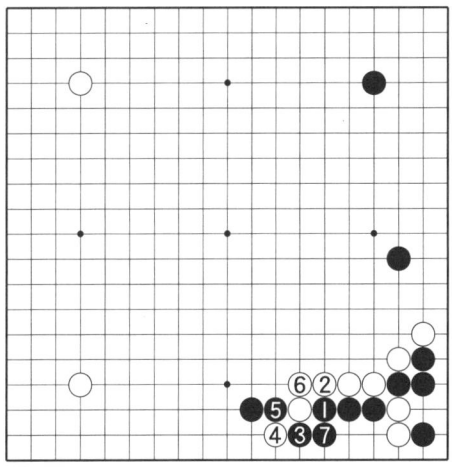

❹ 흑의 최선

흑은 ❷의 2가 나빴다. 이 그림 흑1로 치받고 3에 건너는 것이 최선이다. 백4로 젖혀서 잡혀준 것은 상용수법이다. 흑7로 이은 다음….

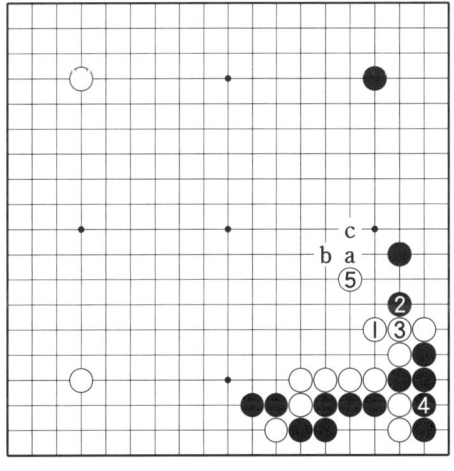

❺ 호각의 갈림

백1로 지키다. 흑은 2를 선수활용하고 4에 받아야 하며 백5가 두터운 수이다.

다음 흑a, 백b, 흑c의 진행이 예상된다. 호각의 갈림!

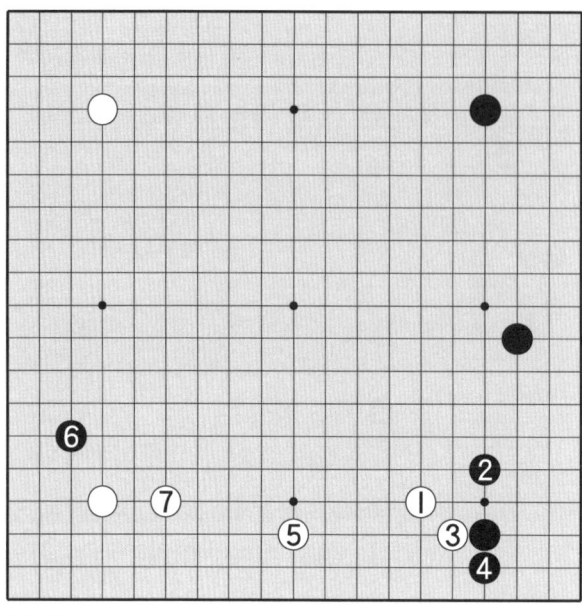

04-1도

1도(한 줄 좁혀서)

한 줄을 좁혀서 백1로 다가서는 변화를 살펴본다.

흑은 2로 굳히는 것이 간명한 응수이며 백3, 흑4를 활용하고 백5에 벌려서 일단락된다. 흑6으로 걸쳐가는 진행이 예상된다.

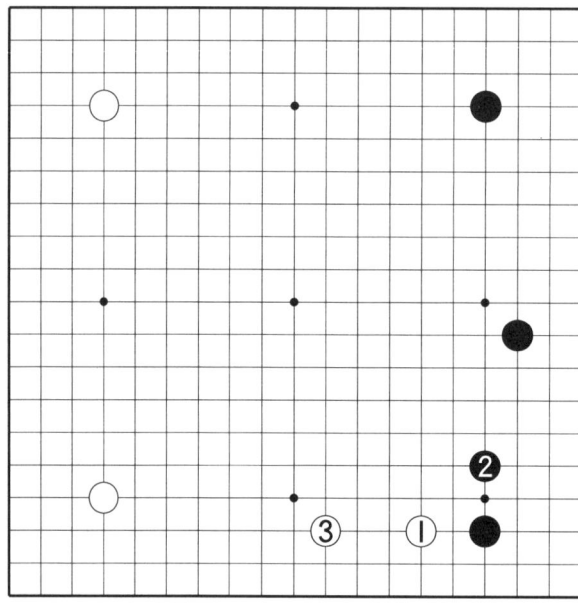

04-2도

2도(간명한 갈림)

덤의 부담이 커진 요즘은 낮게 백1로 다가서는 것이 빈도수가 높다.

실리에 민감해졌기 때문인데 흑2로 뛰면 백3에 두칸을 벌려서 간명한 갈림이다.

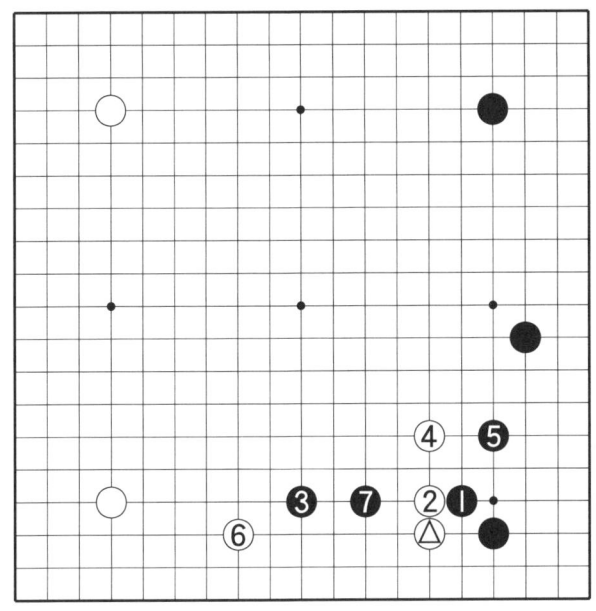

04-3도

3도(유력한 수법)

백△에 대해 흑1의 마늘모가 뜻밖에도 유력한 수법이다.

백2면 흑3으로 협공하는 것이 제격이다. 백4에는 흑5로 우하귀를 지켜서 7까지 충분히 싸울 수 있다.

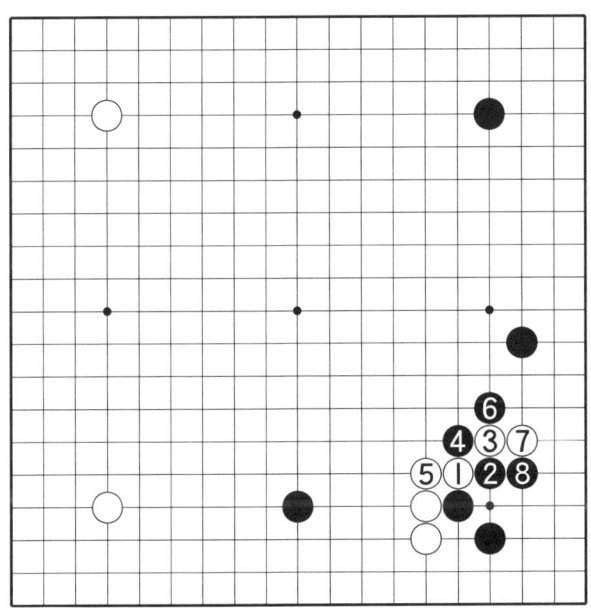

04-4도

4도(무리한 이단젖힘)

앞 그림 4로 이 그림처럼 백1, 3으로 이단젖히는 것은 무리한 행동이다. 흑4로 끊고 6에 몰고 8로 따라붙는 것이 강력한 수법으로 백은 후속수가 마땅치 않다.

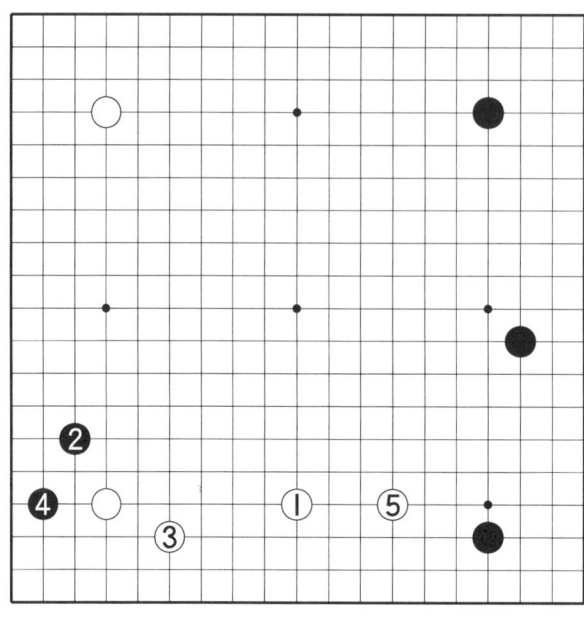

04-5도

5도(점잖은 벌림)

애초에 그냥 점잖게 백1로 벌리는 것도 중국식에 대한 유력한 대항수법이다.

단, 흑2에 걸치고 4로 달릴 때 백5로 두칸을 벌리는 것은 흑의 책략에 말려들지도 모른다.

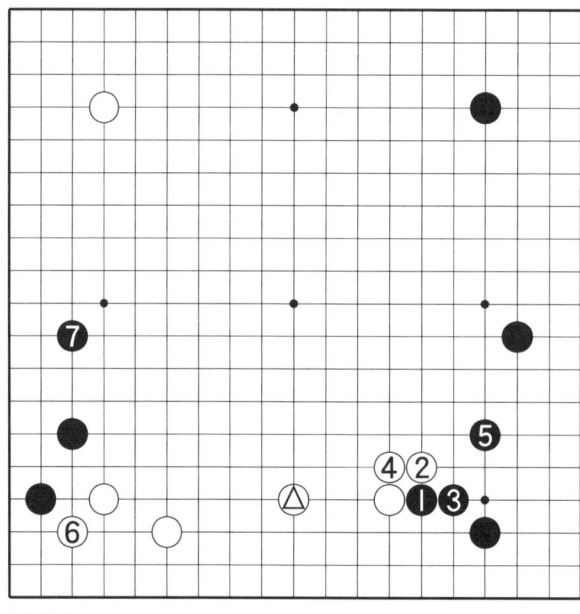

04-6도

6도(백, 중복형)

계속해서 흑1, 3으로 붙여끄는 것이 이 경우 적절한 수법이다. 백4에 잇기를 기다려 흑5로 지키면 우하귀가 이상적이다. 백은 △가 중복형이어서 불만스럽다.

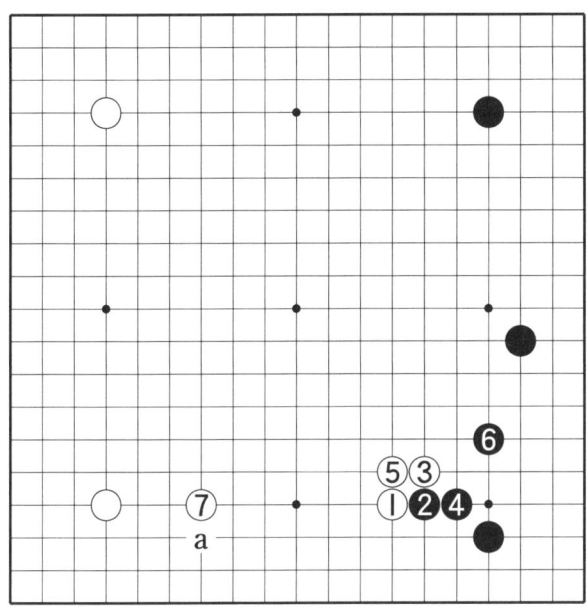

04-7도

7도(흑, 불만)

만약 처음부터 백1로 갔을 때 흑2 이하 6으로 두는 것은 백7(또는 a)이 오른쪽 세력을 활용하는 안성맞춤의 호점이어서 흑의 불만이다. 앞 그림과는 얘기가 다르다.

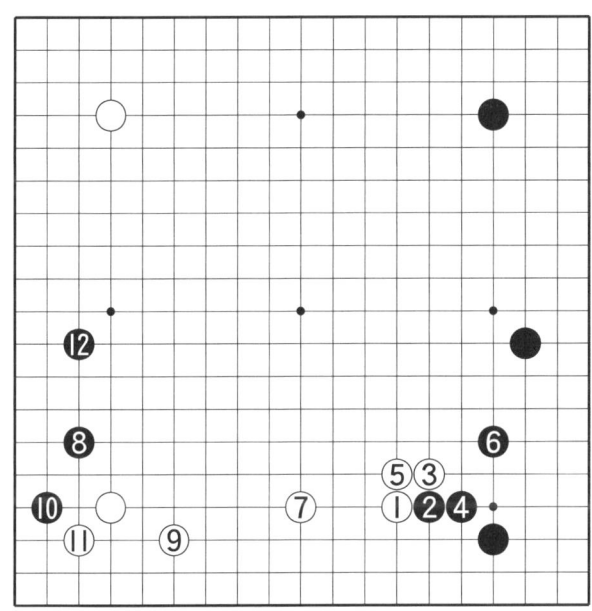

04-8도

8도(자명한 결과)

그런데 6도에서 이루어진 결과는, 이 그림 백1에 흑2~6으로 두었을 때 백7에 좁게 벌린 것이나 다름없다.

이하 12까지 흑이 잘된 결과임은 너무도 자명한 일이다.

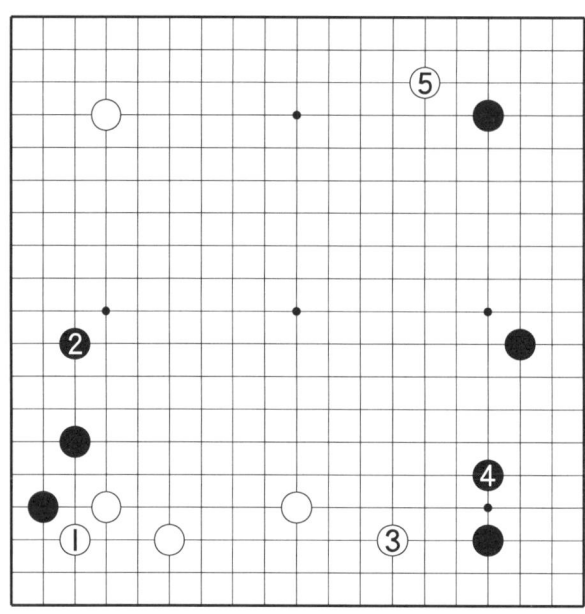

04-9도

9도(모범적인 포석)
그렇다면 백은 어떻게 두는 것이 좋을까?

백1로 받아둔다. 흑2를 기다려 백3으로 조심하는 것이 바람직하다. 흑4로 굳힐 때 백5로 손을 돌려 모범적인 포석일 것이다.

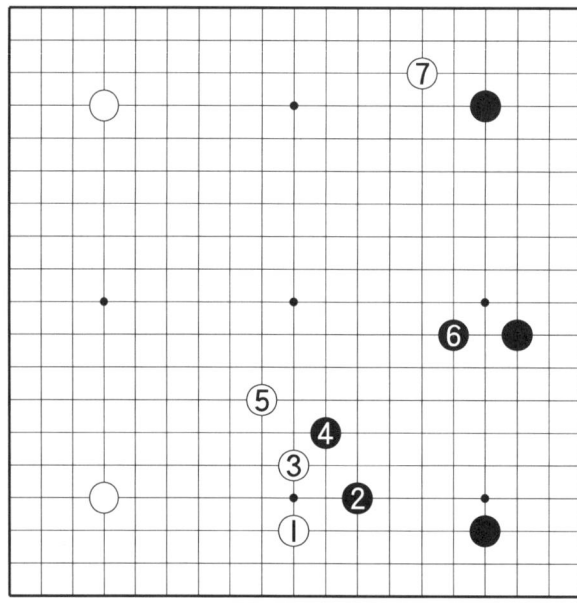

04-10도

10도(잘 어울린 포석)
이번에는 백1로 3선에 벌리는 변화다. 흑2로 높게 둔 것은 백3에 뛸 때 흑4의 날일자로 씌워가려는 의도다.

백5에 흑6에 뛰고 백7로 우상귀에 걸쳐서 잘 어울린 포석이다.

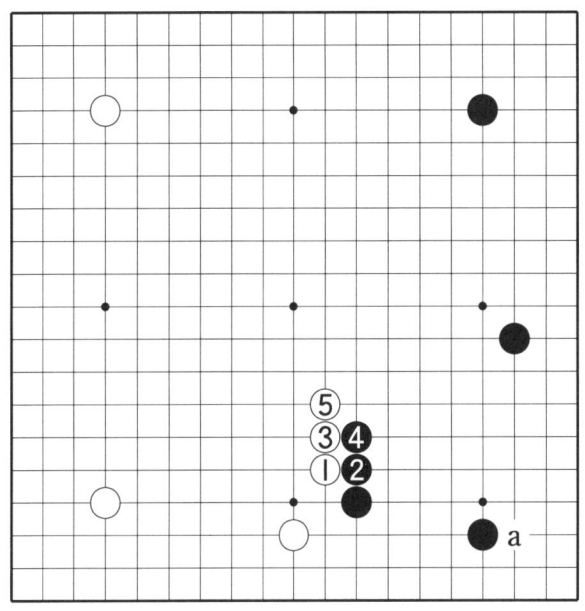

04-11도

11도(날일자씌움)

앞 그림 3으로 이 그림 처럼 백1의 날일자로 씌 워가는 수도 있다.

흑2로 밀어올린다면 백 3, 5로 슬슬 늘어서 좋다. 우하귀에 백a 등의 수단 이 남아 있는 것도 자랑 이다.

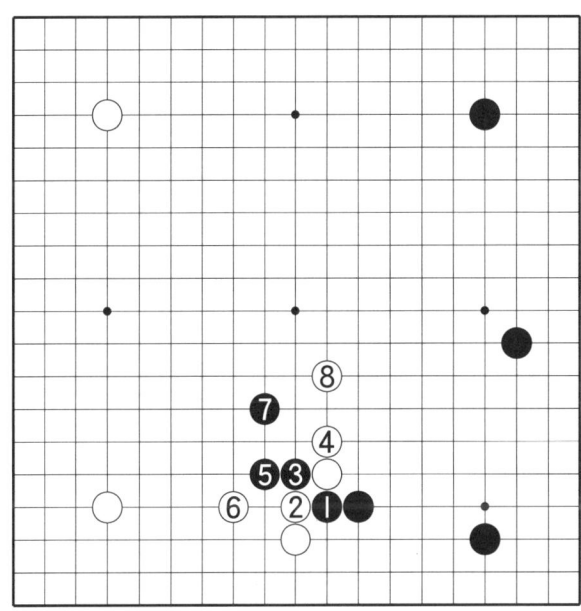

04-12도

12도(어려운 싸움)

그러나 흑은 1로 나가고 3에 끊는다든지 해서 강 하게 나올지도 모른다.

백4 이하 8까지는 하 나의 에이지만, 이 싸움 이 어떻게 될지 예측하 기가 어렵다. 서로 모험 일 것이다.

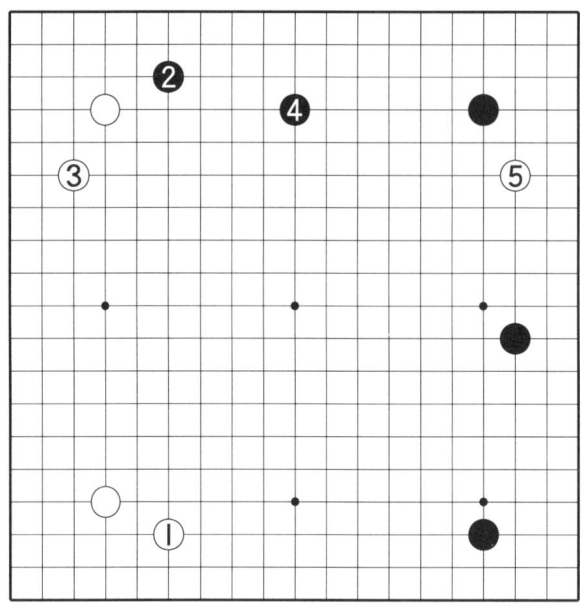

04-13도

13도(날일자굳힘)

백1로 좌하귀 화점에서 날일자로 굳히는 것도 유력하다. 멀리서 중국식 포진을 견제하고 있다.

흑2에서 4로 구축할 때 백5로 우상귀를 걸치는 진행도 가끔 볼 수 있다.

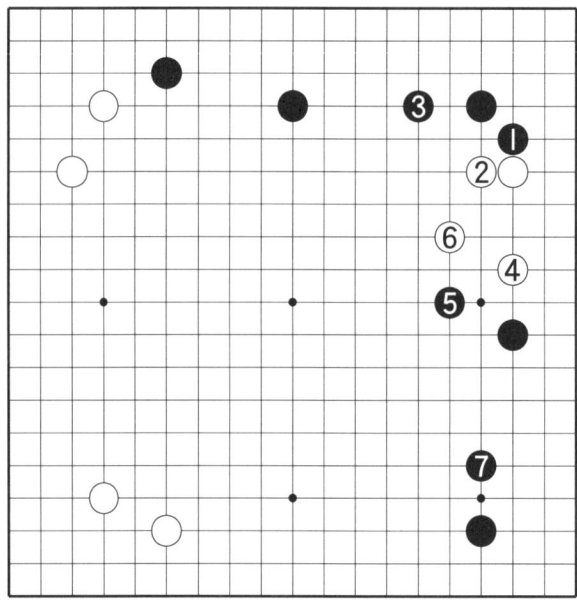

04-14도

14도(상식적인 포석)

앞 그림에 이어, 흑1의 마늘모붙임에서 3으로 한 칸을 뛰는 것이 흔히 쓰는 수법이며 백4의 벌림에 흑5로 압박하고 우하귀를 7에 굳히는 진행을 예상할 수 있다.

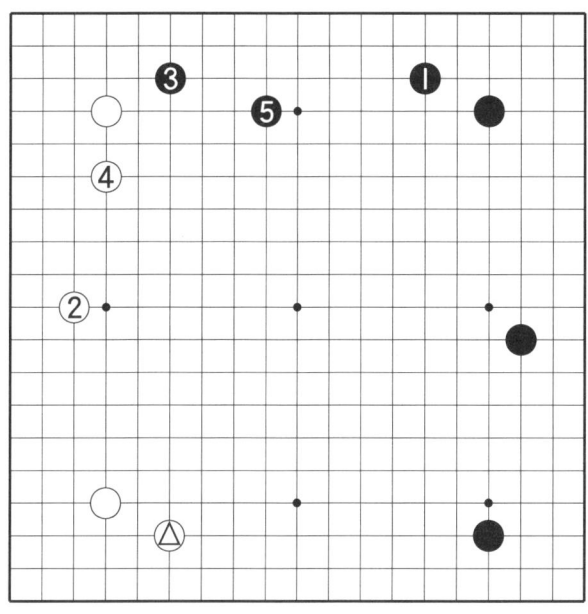

04-15도

15도(흑의 날일자굳힘)

백이 △로 굳혔을 때 흑도 우상귀를 1의 날일자로 굳힐 수도 있다.

백2에 흑3으로 걸치고 5로 구축해 앞 그림과는 약간 다른 포석 전개가 될 것이다. 계속해서….

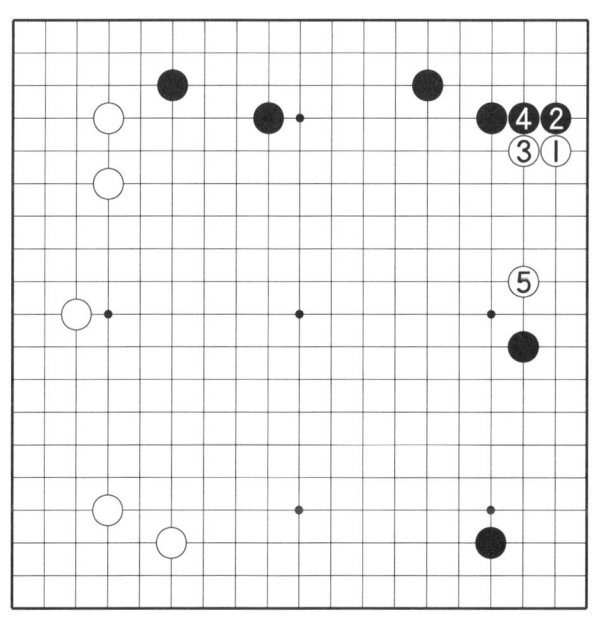

04-16도

16도(침투의 상용수법)

백1의 2선 저공비행은 침투의 상용수법이다.

흑2로 받을 때 백3으로 올라서서 흑4로 받게 하고 백5로 벌려서 안정을 도모하는 것이 요령이다.

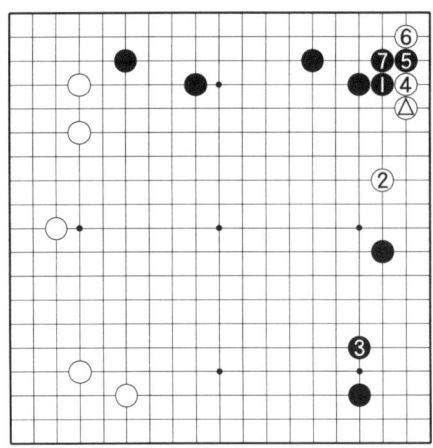

❶ 차렷하는 응수

백△에 대한 흑의 여러 가지 응수를 살펴본다.

흑1로 '차렷'하는 수가 많이 쓰였다. 그런데 백2 다음 4, 6의 활용이 좀 기분 나쁘다.

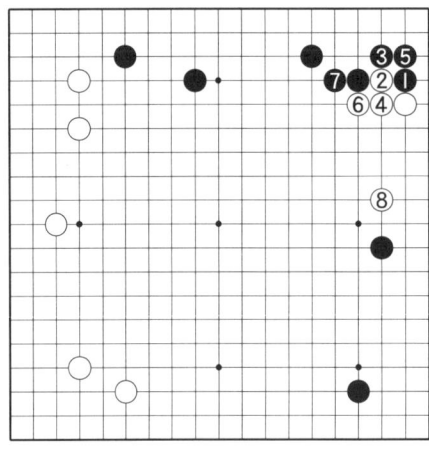

❷ 끼워이음

흑1로 응수했을 때 백2, 4로 끼워잇 는 수도 흔히 두어졌다.

흑3, 5면 백6을 선수하고 8로 벌려 서 04-16도의 진행보다 낫다.

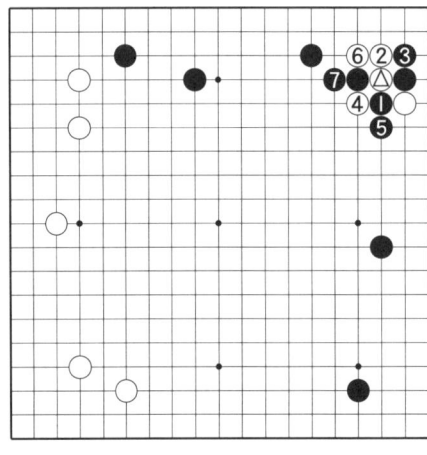

❸ 흑의 반발

그러나 흑은 그렇게 고분고분 두어 주지 않는다.

백△로 끼운 순간 흑1쪽에서 단수 하고 3으로 따라붙어 반발한다. 흑7 다음….

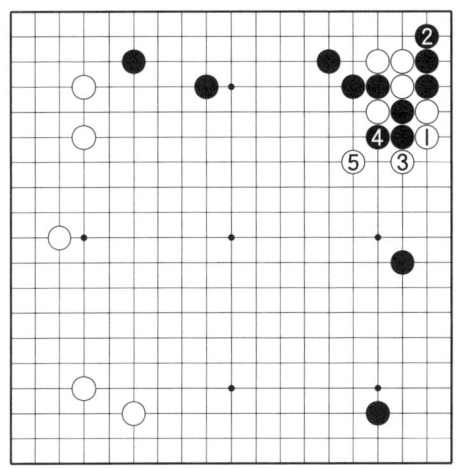

❹ 씌움이 호수

백1로 기어나갈 수밖에 없다. 흑2로 백 석점이 잡힌 대가를 바깥쪽에서 얻어내야 한다. 백3에서 5의 씌움이 좋은 수법이다.

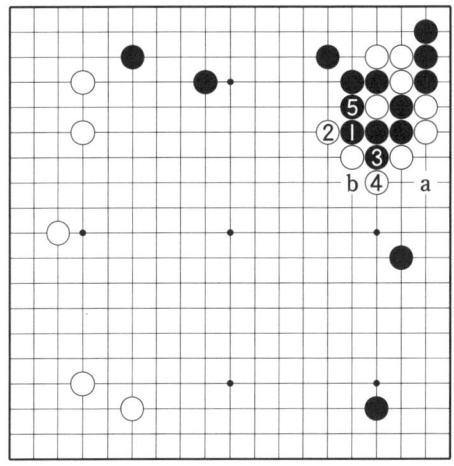

❺ 실리에 헤프다

흑1에 백2의 젖힘도 요점. 단, 흑5 다음 백은 a나 b의 선택이 있지만 약간 실리에 헤픈 느낌이 있다. 04-16도를 권장한다.

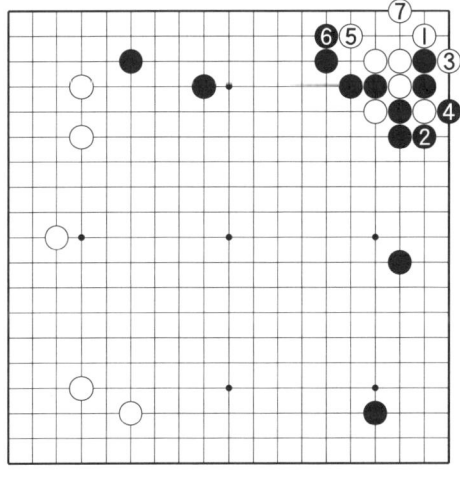

❻ 백의 실패

❹의 1로 이 그림 백1로 젖히면 귀에서 삶을 얻을 수는 있다.

그러나 바깥쪽 흑의 두터움이 어마어마하므로 백의 실패다.

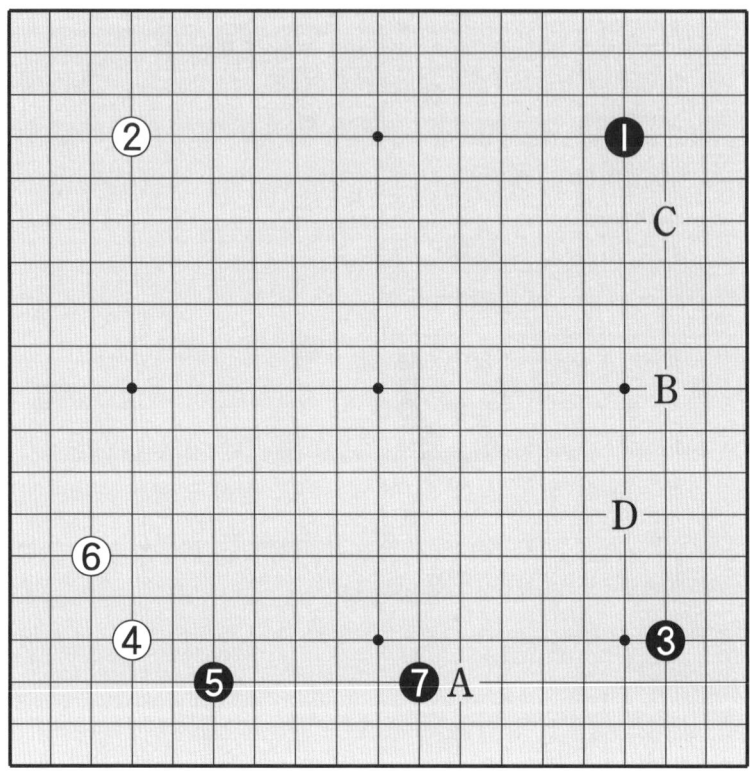

크게 유행했던 '중국식'의 인기가 주춤할 때 등장한 것이 이른바 미니중국식이라고 부르는 유형이다. 귀의 굳힘보다는 변으로의 발전을 우선하는 발상의 연장선상에 있는 포진이다. 거기서 또 갈래를 친 것이 변형 미니중국식이다.

흑은 1의 화점에 이번에는 흑3의 개방형 소목 배합이며, 이에 대해 백은 늘 그랬듯이 2, 4의 2연성이다. 흑5로 걸치고 7에 벌리는 것이 바로 미니중국식 포진이다. 흑7을 A에 두는 것은 변형 미니중국식이라고 부른다. 백은 B의 갈라침이 대표적인 대응인데, C나 D의 변화도 함께 알아본다.

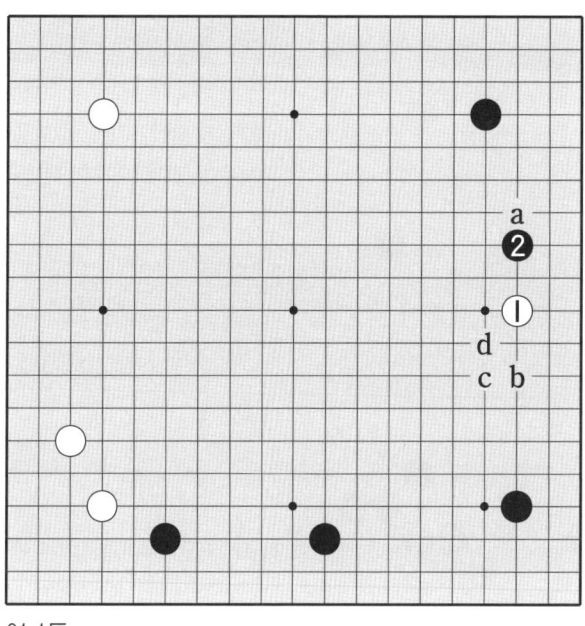

01-1도

1도(갈라침 이후)

백1의 갈라침이야말로 전천후 대응수의 하나로 이 경우도 가장 무난하다. 흑은 2를 비롯해 a의 눈목자, b와 c의 다가섬, e의 어깨짚음 등을 들고 나올 것이다.

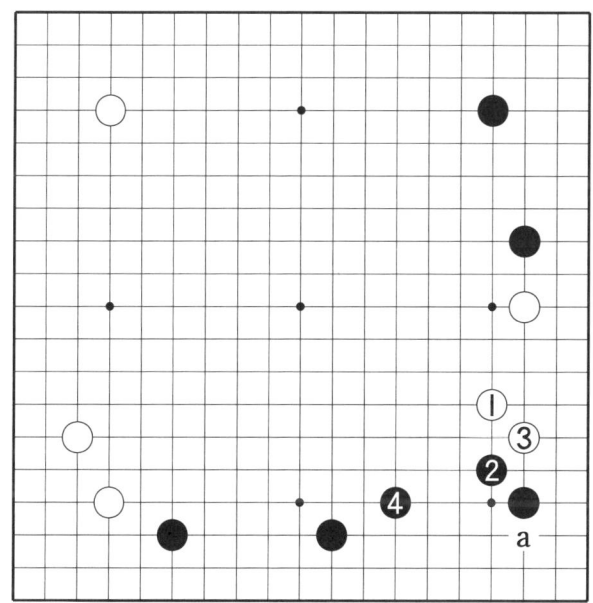

01-2도

2도(간명한 수법)

계속해서 백1의 눈목자로 높게 가는 수가 간명하다.

흑2에 백3의 마늘모는 안정을 꾀하는 요소이며 흑은 4로 지켜서 일단락이다. 귀에는 백a에 붙이는 맛이 남아 있다.

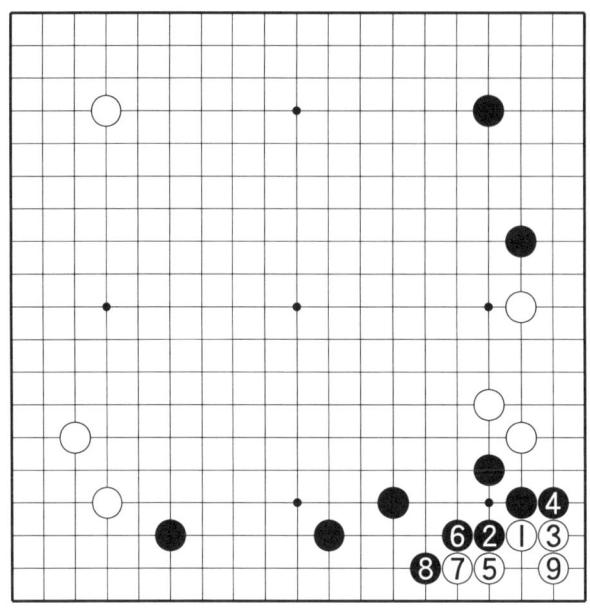

01-3도

3도(백, 거뜬히 산다)

당장은 아니지만 백1로 붙이면 흑은 2로 응수하는 정도인데, 그때 백3으로 내려서는 것이 좋은 수이다.

흑4로 건넘을 저지해도 백은 5 이하 9까지 거뜬히 살 수 있다.

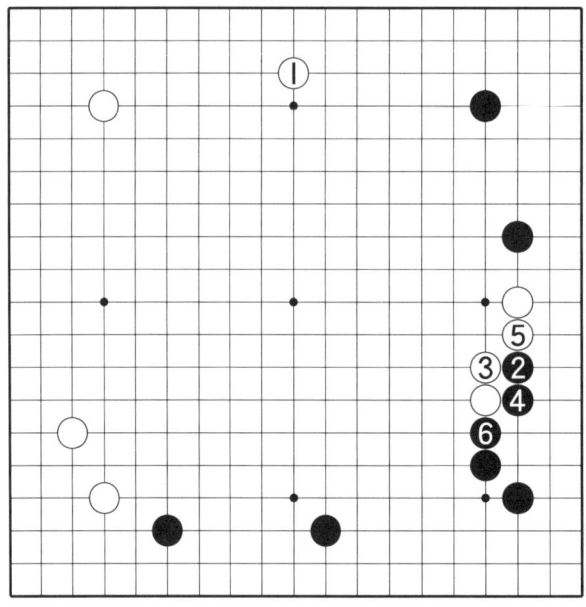

01-4도

4도(백, 허공에 뜨다)

2도의 3으로 이 그림 백1로 큰 곳을 차지하는 것은 욕심이다.

흑2의 침입이 통렬하다. 백3에 흑4, 6으로 건너서 집도 커졌고 두텁기도 하다. 반면 백 넉점은 허공에 붕 떴다.

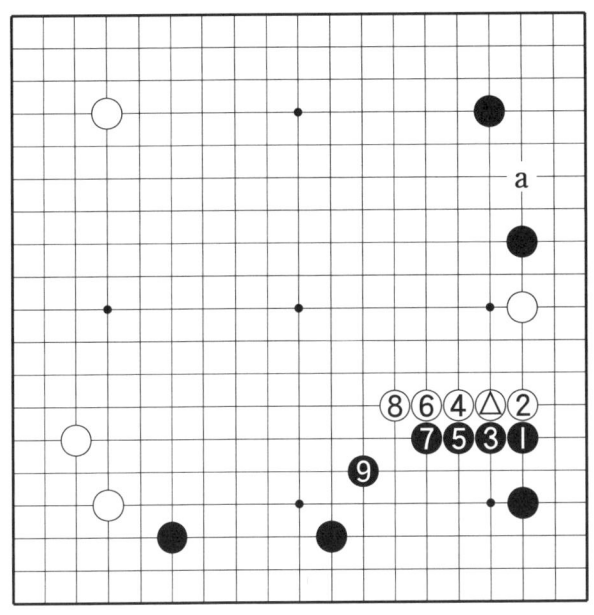

01-5도

5도(흑, 편한 포석)

백△ 때 흑은 1로 턱밑에 들이대고 백2에 흑3 이하로 밀어붙여 9까지 우하 흑집이 엄청 크다.

백은 명백한 중복형이다. a의 침입은 있지만 흑이 편한 포석일 것이다. 백2로…

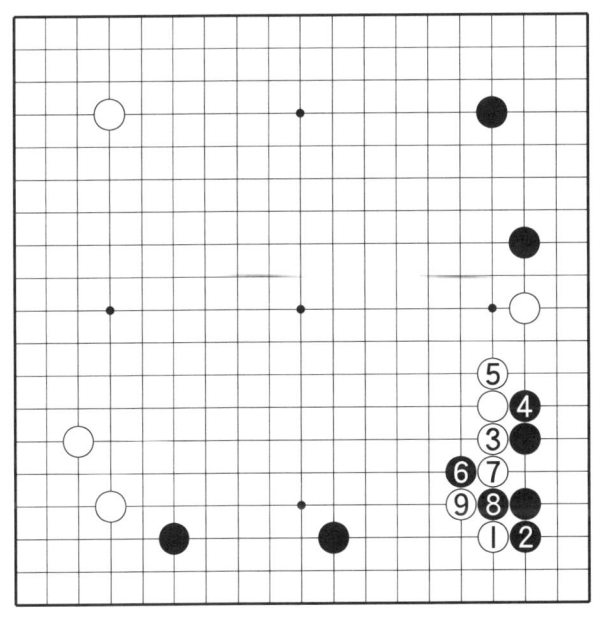

01-6도

6도(복잡해지다)

백1, 흑2를 문답하고 백3으로 누르는 수는 좀 복잡해진다.

흑은 4, 백5를 선수하고 6으로 가르고나가는 것이 강력하다. 백7, 9로 나가끊은 것은 흑의 단점을 노린 수순이다.

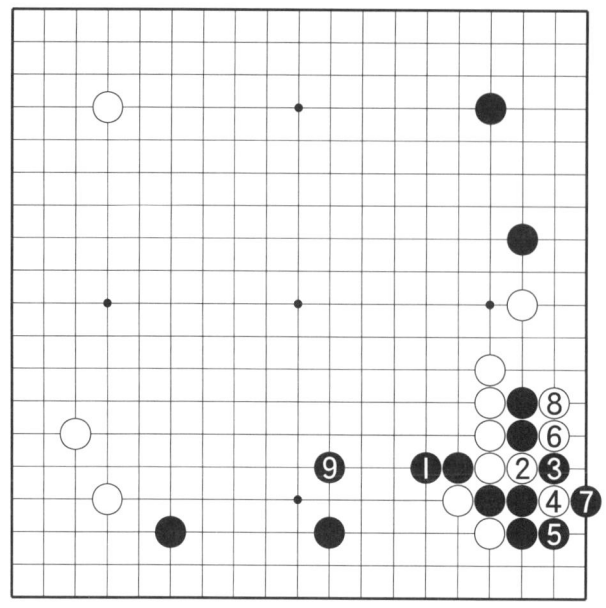

01-7도

7도(흑, 다소 낫다)

계속해서 흑1에 백2, 4로 나가끊고 8까지 흑 두점을 잡고 안정한다.

그러나 9까지 완성된 흑집이 두텁고도 매우 크다. 흑이 다소 나은 갈림으로 평가할 수 있다.

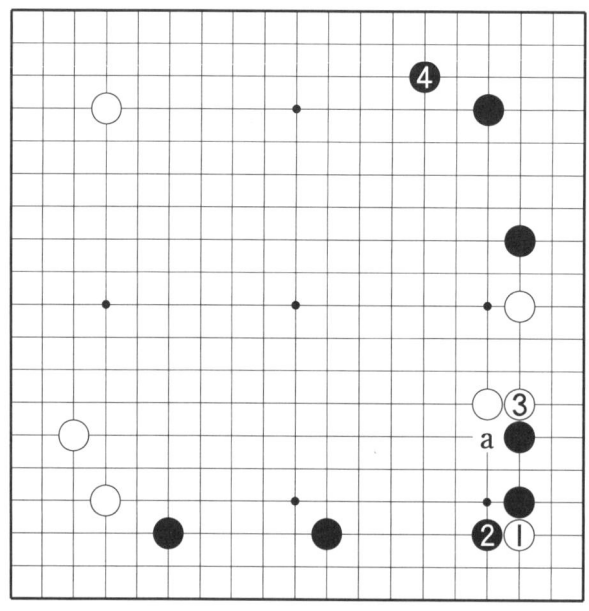

01-8도

8도(호각의 포석)

이 장면에서 백은 1로 붙이는 것이 귀에 맛을 남겨두는 재미있는 수법이다. 흑2를 기다려 백3으로 막는다. 흑은 a로 밀어올릴 기분이 안 나므로 4로 전환하게 된다. 호각의 포석!

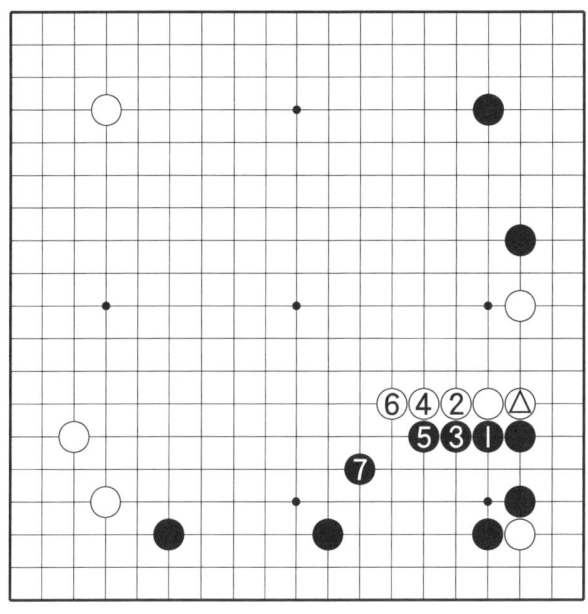

01-9도

9도(사정이 다르다)

백△에 대해 그래도 흑1로 밀면 어떻게 될까?

백2 이하 흑7까지는 앞서도 본 진행인데, 지금은 사정이 달라져 있다. 요컨대 5도와는 큰 차이가 있는 것이다. 귀쪽에는…

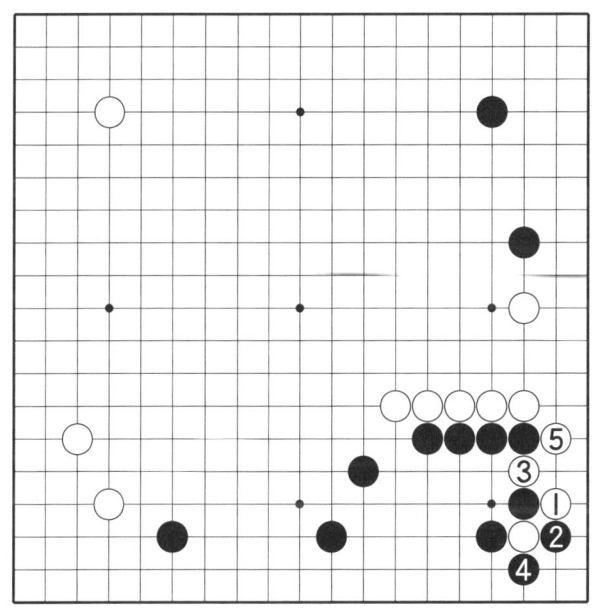

01-10도

10도(큰 끝내기)

백1로 젖히는 맥점이 남겨져 있다.

흑은 지금이라면 2로 받는 정도이니 백3으로 하나 단수해 놓고 5로 건너가는 끝내기가 크다. 5도에서는 나올 수 없는 그림이다.

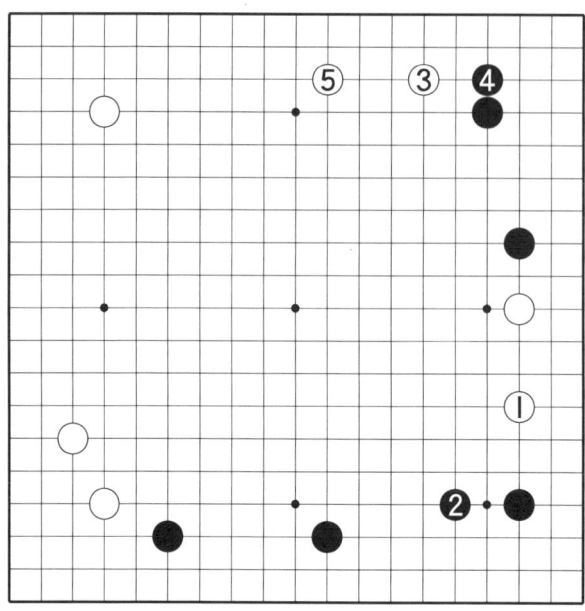

01-11도

11도(모범 포석)

거슬러 올라가 백1의 두 칸벌림은 간명함을 꾀하는 수법이다.

흑은 2로 굳히면 알기 쉬우며 백3으로 걸치고 흑4, 백5라는 식으로 진행되면 모범 포석이 탄생한다.

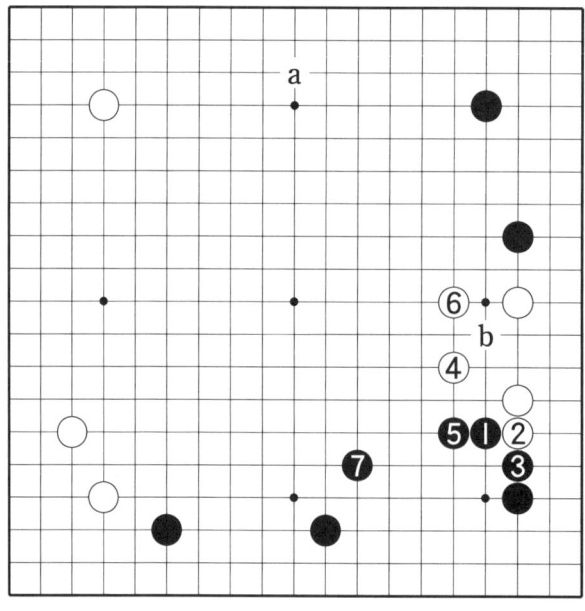

01-12도

12도(백, 불리한 포석)

흑1로 짚어가는 것은 적극적인 수법이다.

백2, 4는 초기에 쓰였던 대응인데 7까지의 결과는 우하귀 흑집이 커 백이 불리하다. 백6으로 a의 큰 곳을 차지하면 흑 b가 통렬하다.

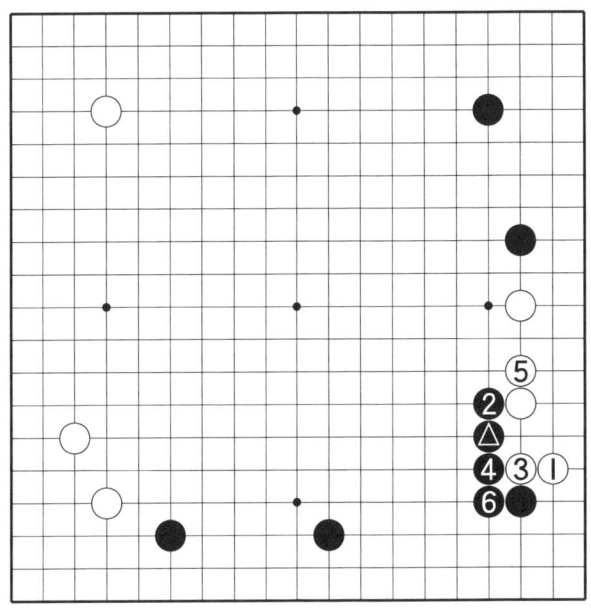

01-13도

13도(유력한 날일자)

흑▲ 때 백1의 날일자로 달리는 것이 유력한 수법이다.

흑2로 밀어오면 백3으로 하나 올라선 다음 백5로 받아두는 것이 수순이다. 흑6의 이음은 필연적인 보강이며….

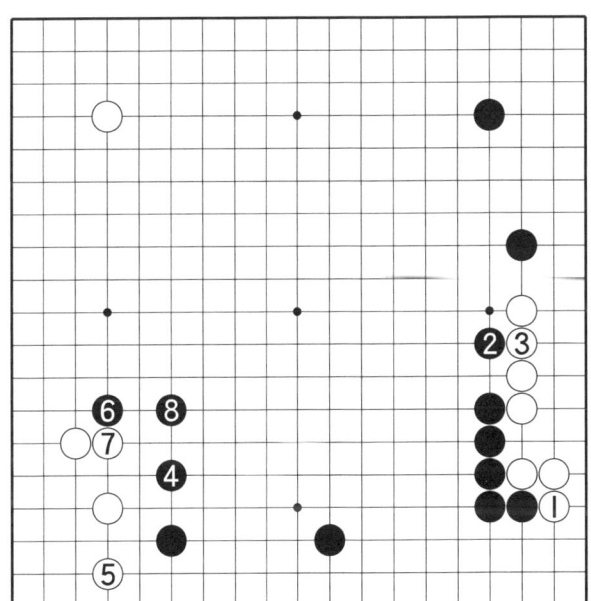

01-14도

14도(흑, 세력 웅장)

백1의 2선 꼬부림은 집으로 큰 수이지만, 흑2의 선수활용을 불러 좋은 평가를 받지 못한다.

흑4가 호점이며 이하 8까지 아래쪽 흑의 세력이 웅장한 모습이어서 흑이 편한 포석이다.

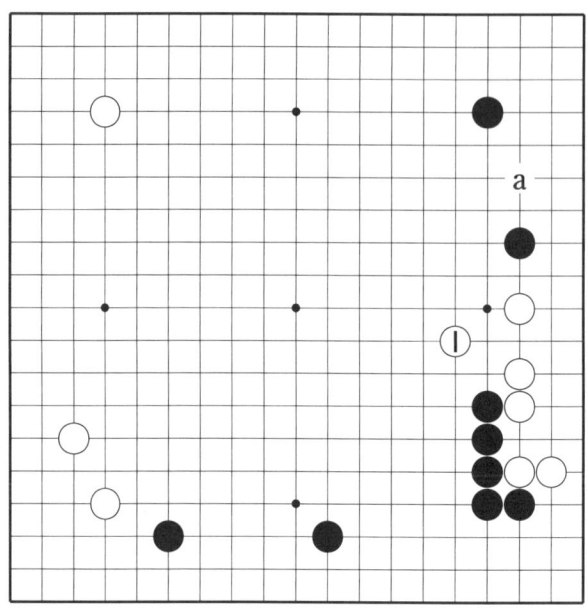

01-15도

15도(백의 양날일자)

13도에 이어, 백1의 양날 일자로 중앙에 진출하는 것이 호평을 받은 한수 이다.

직접적으로는 a의 침 입을 엿보며 은연중 아 래쪽 흑 세력도 견제하 는 일석이조의 착점이다.

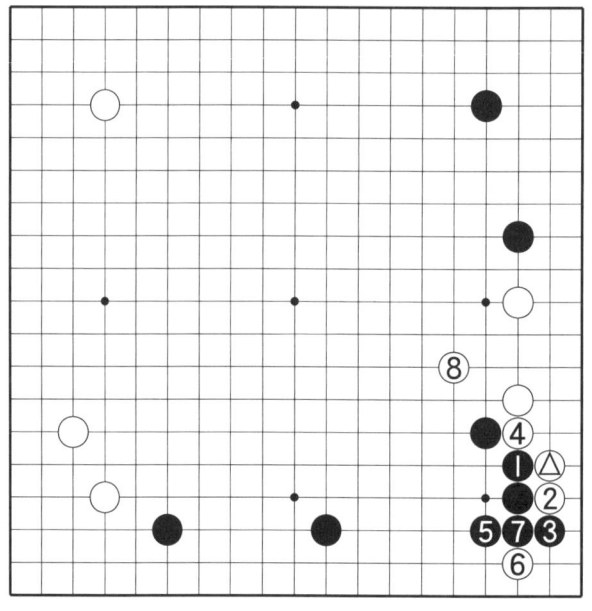

01-16도

16도(흑3, 책략 부족)

백△ 때 흑1로 누르는 수 도 있다. 그러나 백2에 흑 3으로 그냥 막는 것은 책 략이 부족하다.

백4에 흑5로 지킬 때 백6을 하나 선수활용하 고 8에 갖춰서 백이 유 리한 갈림이다.

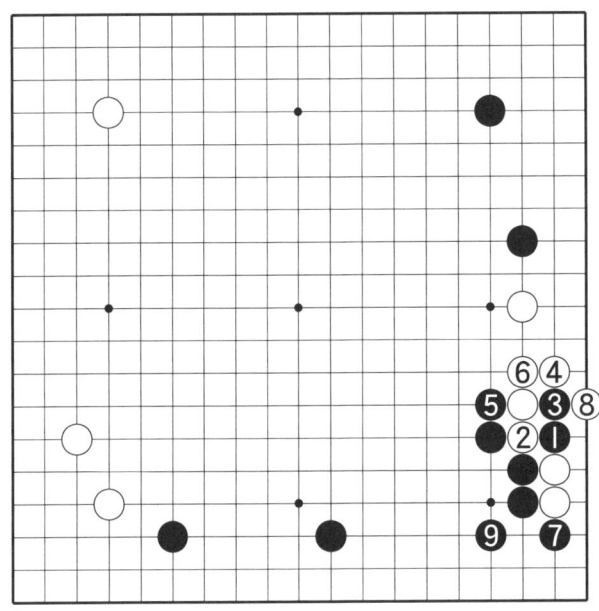

01-17도

17도(흑, 유리한 결과)

앞 그림의 3으로는 흑1
에 젖혀나가는 것이 좋
다. 백2에 끊어온다면 흑
3으로 나간다.

백4의 젖힘에 흑5와 7
을 선수하고 9에 지켜서
이 결과는 앞 그림과는
달리 흑이 유리하다.

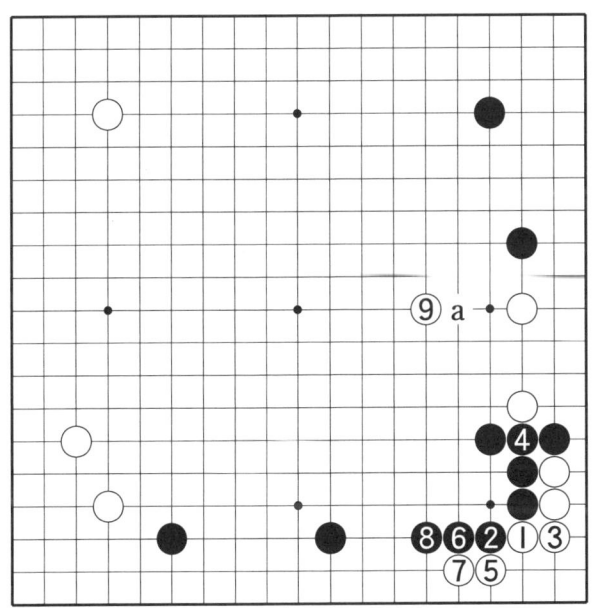

01-18도

18도(서로 둘 만하다)

따라서 앞 그림의 2로는
백도 1로 젖혀 변화를 구
하는 것이 바람직하다.

흑2에는 백3으로 꽉 잇
는다. 흑4의 이음에 백5,
7을 선수하고 9(또는 a)
로 뛰어서 서로 둘 만한
갈림이다.

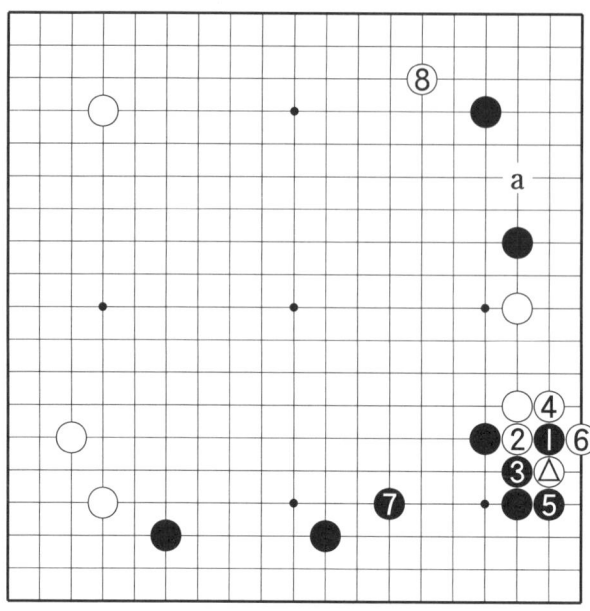

01-19도

19도(무난한 갈림)

백△의 날일자 때 흑1로 건너붙이는 수가 간명하면서 좋다.

백2에서 4로 잡을 때 흑5를 선수하고 7에 지킨다. 백은 8로 걸치든가 a로 뛰어들든가 해서 서로 무난한 갈림이다.

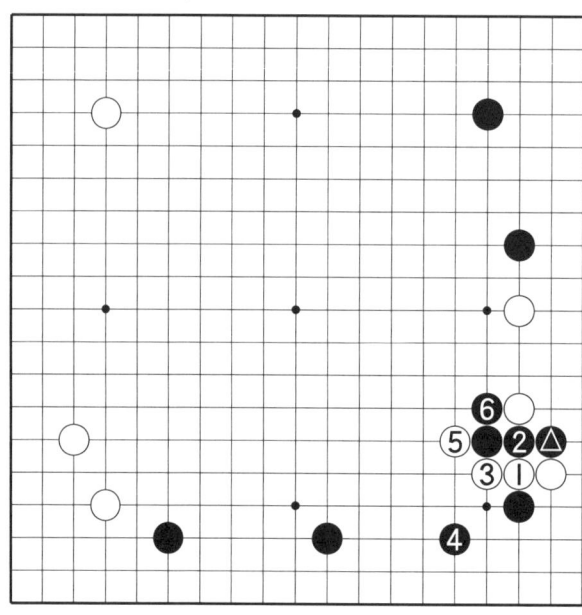

01-20도

20도(백, 고달픈 싸움)

흑△의 건너붙임에 대해 백1, 3으로 반발하는 것은 찬성할 수 없는 행동이다.

흑4로 받아둔 다음 백5에는 흑6으로 꼬부려, 이것은 백이 고달픈 싸움을 자초했다고 볼 수 있다.

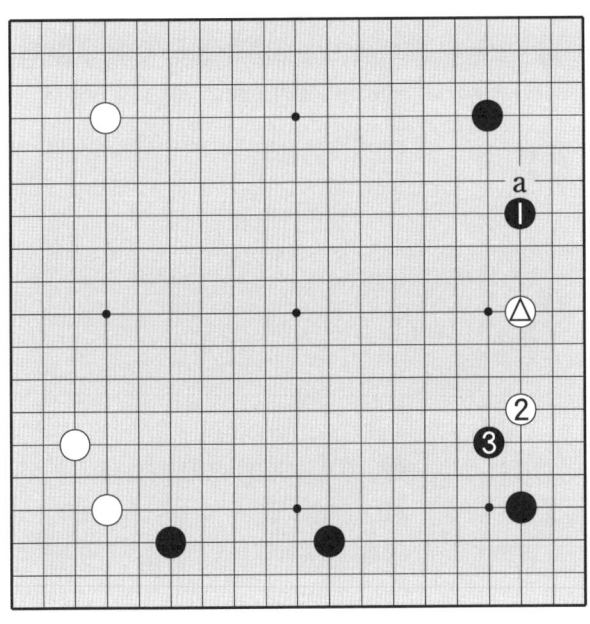

02-1도

1도(눈목자 다가섬)

백△의 갈라침에 이번에는 흑1(또는 a)의 눈목자로 다가서는 경우의 변화를 알아본다.

백2의 두칸벌림은 가장 일반적인 수법이며 여기서도 흑3이 유력한 수법 가운데 하나다.

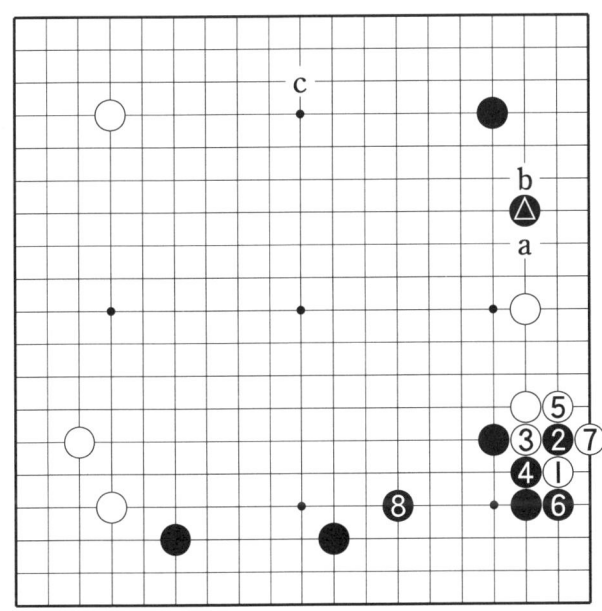

02-2도

2도(어울린 포석)

계속해서 백1의 날일자에 흑2 이하 8까지 일단락되면, ▲가 a에 있을 때 성립하는 백b의 침입이 없다.

하지만 백은 c의 큰 곳을 차지해 만족이며 잘 어울린 포석이다.

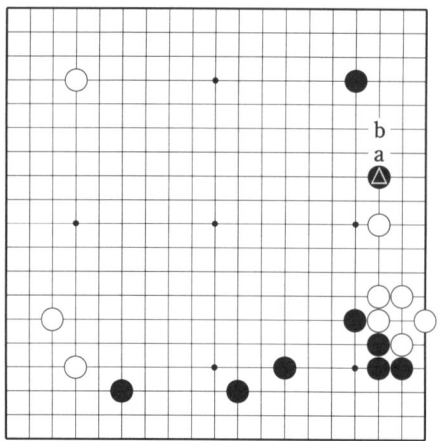

❶ 더 나을까?

그렇다면 아래쪽에서 똑같이 진행되었다고 가정하면 흑△보다 a에 흑돌이 있는 것이 더 나을까? 백b의 침입이 없으니까.

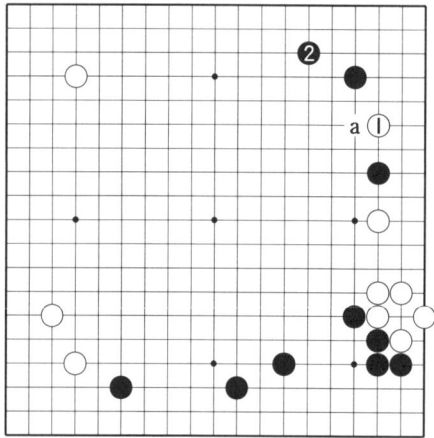

❷ 백이 쳐들어오면

앞 그림에 이어, 당장 백1로 쳐들어오면 흑2로 받아서 싸울 수 있다.

백1로 2에 걸치면 흑a로 응수해서 충분할 것이다. 또한…

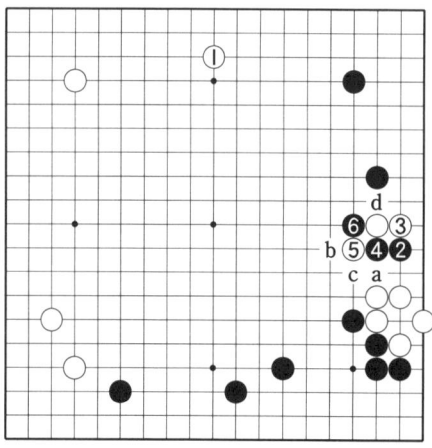

❸ 치중

백1로 큰 곳을 둔다면 흑2로 치중하는 수단이 있다.

흑6 다음 백a에 흑b, 백c, 흑d가 선수! 그러니 02-2도가 낫다고 할 수만은 없다.

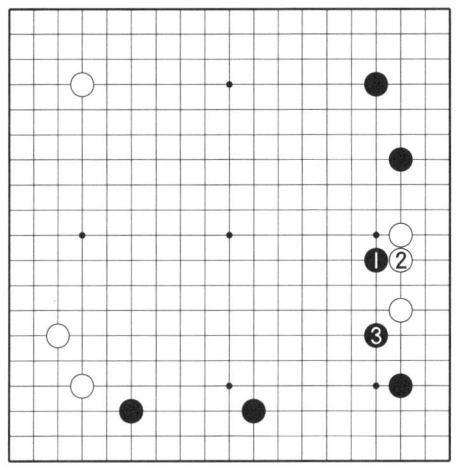

❹ 백의 대응은?

백이 두칸을 벌렸을 때 흑1로 어깨를 짚어 백2를 강요하고 나서 흑3으로 덮치듯 씌워가면 백은 어떻게 대응해야 할까?

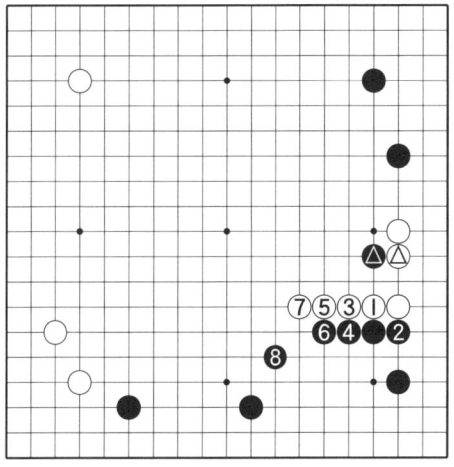

❺ 백, 중복형

백1로 밀면 흑2로 막고 이하 8까지 우하 흑집이 멋지다.

백은 중복형, 다만 흑▲와 백△의 교환은 득실을 따지기 어렵다.

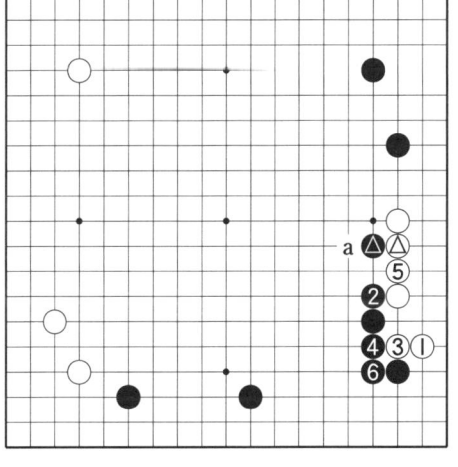

❻ 백, 당하다

백1에는 흑2가 좋은 수이다. 이하 6까지 일단락된 다음 백a로 나아갈 곳을 흑▲, 백△의 교환이 가로막고 있다. 백이 당한 모습!

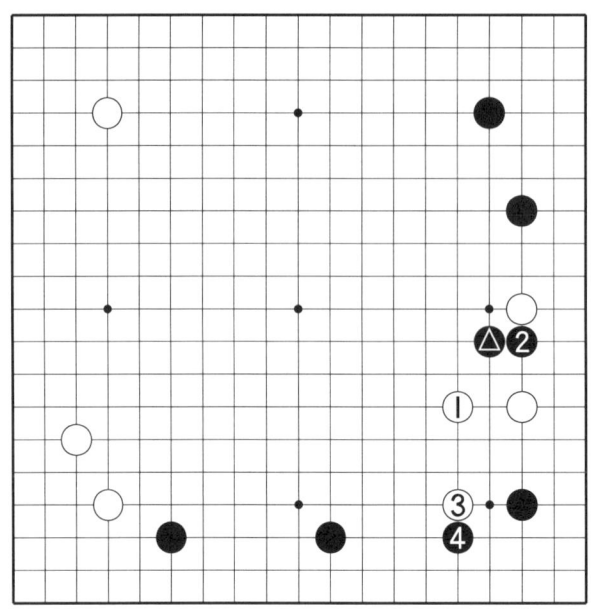

02-3도

3도(경묘한 수법)

흑❹에 대해서는 외면하고 백1로 뛰는 것이 경묘한 수법이다.

흑2가 좀 아프지만 백3으로 두어 대가를 찾는 수가 준비되어 있다. 흑4의 붙임에 대해….

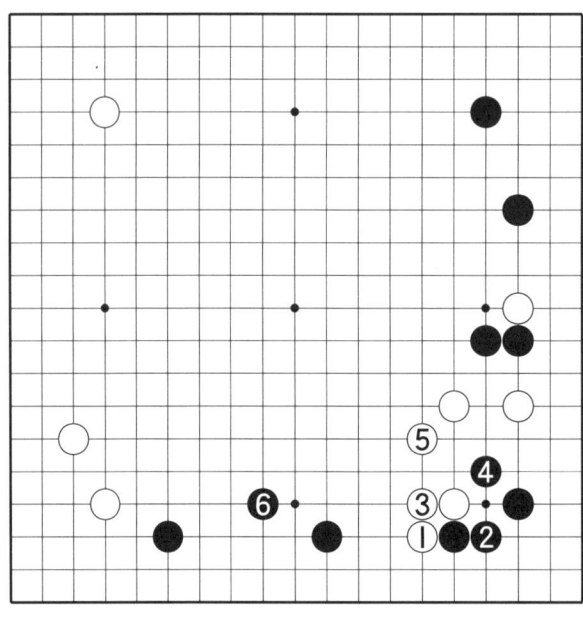

02-4도

4도(흑의 주문)

백1로 젖히는 것은 흑의 주문에 걸려드는 수이다.

흑2에 백3, 흑4에 백5로 연결된 백의 모습은 여전히 불안정하다. 6까지 흑은 여러 군데를 효율적으로 둔 셈이다.

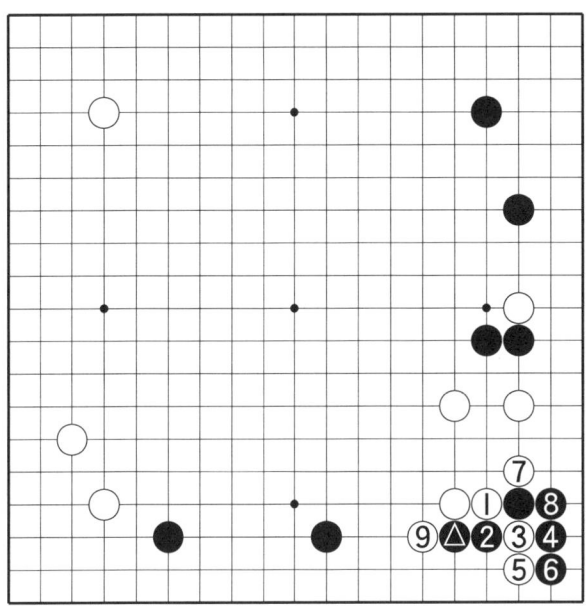

02-5도

5도(적절한 수법)

흑▲의 붙임에 백은 1로 치받고 3에 끊는 것이 적절한 수법이다.

흑은 4, 6으로 잡는 정도다. 거기서 백7의 단수를 선수하고 9에 젖히는 것은 사석활용의 교과서 같은 수순이다.

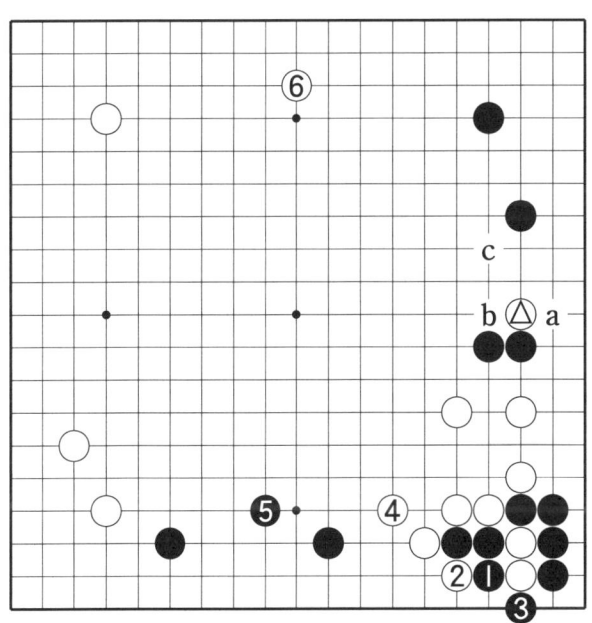

02-6도

6도(백, 재미있다)

계속해서 흑1에 백2마저 선수하고 4에 호구쳐서 정형한다.

흑5로 지킬 때 백6으로 큰 곳을 달려가서 백이 재미있는 갈림이다. 우변 ▲는 a, b, c 등으로 준동하는 수가 남아 있다.

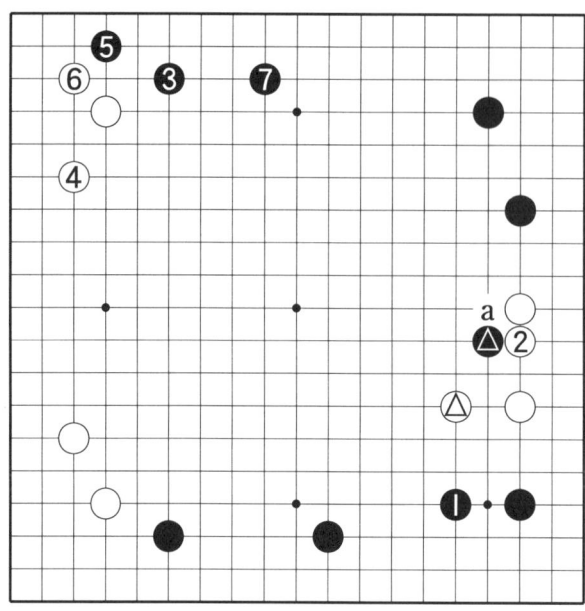

02-7도

7도(흑의 정수)

그러므로 백이 △로 뛰었을 때는 흑은 1로 한 칸을 뛰어서 굳히는 것이 정수다.

백2를 기다려 흑3~7이라는 식으로 진행해 비록 ▲가 악수이지만 흑도 둘 만한 포석일 것이다. 수순 중 백2는 a로 받아도 나쁘지 않다.

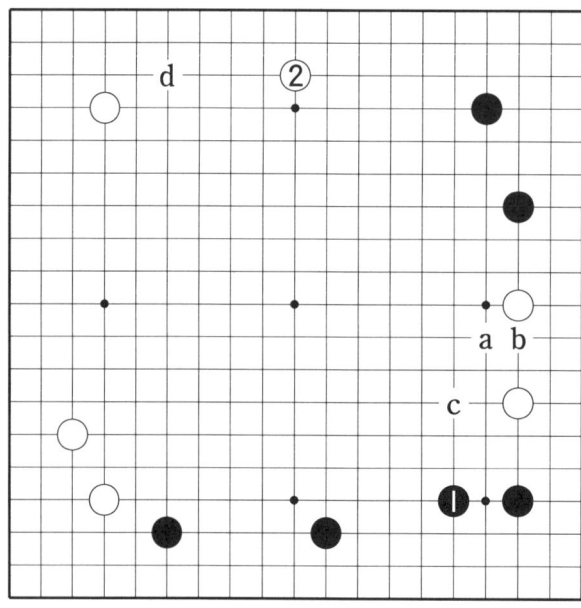

02-8도

8도(분석/ 일득일실)

흑1이면 백은 2로 큰 곳에 간다. 그런데 앞 그림은 1에 앞서 흑a, 백b를 교환했고 백은 2 대신 c에 뛰어 흑d의 걸침을 불렀다.

이 그림과 앞 그림의 진행은 일득일실이 있다.

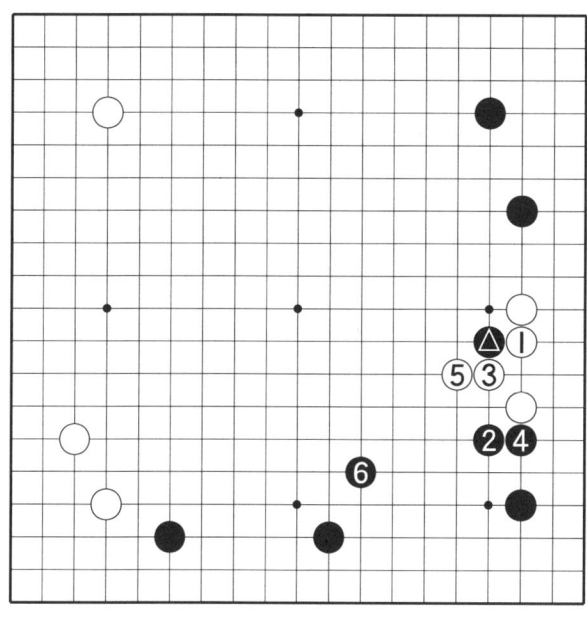

02-9도

9도(흑, 멋지다)

흑▲에 백1로 받는 변화를 본다. 이때 흑2로 덮어가는 것은 유력한 수법이다.

백3에 흑4로 막고 백5에 진출할 때 흑6으로 우하 일대를 굳혀서 흑이 꽤 멋진 모습이다.

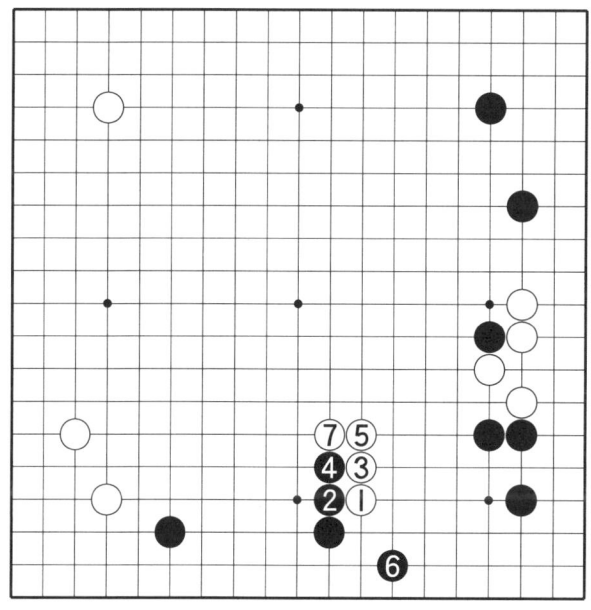

02-10도

10도(기민한 삭감)

앞 그림 5로는 이 그림처럼 백1로 어깨를 짚어 삭감에 나서는 수가 기민하다.

흑도 당장은 2 이하 6으로 받을 수밖에 없을 것이다. 백7의 꼬부림은 두터운 수로 이것도 한 판이다.

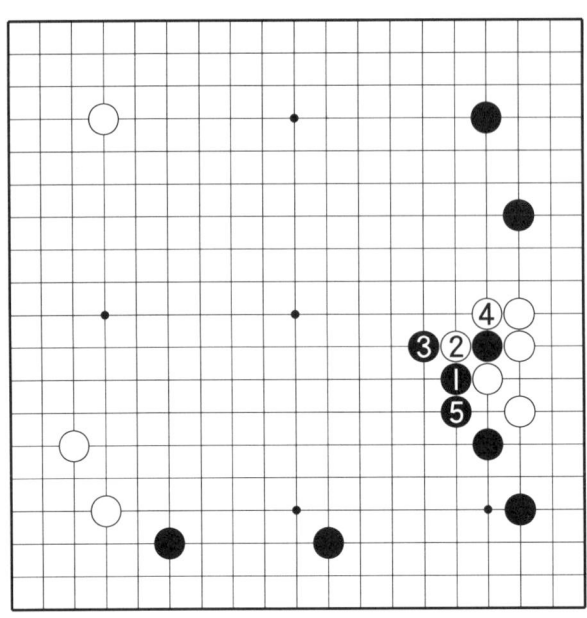

02-11도

11도(유력한 시도)

9도의 4로는 이 그림 흑 1로 젖혀서 더욱 하변의 세력을 키우는 수법도 유력한 시도 가운데 하나다. 백2에 흑3을 하나 단수하고 5에 끌어 작전은 성공한 셈이다.

　계속해서….

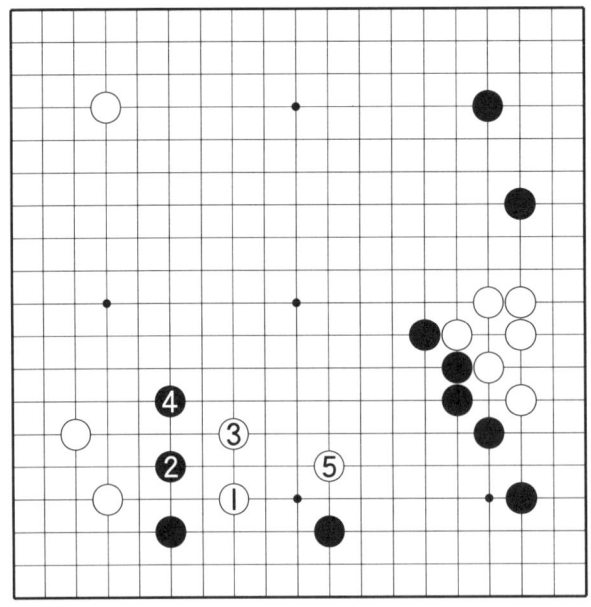

02-12도

12도(삭감에 나서다)

백은 1쯤에 뛰어들어 삭감에 나서는 것이 흔히 쓰이는 수이다. 흑2에는 또 한번 백3으로 뛴다.

　흑4로 뛰기를 기다려 백5로 틀을 잡아서 이제부터가 승부인 진행이다.

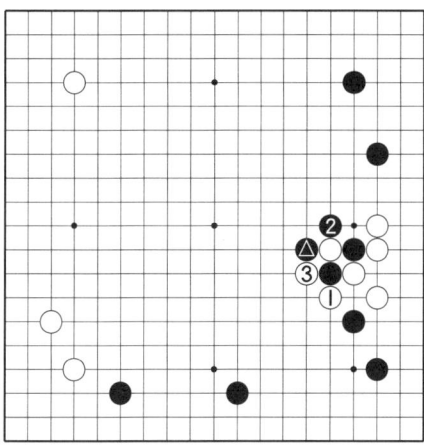

① 반격하면?

그런데 흑△로 단수했을 때 백은 1로 반격하는 수단이 없을까?

흑2로 따낼 때 백3에 몬다든지. 초반이므로 패는 못할 테니까.

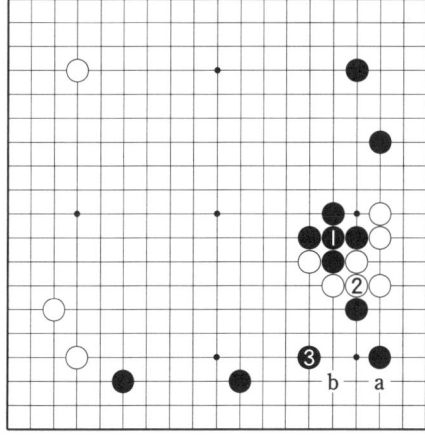

② 흉측한 모습

그렇다고 흑1로 잇는 것은 너무 흉측(?)한 모습이며 백2가 기분 좋은 이음이다.

흑3에 지켜도 백a든 b든 무조건 수가 날 상황이다.

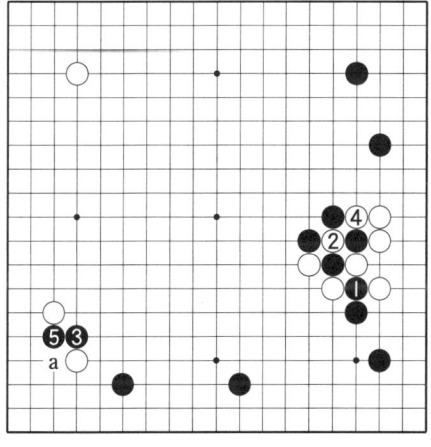

③ 아픈 연속 따냄

당장 흑1로 패를 결행하는 것은 3, 5로 연타해도 백2, 4의 연속 따냄이 아프다.

귀쪽에서 백은 a로 막으면 반 본전은 건진다.

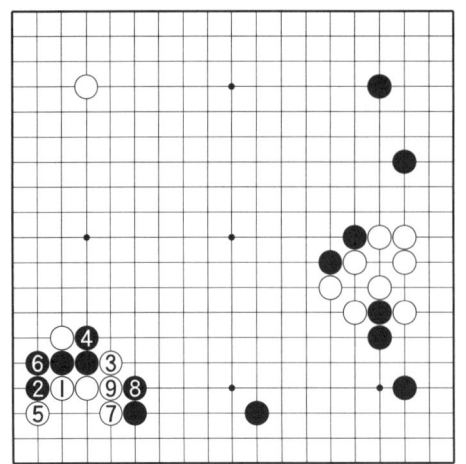

❹ 귀쪽의 정형

백1로 막으면 다음 이곳이 어떻게 정리되느냐를 보인다. 흑2로 젖힐 때 백3의 젖힘이 중요한 수이며 백5에서 9까지가 정형이다.

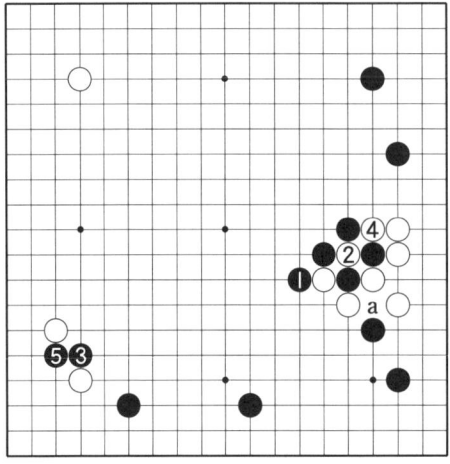

❺ 흑1, 현명

흑1로 단수하는 것이 현명하다. 이번에는 흑3, 5로 연타해서 충분하다.

앞 그림과 다른 점은 a 대신 1의 곳에 흑돌이 있다는 것.

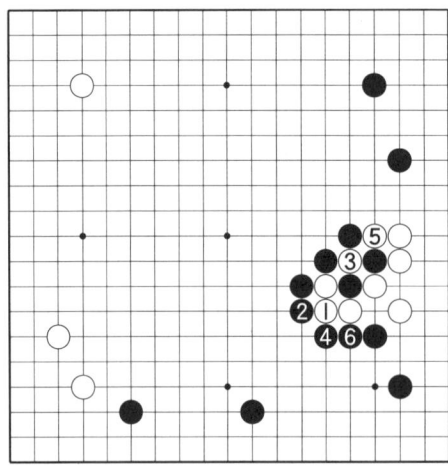

❻ 흑, 좋음

따라서 백은 일단 1로 이을 것이다. 이때 흑2로 미는 것이 침착하다.

백3에 따내면 흑4에서 6으로 틀어 막아서 문제없이 흑이 좋다.

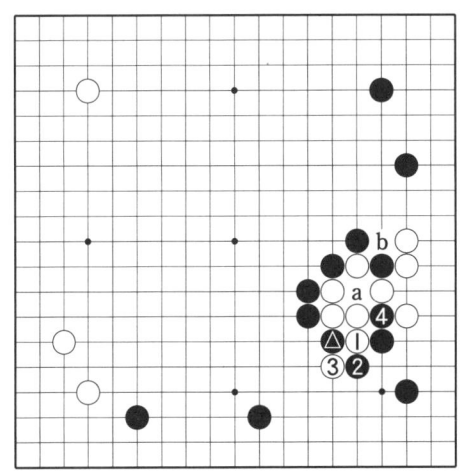

❼ 백, 무모

흑❹에 대해 백1로 나오고 3에 끊는 것은 무모한 행동이다.

흑4가 통렬해 백이 낭패를 본다. a나 b로 따낼 수는 없으므로….

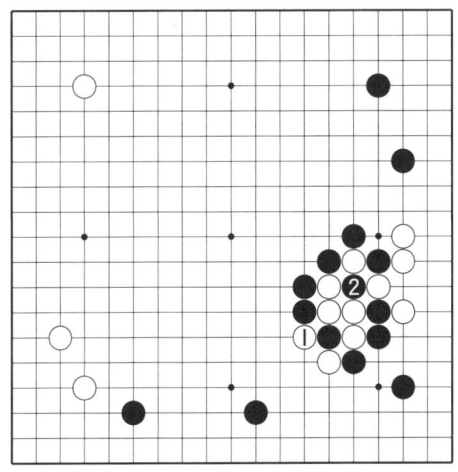

❽ 백, 대책 없다

천상 백은 1로 따낼 수밖에 없는데 흑2로 따내면 대책이 전혀 없다.

이 패야말로 팻감이 없으므로 백이 버틸 수 없다.

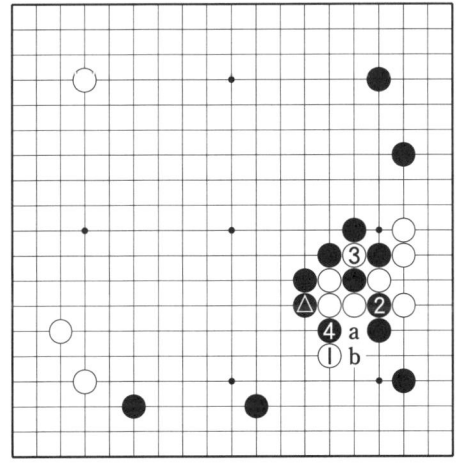

❾ 통렬

흑❹ 때 백1로 뛰는 것은 흑2의 패 도전이 강력하고 백3에 흑4가 통렬하다.

다음 백a면 흑b로 앞 그림과 같아진다.

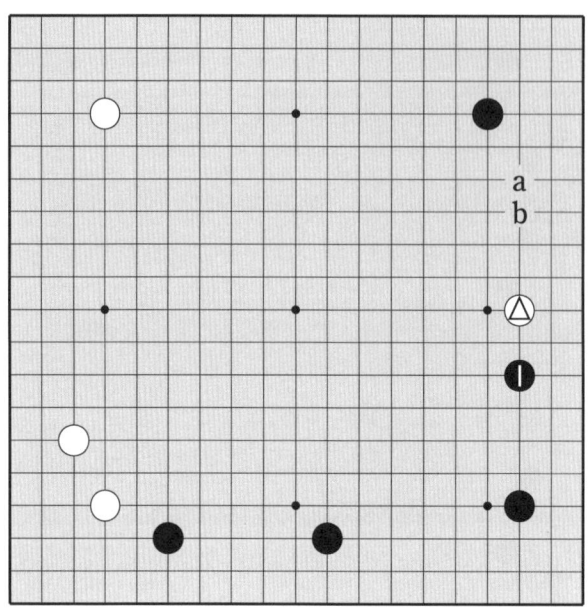

03-1도

1도(소목 쪽에서 다가섬)

이번에는 백△의 갈라침에 흑1로 소목 쪽에서 다가서는 수를 살펴본다.

백은 a로 걸치면서 한껏 벌리는 수와 절제해서 b로 두칸 벌리는 수, 이렇게 두 가지 대응을 생각할 수 있다.

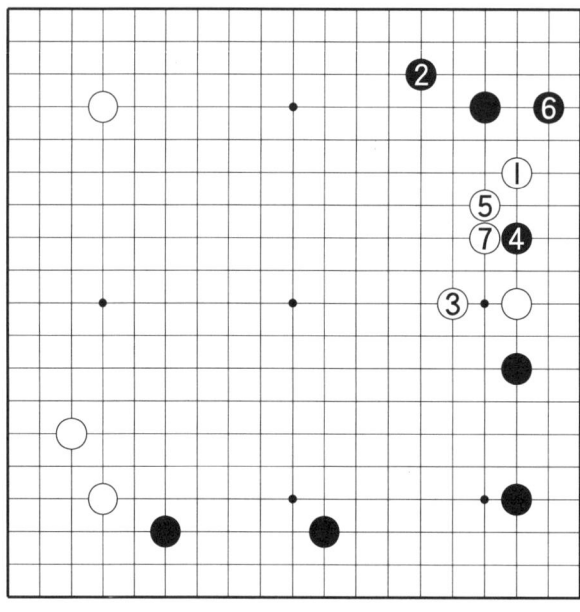

03-2도

2도(무난한 포석)

백1이면 흑은 2의 날일자로 받는 것이 보통이다. 백3은 우하의 흑진을 의식한 수법인데, 흑은 4를 희생타로 귀를 선수로 확보할 수 있다. 이하 7까지 일단락이며 무난한 포석일 것이다.

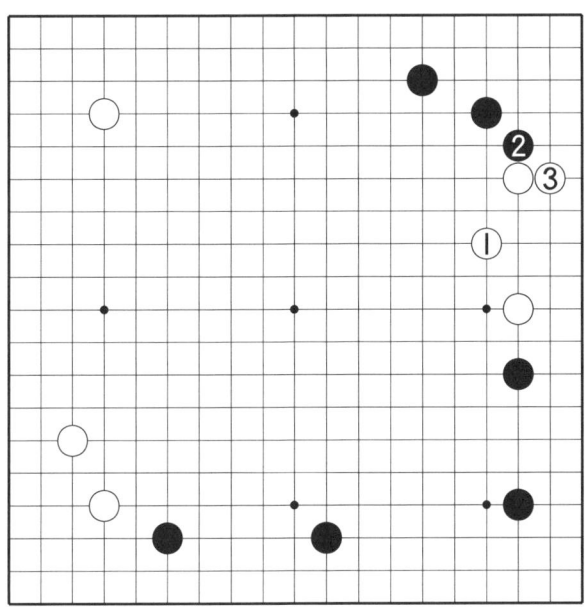

03-3도

3도(날일자 튼튼하게)
백은 앞 그림의 결과가
마음에 들지 않는다면 1
의 날일자로 튼튼하게 지
키는 수를 택할 수도 있
다. 흑2의 마늘모붙임에
는 백3으로 내려서는 것
이 응수의 요령으로 알
아두기 바란다.

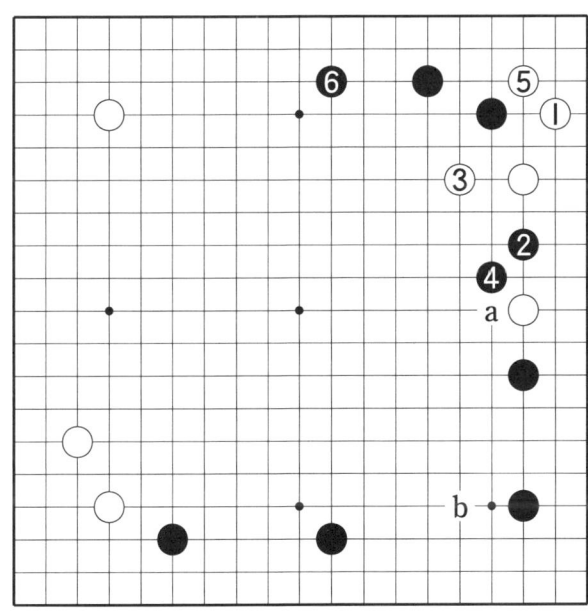

03-4도

4도(백의 날일자달림)
백1의 날일자로 달리면
흑은 귀를 받지 않고 2
로 뛰어들어 반발한다.
　백3에는 흑4의 마늘모
가 공격이 행마다. 백5,
흑6 다음 백a면 복잡한
싸움이며 백b면 무난한
진행이다.

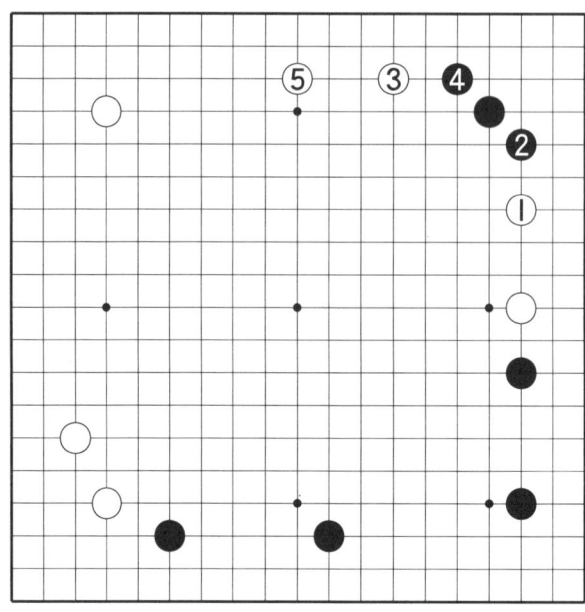

03-5도

5도(양쪽 두칸벌림)

애초에 백1로 두칸을 벌리는 것도 예전에는 많이 쓰인 착상이었다.

흑2에 백3, 5는 예정된 행동인데 양쪽을 두었다고는 하지만 이 배석에서는 약간 엷은 의미가 있어 신통치 않다.

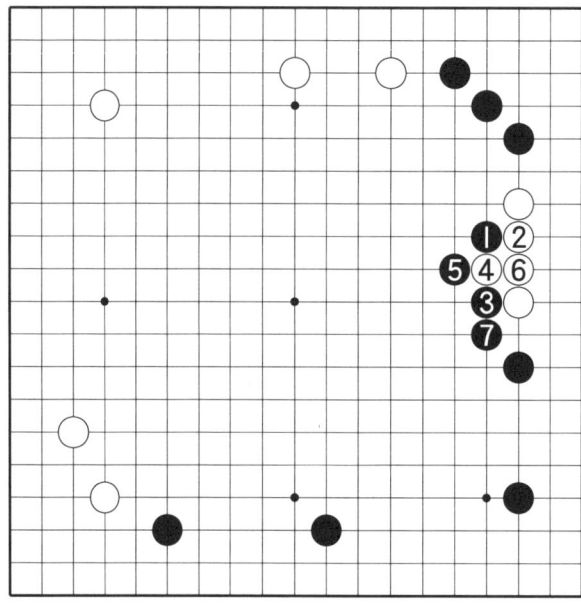

03-6도

6도(흑의 후속수단)

그것은 앞 그림에 이어, 흑1로 짚고 백2에 흑3으로 덮어서 백을 압박하는 좋은 후속수단이 있기 때문이다.

이하 7까지 백은 여간 답답하지가 않고, 반면 흑의 세력은 그 폭이 크고도 넓다.

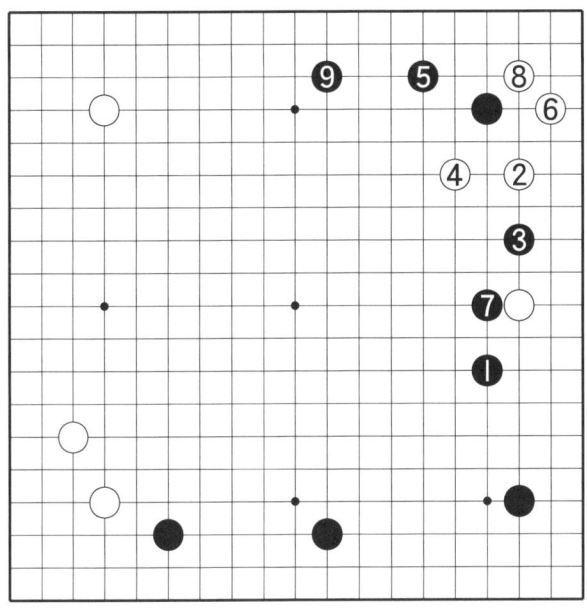

03-7도

7도(서로 둘 만하다)

백의 갈라침에 대해 흑은 높게 1로 가는 수도 있다. 백2 이하 6까지 똑같이 진행되었다고 가정하면 흑7의 붙임이 안성맞춤인 것이다.

어쨌든 이 진행도 서로 둘 만한 포석이다.

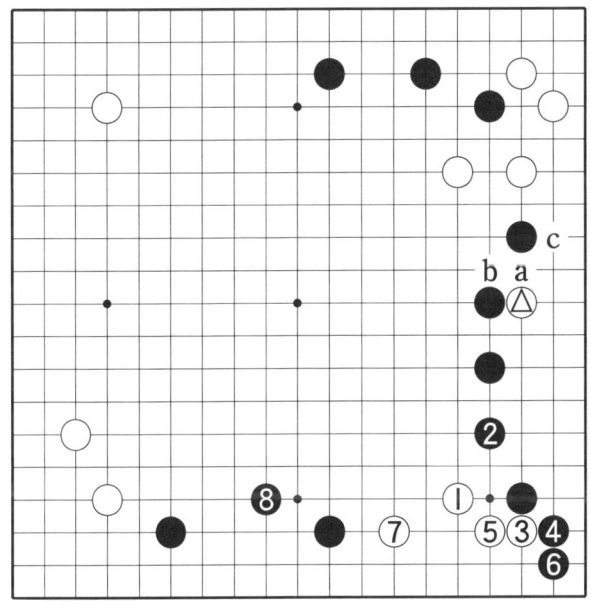

03-8도

8도(안일한 응수)

계속해서 백은 1로 걸쳐 가게 되는데, 흑2는 안일한 응수다. 백3~7에 흑8로 지키지 않을 수 없는데 우변이 허술해졌다.

즉, 백a, 흑b, 백c로 △가 살아가는 수단이 남았기 때문이다.

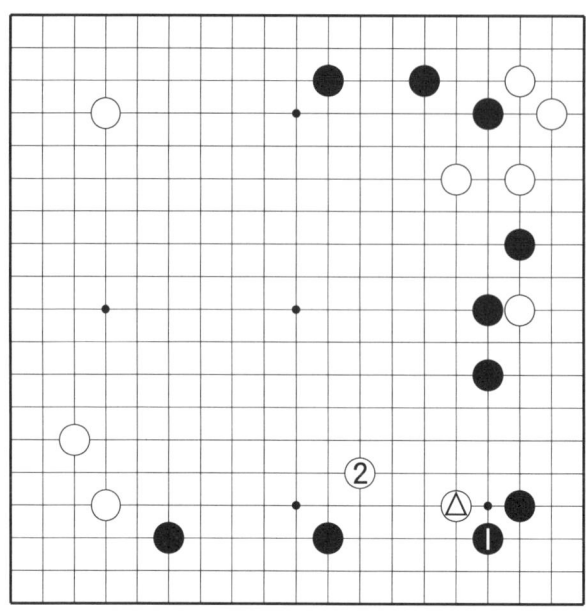

03-9도

9도(마늘모가 적절)

따라서 백△의 걸침에 대해서는 흑도 생각 없이 받아서는 안 된다.

흑1의 마늘모가 적절한 응수였다. 백은 2로 날아서 가볍게 처리하게 되며, 이후는 각자의 역량에 따른다. 호각의 포석!

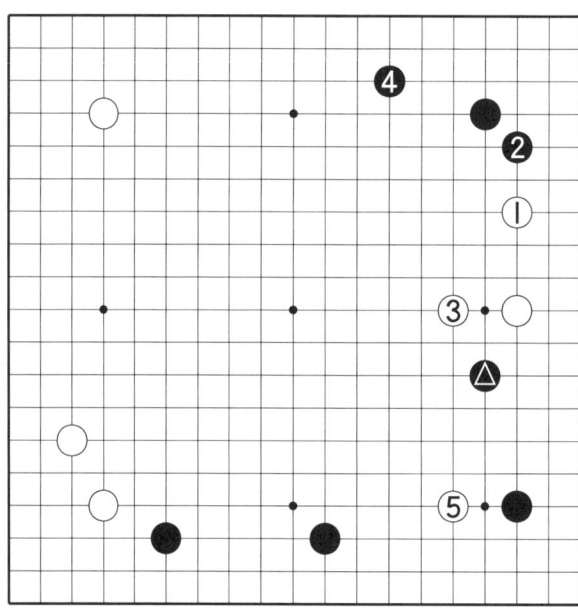

03-10도

10도(간명한 대응)

흑△에 대한 백의 간명한 대응책 하나를 보인다. 백1로 두칸을 벌려 흑2의 마늘모에 백3으로 뛰어나가면 알기 쉽다.

흑4로 우상귀를 지키면 우하귀를 백5로 걸쳐가서 백이 재미있다.

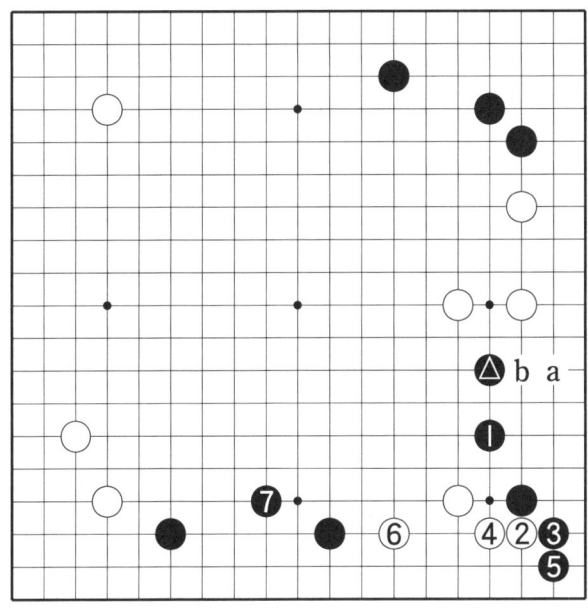

03-11도

11도(흑의 허술함)

계속해서 흑1로 응수하는 정도인데, 백2 이하 6까지 안정하면 흑7이 필요하다. 이러면 오른쪽의 허술함이 거슬린다.

즉, 백a의 날일자달림이 아프다. 흑▲는 b에 있는 편이 당연히 낫다.

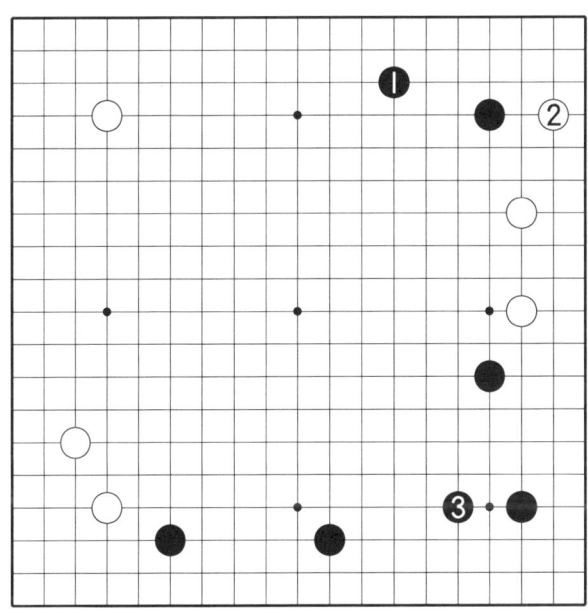

03-12도

12도(불만 없는 포석)

그러므로 흑은 백이 두 칸 벌렸을 때 1의 눈목자로 백2를 유도하는 것이 좋은 착상이다.

흑3의 굳힘에 손을 돌려 우하 일대가 멋진 모습이다. 이것도 서로 불만 없는 포석 진행일 것이다.

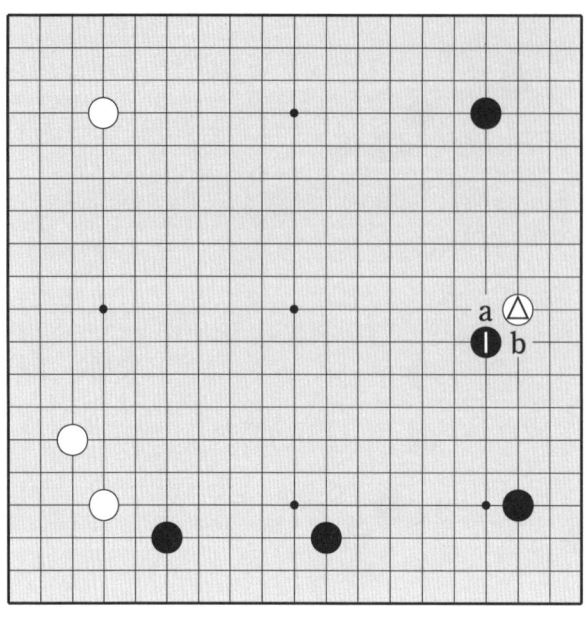

04-1도

1도(어깨짚음)

백△의 갈라침에 다짜고 짜 흑1로 어깨를 짚어가는 것은 상식을 뒤엎은 발상으로 비교적 최신수법에 속한다. 백은 다음 a 아니면 b의 선택 말고는 달리 뾰족한 수가 보이지 않는다.

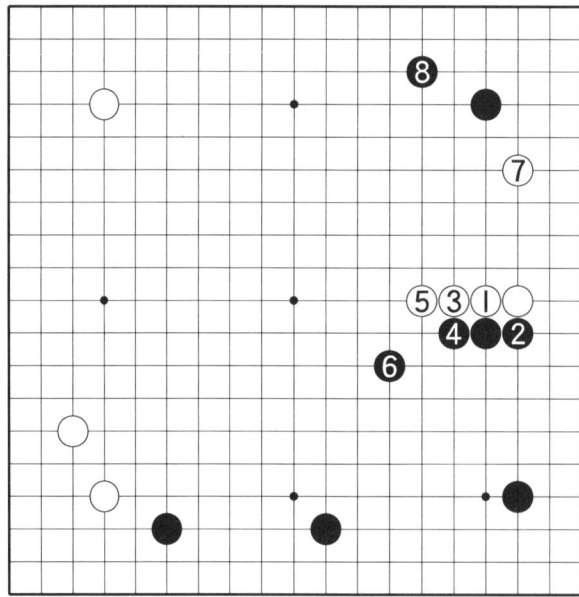

04-2도

2도(어마어마한 모습)

결론부터 먼저 말하자면 백1쪽으로 미는 것은 좋은 결과를 이끌어내기 어렵다.

흑은 2로 막아 버린다. 백3에 늘 때 흑4로 또 밀고 6으로 날일자해서 우하 일대가 어마어마한 모습이다.

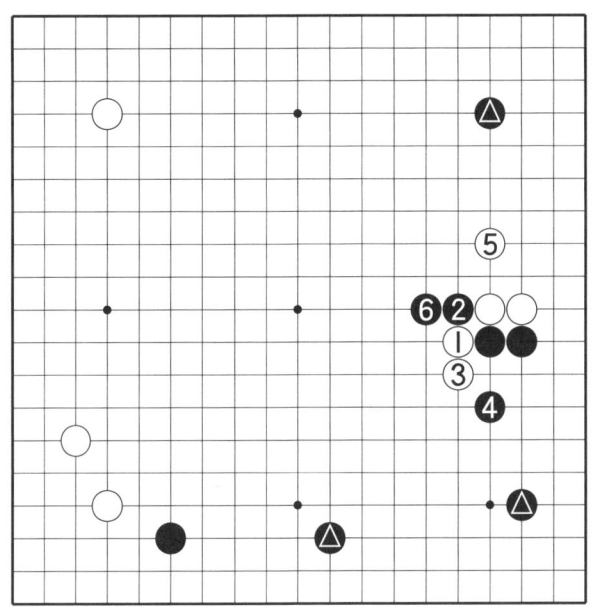

04-3도

3도(백, 고전)

그렇다고 앞 그림의 3으로 이 그림 백1로 두점 머리를 두드리면 흑은 기다렸다는 듯이 2로 끊을 것이다. 이 싸움은 ▲ 석점이 가세하게 될 테니 백의 고전이 불을 보듯 환하다.

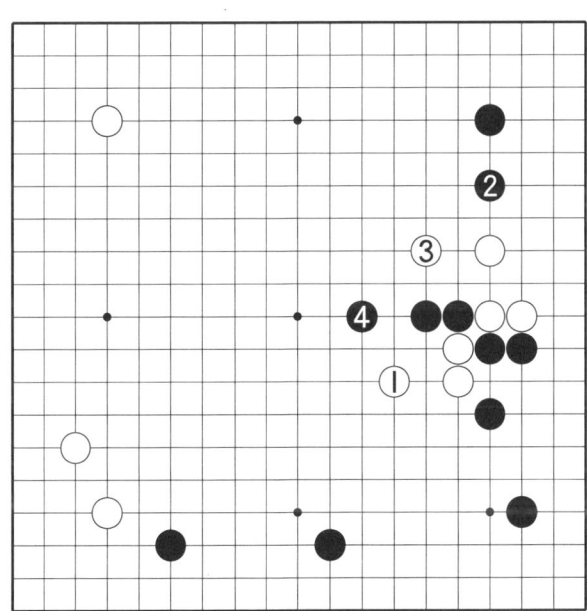

04-4도

4도(백, 포석 실패)

앞 그림 이후의 예상되는 진행이다.

백1에 흑2로 을러대어 백3으로 뛰게 하고 흑4로 떠어 어려운 싸움이 이어지겠지만 백에게 즐거운 스토리는 아니다. 백의 포석 실패로 볼 수 있다.

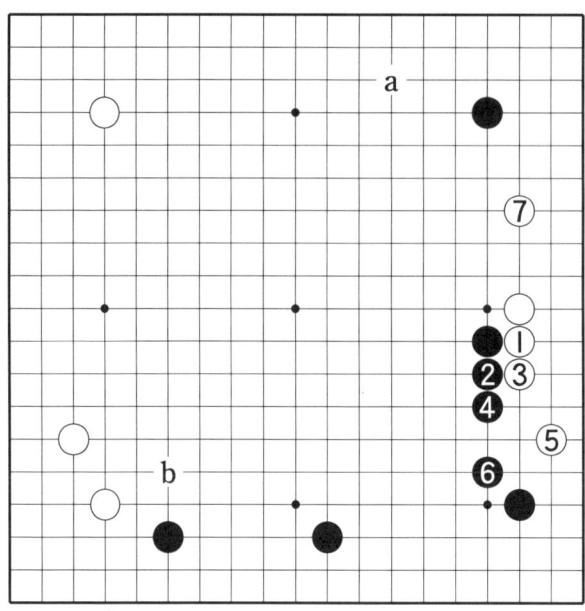

04-5도

5도(최선의 한수)

그러므로 백은 흑의 어깨짚음에 1쪽을 미는 것이 최선의 한수이다.

흑이 2, 4로 늘어준다면 백5를 선수하고 7에 벌려서 간명하다. 다음 흑은 a와 b 중 입맛대로 고르면 된다.

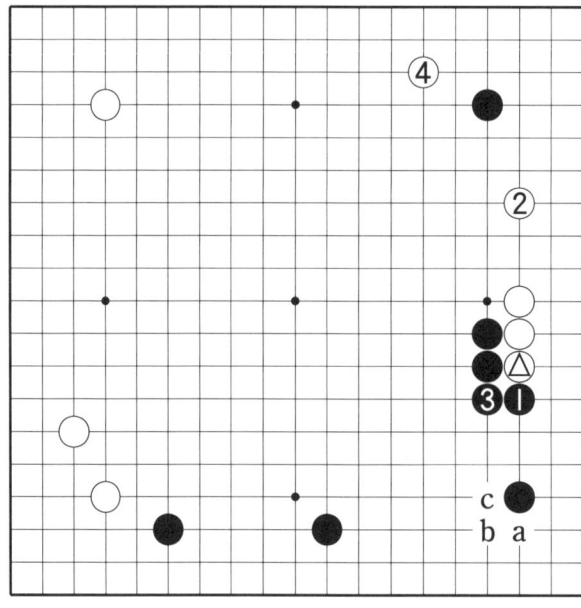

04-6도

6도(무난한 진행)

백△ 때 흑1로 젖히면 백은 점잖게 2로 두칸을 벌리는 것이 무난하다. 흑3으로 지킬 때 백4로 걸치는 바둑이 된다.

4에 앞서 백a, 흑b, 백c로 끊어 응수를 타진할 수도 있다.

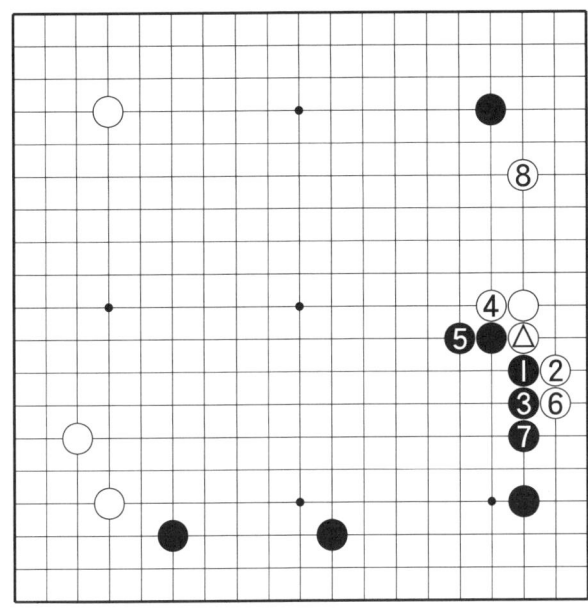

04-7도

7도(복잡하며 유력)

순서는 좀 바뀌었지만 백 ⚪에 바로 흑1에 젖히는 것이 복잡한 변화를 품고 있으면서도 유력한 수법이다.

또한 최신수법이기도 하다. 백2는 정수이며 흑3이면 백4~8의 코스를 밟는다.

04-8도

8도(상식적인 진행)

앞 그림에 이어, 흑1로 뛰면 백2로 양걸침하는 것이 상식이다.

흑3 이하 9까지는 이렇게 진행될 곳이며, 다음 백은 아래쪽 흑 모양을 상대로 삭감하게 되는데 a쯤이 적당한 선일 것이다.

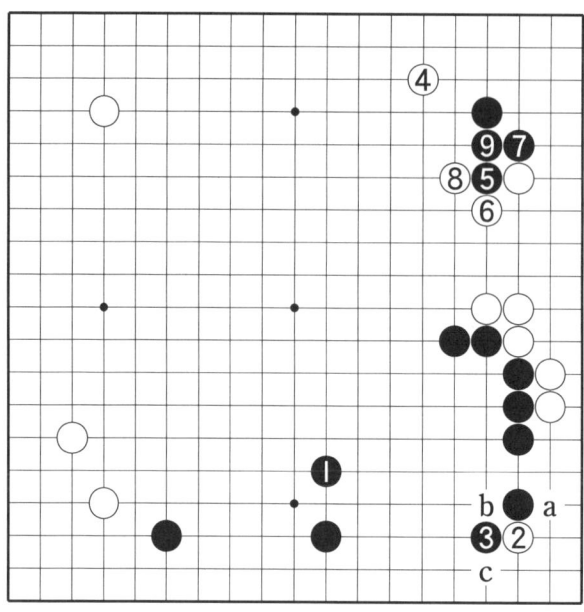

04-9도

9도(맛을 남긴다)

백의 삭감이 싫다면 흑
은 1쪽을 뛸 수도 있다.
그러면 백은 2로 하나 붙
여 맛을 남겨두게 된다.

지금이라면 흑3에 받
는 정도이니 나중에 백
은 a, b, c 등의 수단을
엿보게 된다.

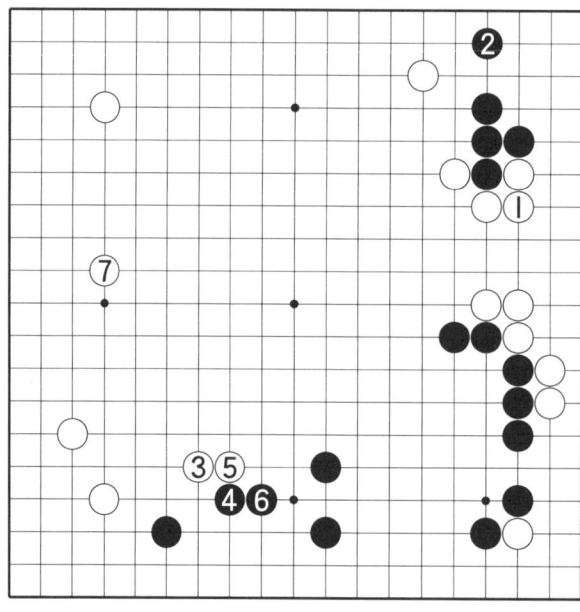

04-10도

10도(팽팽한 포석)

앞 그림에 이어 백1, 흑
2로 우상귀를 매듭짓고
나서 백은 3, 5로 흑집을
제한한다. 그리고 7의 큰
곳으로 달려가 균형을 잡
는다.

우하 일대의 흑집이 크
지만 백도 만만치 않은
포진이다.

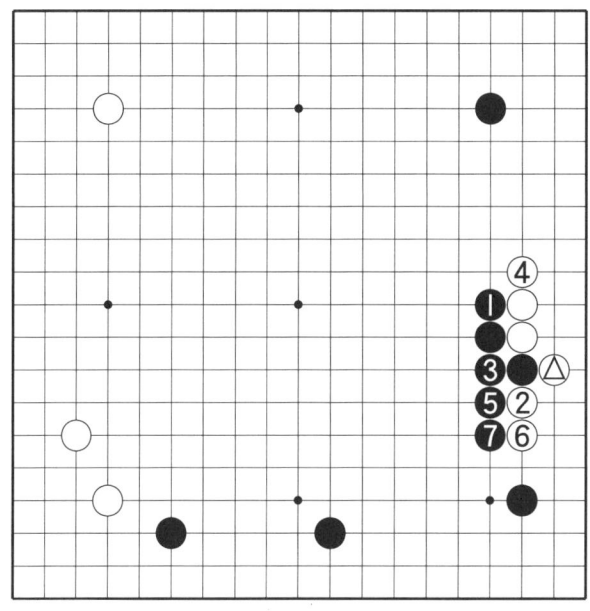

04-11도

11도(흑, 편한 포석)

백△로 젖혔을 때 흑1로 위에서 누르는 것도 각광받는 수법이다.

백2로 단수한 것은 속수 느낌이 든다. 다음 백4에 늘면 흑은 5, 7로 틀어막아서 매우 두텁다. 이 포석은 흑이 편하다.

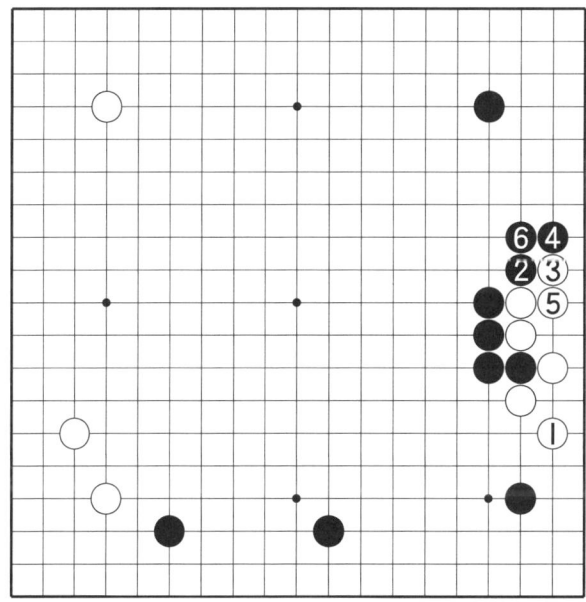

04-12도

12도(흑의 이단젖힘)

그렇다면 앞 그림의 4로 이 그림 백1쪽에 호구치는 것은 어떨까?

그러면 흑은 2로 두점머리를 두드리고 4에 이단젖힌다. 흑6까지 이번에는 위쪽이 두텁게 정리되어 다른 바둑이 되었다.

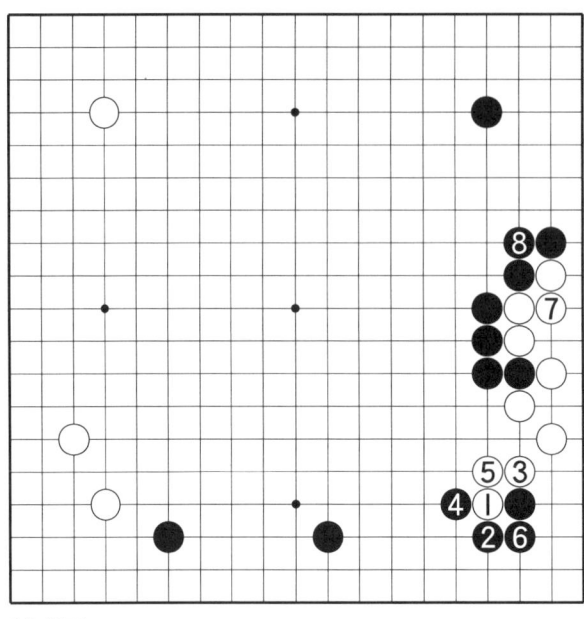

04-13도

13도(흑, 두터움)

앞 그림의 5를 보류하고 백은 이 그림 1에 붙여서 변화를 꾀할 수도 있다. 흑은 2로 젖히고 백 3에 흑4로 몰고 6에 이어서 간명하다.

8까지 흑이 두터운 바둑이라고 봐도 좋겠다.

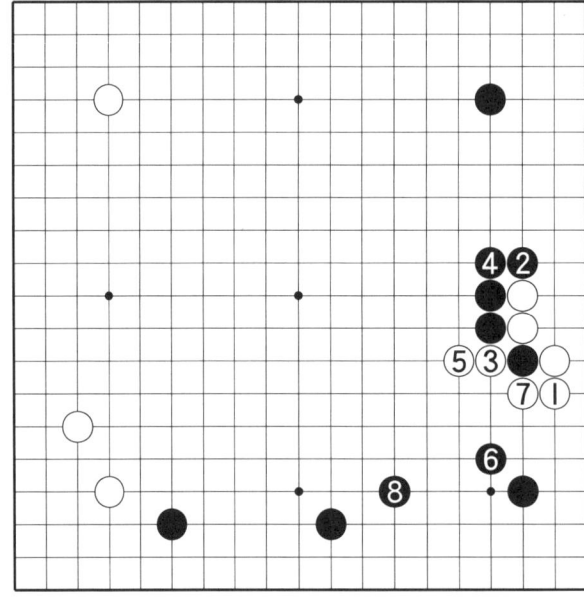

04-14도

14도(현재 결정판)

11도의 2로는 이 그림처럼 백1로 곱게 느는 것이 최선의 수로 정수이기도 하다.

흑2의 두점머리에는 백3으로 끊는 수가 성립한다. 흑4에 잇고 백5 이하 백8까지가 결정판이다.

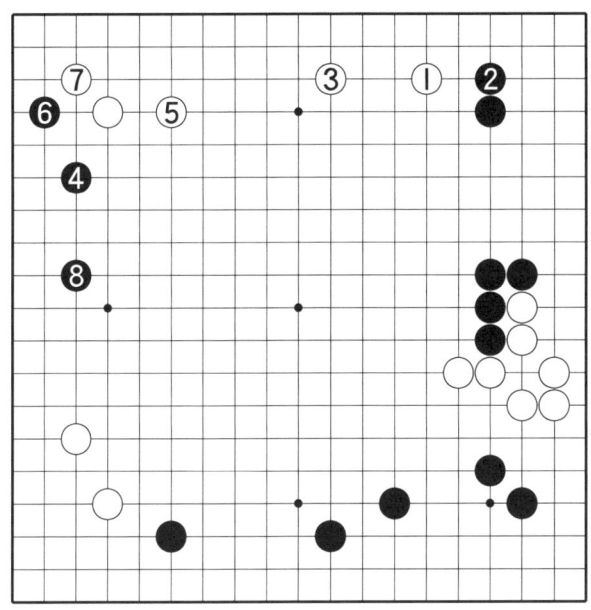

04-15도

15도(모범적인 포석)

계속해서 백1로 걸치고 3에 두칸을 벌리는 것이 상식적이다.

흑도 4에 걸쳐서 이하 8까지의 기본정석을 택하면 모범적인 포석이다. 흑집이 많아 보이겠지만, 우하나 우상 흑집은 완전치 않다.

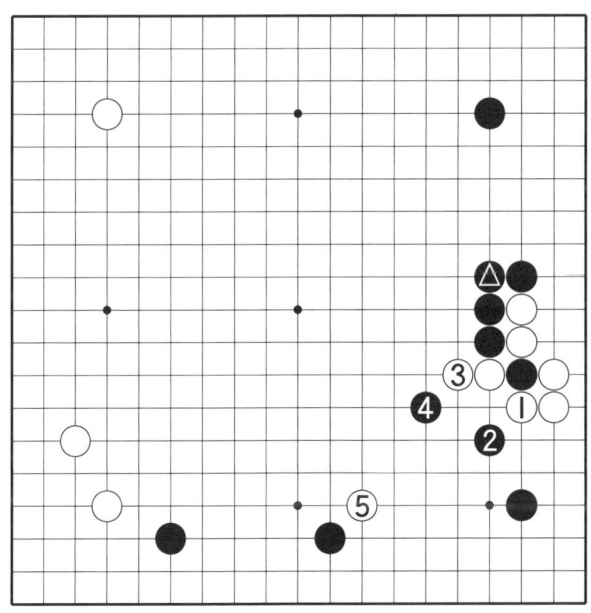

04-16도

16도(어려운 바둑)

흑이 ▲로 꽉 이었을 때 백1로 따내는 것도 있다. 흑은 2로 급소에 가고 백3에 흑4로 우하 흑진을 키우게 된다.

그러면 백5의 어깨짚음으로 삭감해 국면이 급박해지며 서로가 어려운 바둑이다.

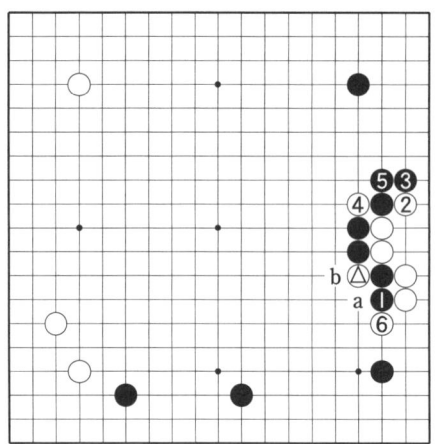

❶ 흑1, 무리

04-14도에서 백△ 때 흑1로 나가는 것은 무리다.

백2에서 4로 끊어놓고 6에 몰면 흑은 대책이 없다. 흑a면 백b 다음 양쪽이 맞보기!

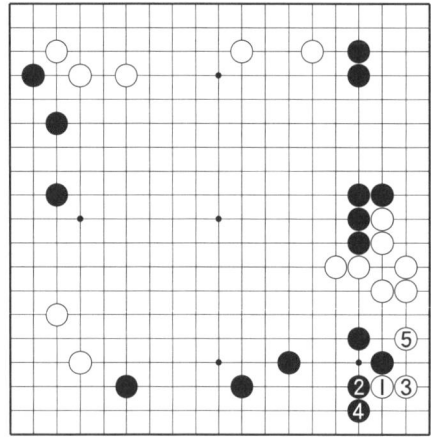

❷ 백1, 맥점

04-15도 우하 흑진에 대해서는 백1로 붙이는 맥점이 있다.

흑은 2에서 4로 물러서는 정도이니 백5까지 큰 끝내기를 할 수 있다.

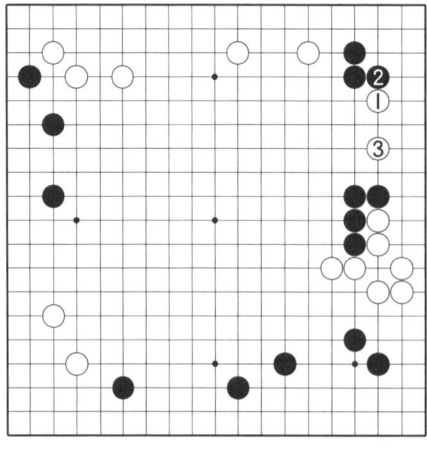

❸ 급소

우상 흑진에 대해서는 백1로 침투하는 것이 급소다.

흑은 이 돌을 잡을 재간이 없다. 흑2,백3의 진행은 하나의 예다.

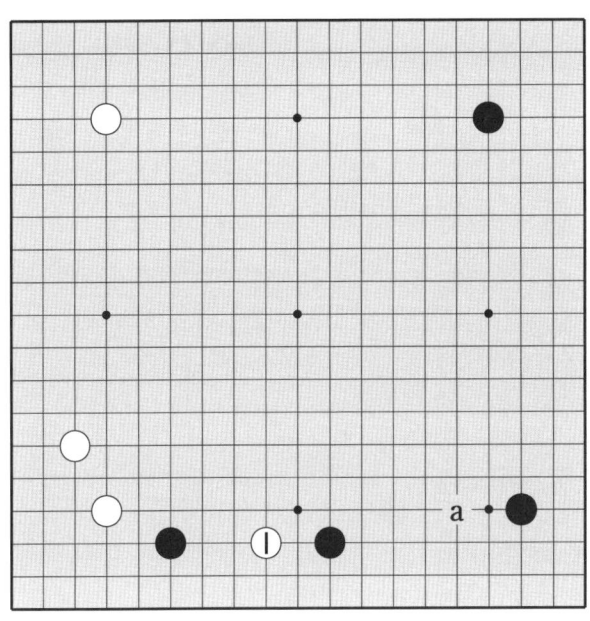

05-1도

1도(뛰어들기와 걸침)

미니중국식 포진을 상대로 백1에 뛰어드는 것은 포석이고 뭐고 없이 그냥 싸움으로 돌입하는 경우가 많다.

따라서 권장하고 싶지 않은 수이다. 백1로 a에 걸치는 수도 함께 묶어서 알아보자.

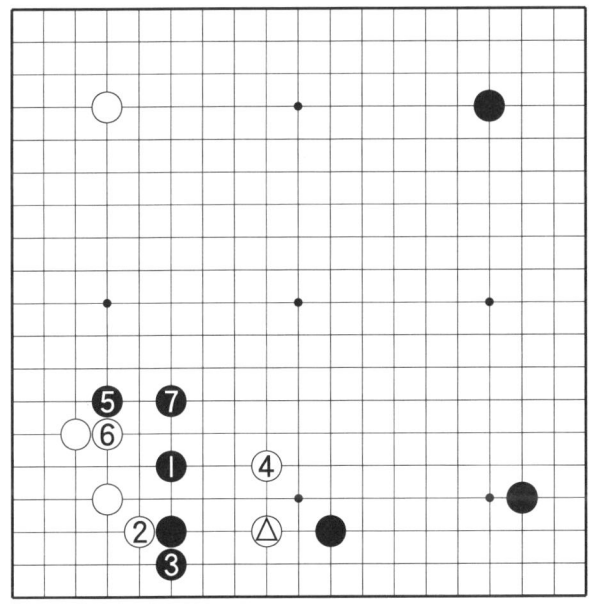

05-2도

2도(어려운 싸움)

흑은 백△에 대해 직접적으로 대응한다면 1로 뛰는 수가 보통이다.

백은 2로 하나 마늘모 붙이고 4에 뛰는 것이 수순이며, 흑은 5로 짚어 리듬을 구해 7에 뛰어 서로 어려운 싸움이다.

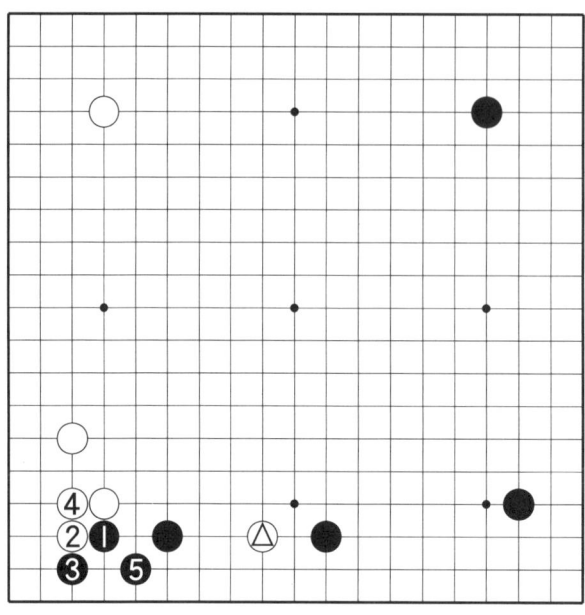

05-3도

3도(쉽게 안정)

흑1로 붙이고 3에 이단 젖히는 수도 있다. 백4에 잇는다면 흑5로 아주 쉽게 안정할 수 있으니 바랄 나위 없지만, 백이 이렇게 둘 리가 없다.

이 진행은 백△로 뛰어든 뜻에도 위배된다.

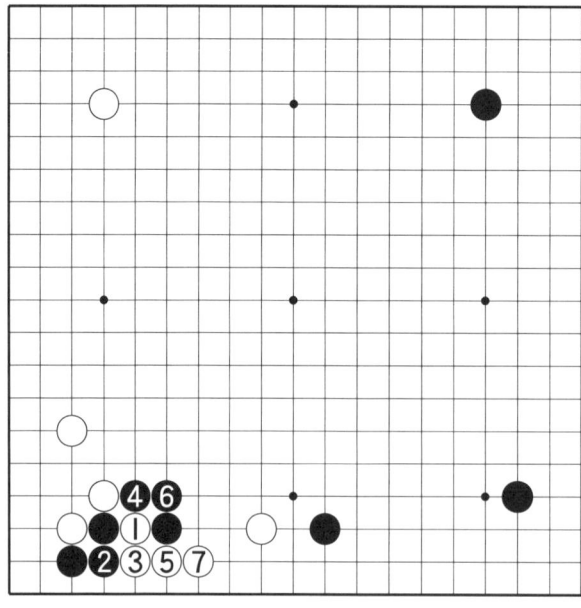

05-4도

4도(당연한 반발)

앞 그림의 4로는 당연히 이 그림처럼 백1쪽에서 단수해 반발해야 한다.

문제는 그 다음인데 백3으로 뚫고 내려가면 흑4에 끊겨 그다지 좋을 게 없다. 흑4에 백5, 7은 필연적인 수들이며….

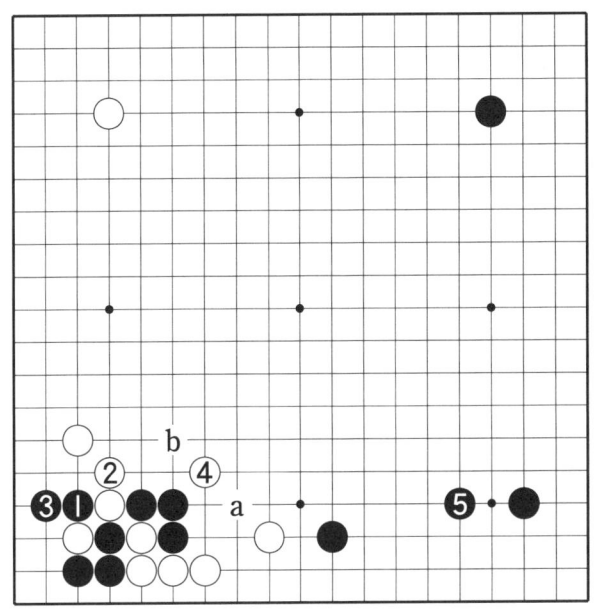

05-5도

5도(백, 기분 나쁘다)

흑1, 3은 이렇게 두는 것이 정해진 틀. 백4의 장문으로 흑 석점은 잡히지만 a나 b 등의 활용이 성가시므로 백이 기분 나쁜 진행이다.

5로 우하귀를 굳혀서 조금 흑이 편해 보인다.

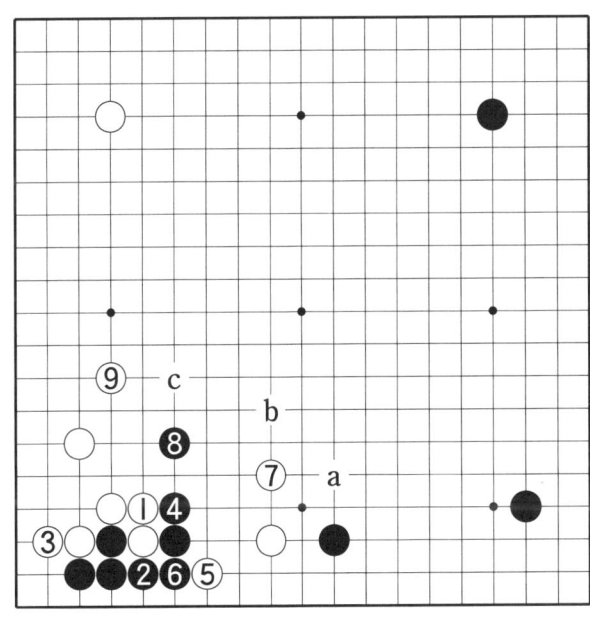

05-6도

6도(초반부터 싸움)

따라서 백은 뚫지 않고 1에 잇는 것이 좋다. 흑2에 건널 때 백3으로 내려서 이하 9까지 경합해 불가피한 싸움이 벌어진다.

다음 흑a, 백b, 흑c로 서로 뛰어나가는 진행이 예상된다.

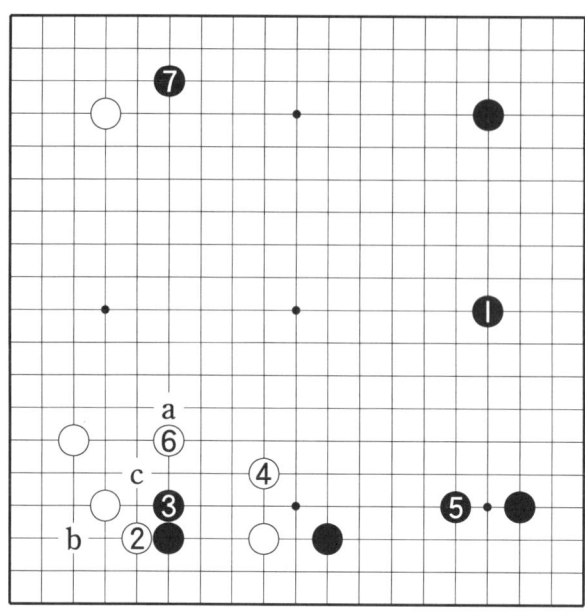

05-7도

7도(큰 곳 또 큰 곳)

어려운 싸움을 피하고 싶다면 흑은 손을 빼어 1로 큰 곳을 두고 백2, 4에 또 흑5로 굳힌다.

백6에 또 흑7로 큰 곳을 간다. 수순 중 흑5는 a에 달아날 수도 있고 좌하귀에는 b나 c의 여지가 있다.

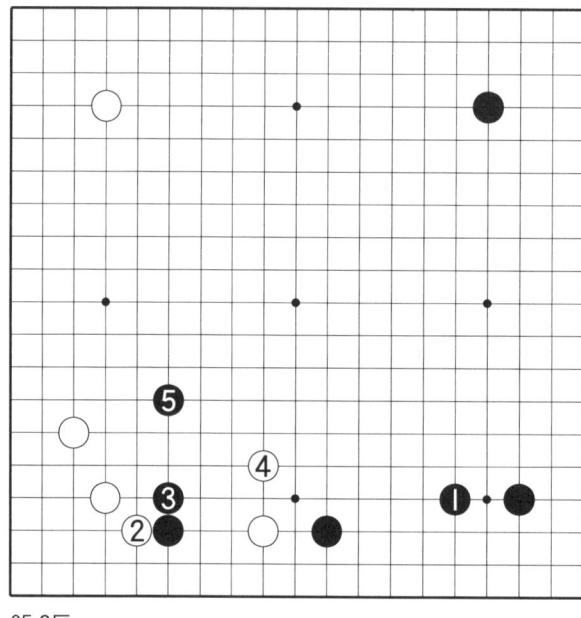

05-8도

8도(싸울 만하다)

앞 그림이 너무 극단적인 진행이라면 흑은 이 그림처럼 두는 것도 일책이다.

즉, 흑1로 굳히고 백2, 4에는 흑5로 뛰어서 달아난다. 오른쪽 백 두점도 약하므로 흑은 충분히 싸울 만할 것이다.

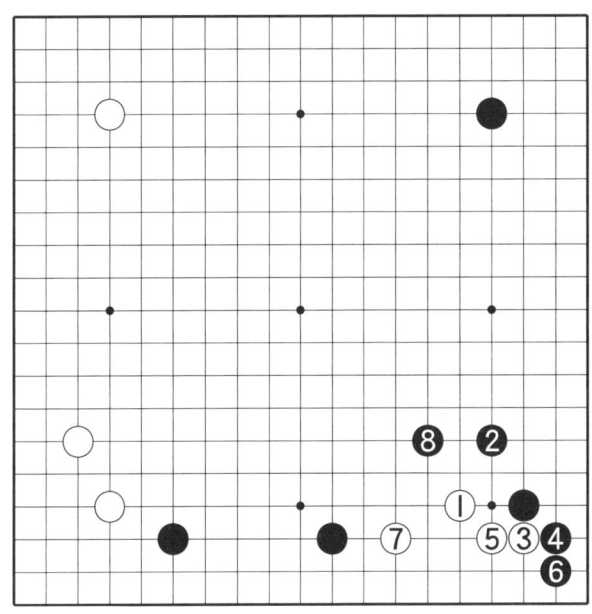

05-9도

9도(백의 한칸걸침)

백1의 한칸걸침은 실상 흑의 주문이기도 하다. 흑2의 날일자는 예정된 응수이며 백3의 붙임 이하 7까지는 낯익은 진행이다.

흑은 8에 뛰는 것이 요소로 봉쇄를 노리고 있다. 이다음…

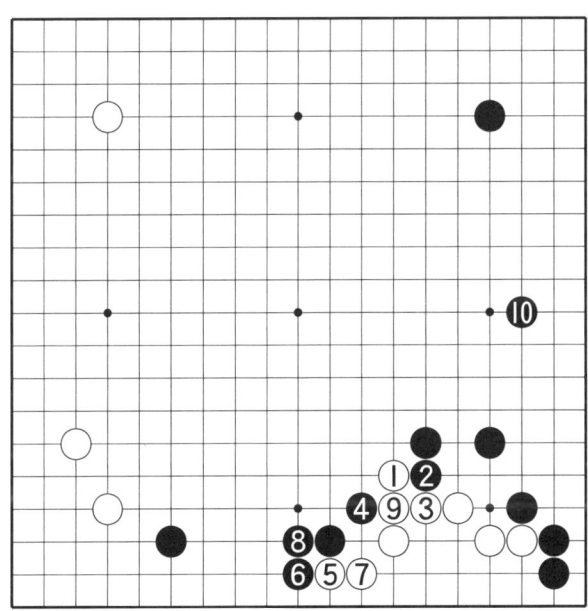

05-10도

10도(흑, 작전 성공)

백1로 뛰고 흑2에서 4로 들여다볼 때 백5의 붙임이 중요하며 이하 9까지는 외길이다. 10의 큰 곳을 차지해서 흑이 자전이 성공한 포석이다.

백이 처음부터 우변을 갈라치는 이유는 이것이 싫기 때문이다.

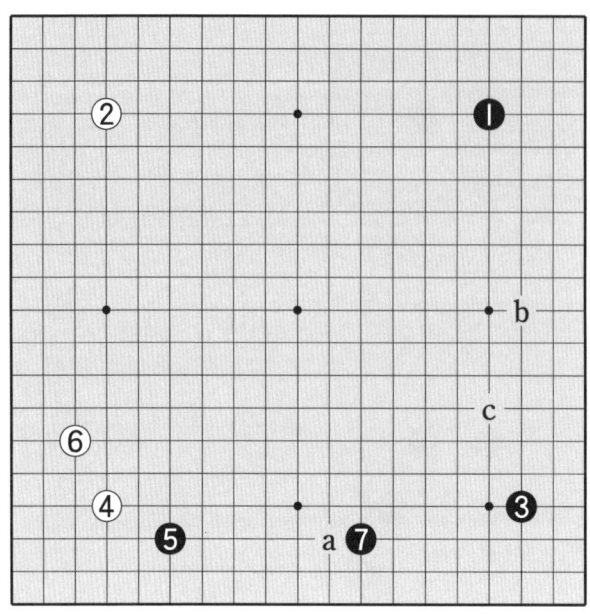

06-1도

1도(변형 미니중국식)
여기부터는 변형된 미니
중국식에 대해 대략적으
로 살펴보기로 한다. a에
두지 않은 흑7이 이채롭
다. 바로 이것이 변형 미
니중국식이다. 백의 대응
가운데 b와 c의 변화를
중점적으로 다룬다.

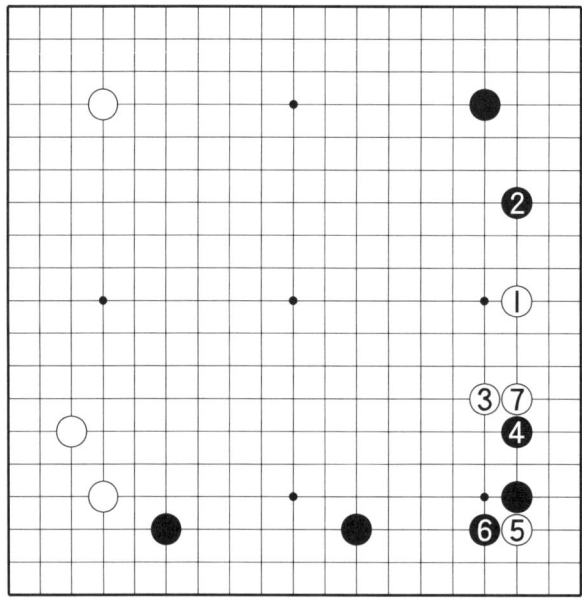

06-2도

2도(갈라침)
백1의 갈라침은 어떤 포
진을 상대하더라도 무난
한 대응이다.
　흑2로 위쪽에서 오면
백3으로 높게 벌리는 것
이 경묘한 행마다. 흑4에
백5로 잽을 날려두고 7
에 막는 것이 좋은 수순
이다.

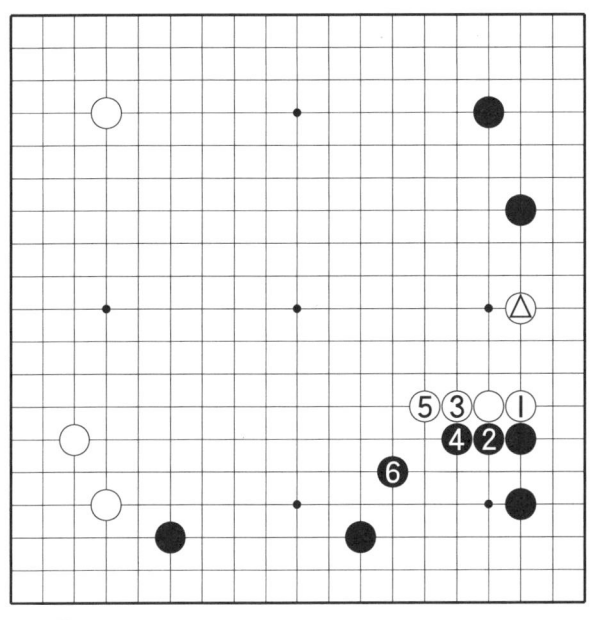

06-3도

3도(백, 심한 중복)

앞 그림의 5로 이 그림 처럼 백1에 바로 막는 것 은 너무 고지식하다.

　이제는 흑이 2, 4로 밀 어붙인다. 흑6까지 되면 백은 △가 너무 좁게 벌 려 있어 심한 중복이며, 귀에는 아무 맛도 없다.

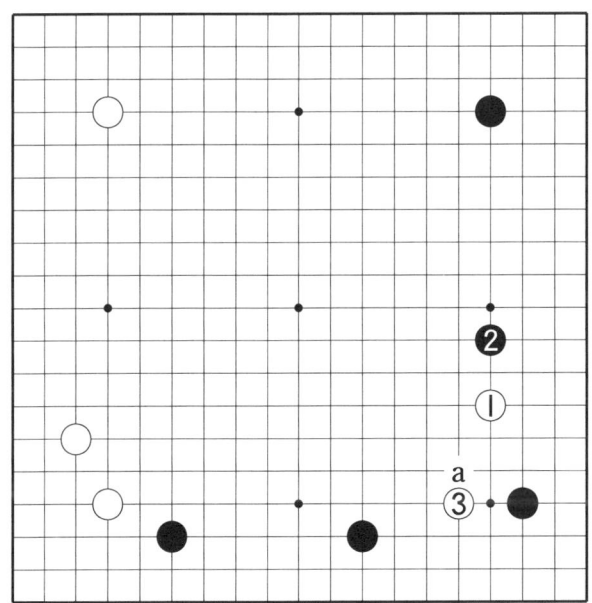

06-4도

4도(유력한 대응)

또 하나의 유력한 대응 은 백1로 우하귀에 육박 해 가는 수이다.

　미니중국식의 경우와 는 다르니 그 점 유익하 기 바란다. 흑2의 협공에 백3으로 간다. 흑a 이후 의 변화는 '레벨업 레슨' 에서 다룬다.

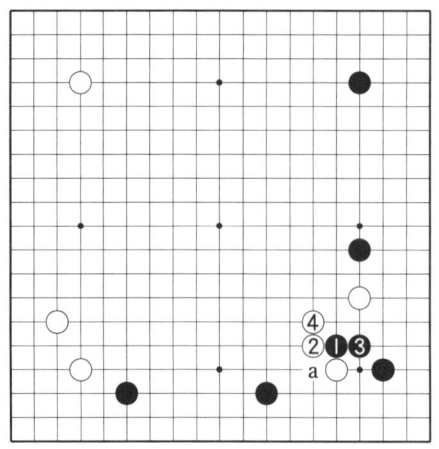

❶ 부적합

결론을 먼저 말하자면 흑1, 3으로 붙여끄는 수는 이 경우 적합하지 않다.

그 까닭은 백2, 4 때 흑a로 끊을 수가 없기 때문이다.

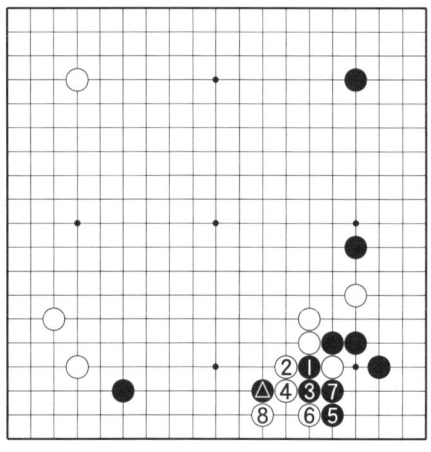

❷ 안성맞춤

흑1로 끊으면 백2, 4에 응수가 없다. 흑5로 받을때 백6으로 단수하고 8에 호구치는 것이 안성맞춤! 흑▲ 한점이 썩고 있다.

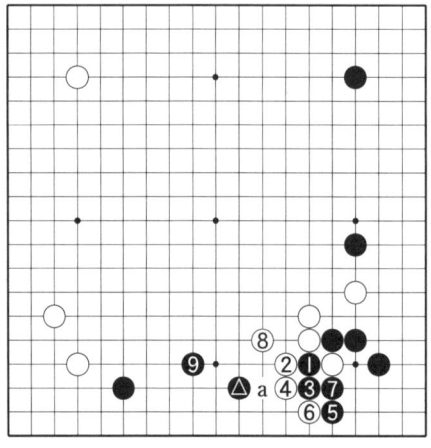

❸ 흑1, 호수

a가 아니라 ▲에 있다면 흑1로 끊는 것이 호수가 된다.

백8로 지킬 때 9로 손을 돌려서 흑이 좋다. 백은 여전히 허점이 있다.

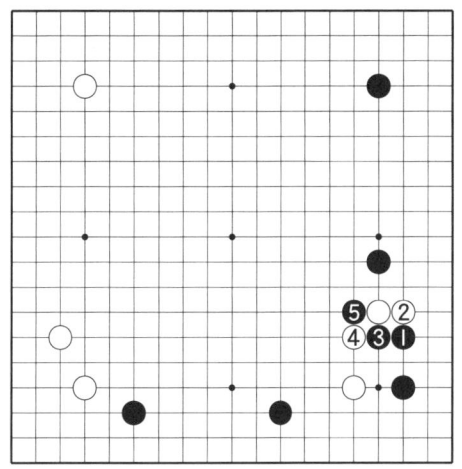

④ 들이대다

그러므로 흑은 붙여끌지 말고 1로 턱밑에 들이대어 건너자고 하는 게 좋다.

백2면 흑3, 5로 나가끊어 백이 못 견딜 것이다.

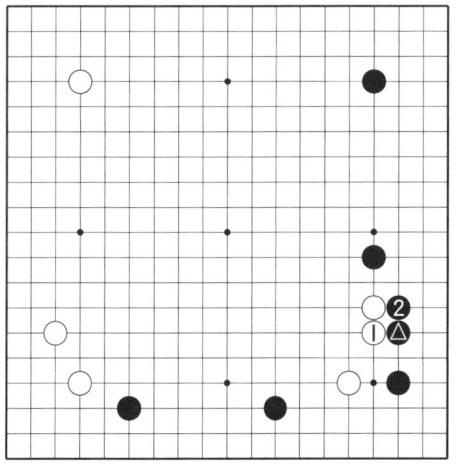

⑤ 백, 나약

그렇다고 흑▲에 대해 백1로 위쪽에서 누르는 것은 나약한 태도다.

흑2로 건너게 하면 백 석점만 공격목표가 된 셈이다.

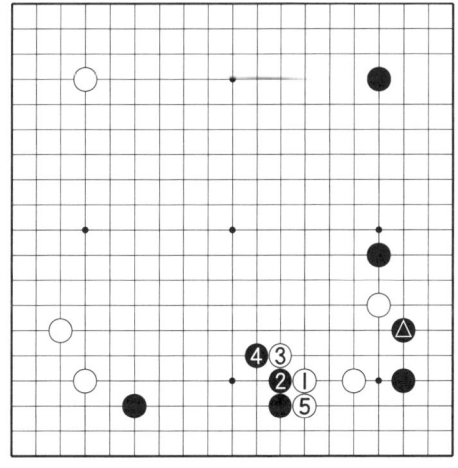

⑥ 어깨짚음

백1의 어깨짚음이 재미있는 수이다. ▲에 직접 대꾸하지 않고 사이드 스텝을 밟고 있다.

흑2에 백3으로 하나 젖혀놓고 5에 막는다.

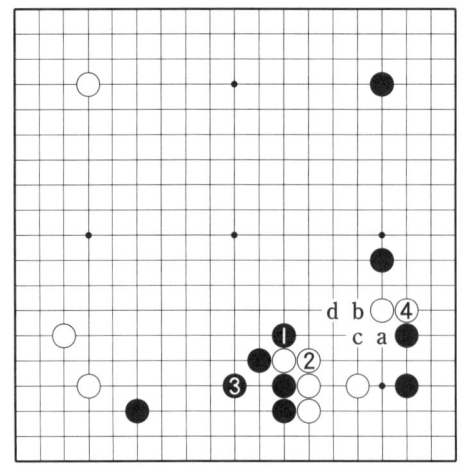

❼ 막음이 성립

계속해서 흑1로 단수하고 3에 보강할 때 백은 4에 막을 수가 있다.

다음 흑a에 백b, 흑c에 백d로 늦춰서 아무런 탈이 없다.

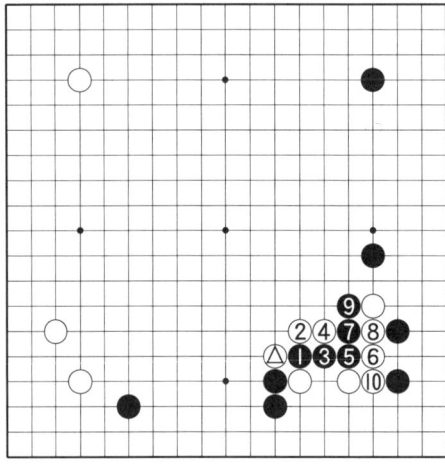

❽ 귀가 다치다

앞 그림은 흑의 실패가 명백하다. 백 △ 때 흑1로 끊어보자.

백2 이하 10까지는 거의 외길인데 귀쪽이 크게 다쳐 흑이 그저 그렇다.

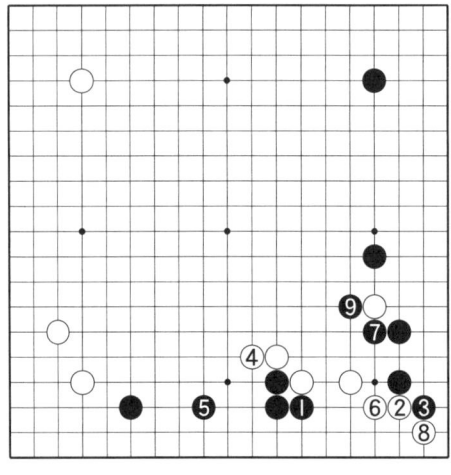

❾ 호각의 갈림

흑1로 아래쪽에서 꼬부리는 것이 최선이다.

백은 2로 하나 붙여놓고 4를 선수하고 6에 끊다. 흑7에 백8, 흑9는 기세로 호각의 갈림이다.

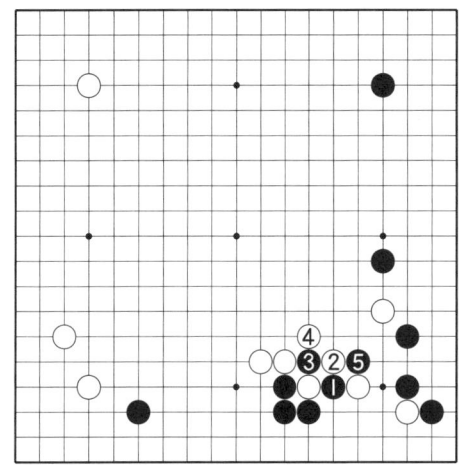

❿ 두 가지 방법

앞 그림의 5로 이 그림 흑1로 단수
하는 변화다.

　백2, 4는 응수의 틀이며 여기서 흑
은 두 가지 방법이 있다. 하나는 5
의 끊음이다.

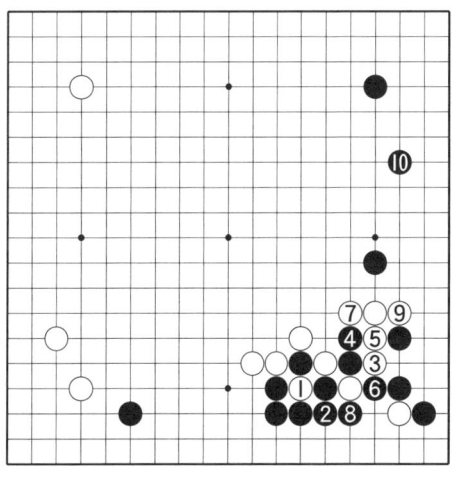

⓫ 실리와 세력

계속해서 백은 1로 단수해 흑2로 받
게 하고 백3, 5로 돌파한다.

　흑6 이하 10까지 일단락이며, 세
력과 실리의 갈림으로 호각이다.

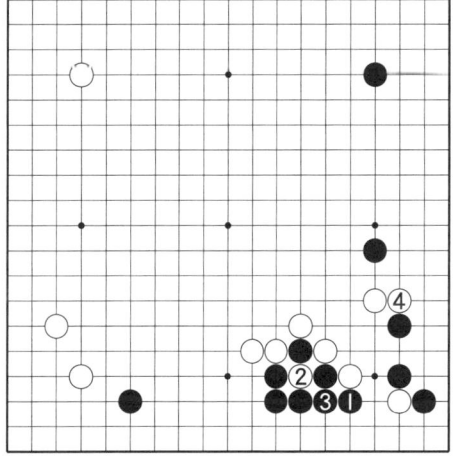

⓬ 대동소이

또 하나는 ❿의 5로 이 그림 흑1로
잠자코 받는 수이다. 백은 이번에는
2를 선수하고 4로 막게 된다. ⓫과
대동소이한 결과다.

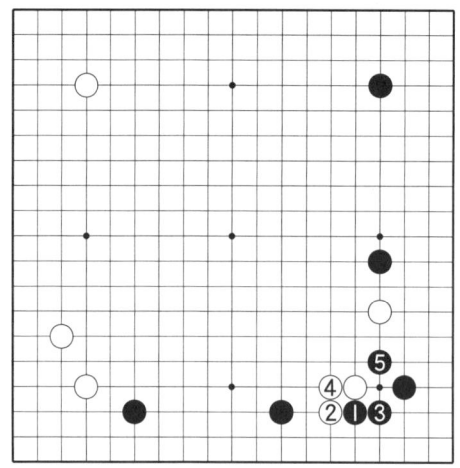

⑬ 손따라 두다

처음으로 돌아가서 흑1쪽을 붙이는
수도 있다.

백2는 손따라 둔 수로 좋지 않고
흑은 3에 끌고 백4로 이을 때 흑5의
마늘모가 안성맞춤이다.

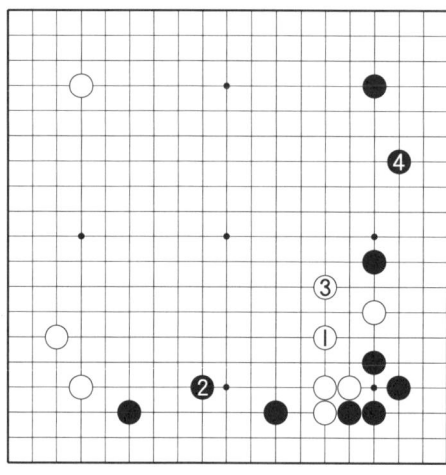

⑭ 흑, 좋은 흐름

계속해서 백1로 뛸 때 흑은 일단 2
로 지키는 것이 침착하다.

백3에 흑4로 우상쪽마저 지켜서
흑이 아주 좋은 흐름이다. 그러므로
백은….

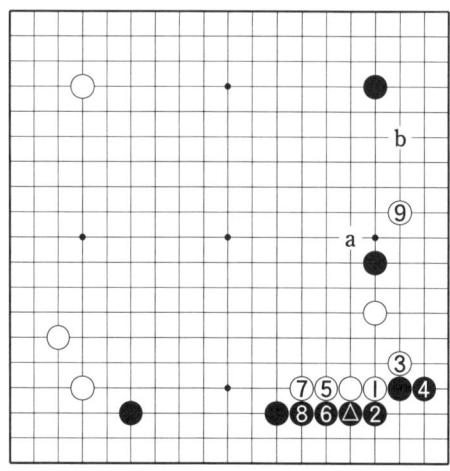

⑮ 백도 멋지다

흑▲ 때 1로 치받고 3에 젖히는 것
이 좋다.

흑4 이하 8까지는 이렇게 될 곳이
며, 9로 반격해서 백도 멋지다. 다음
흑a, 백b가 예상된다.

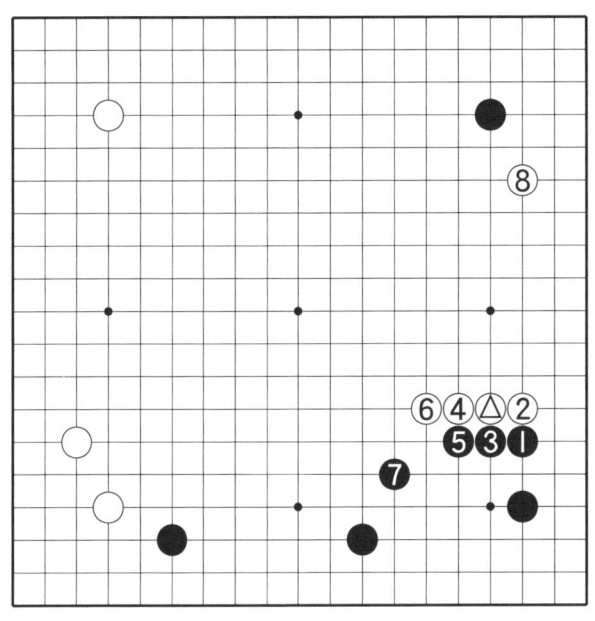

06-5도

5도(백, 만족 이상)

거슬러 올라가 백△로 왔을 때 흑1로 턱밑에 들이대는 수는 이상감각이다. 흑7까지 우하귀는 튼실하지만, 백은 8로 걸쳐서 아래쪽 세력을 최대한 활용할 수 있는 만큼 만족 그 이상이다.

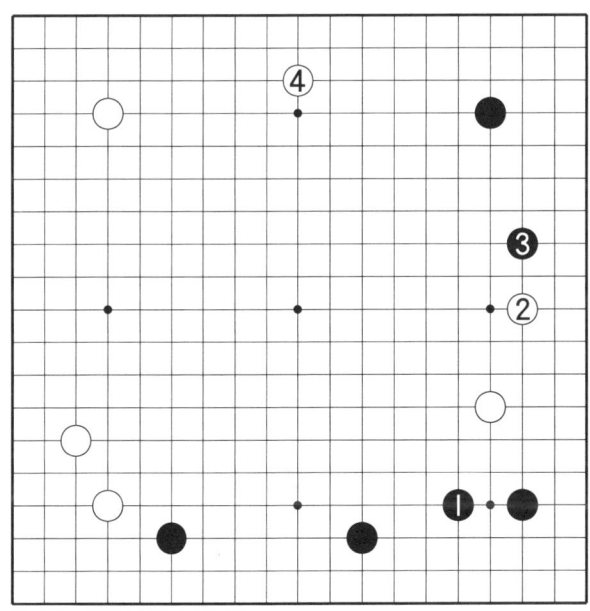

06-6도

6도(잘 어울리다)

그러므로 흑은 다른 응수를 궁리하는 것이 좋다. 흑1의 굳힘은 어떨까?

백2에 흑3으로 다가서서 백에 대한 공격을 엿본다. 다음 백은 4로 큰 곳을 두게 되며 잘 어울린 포석일 것이다.

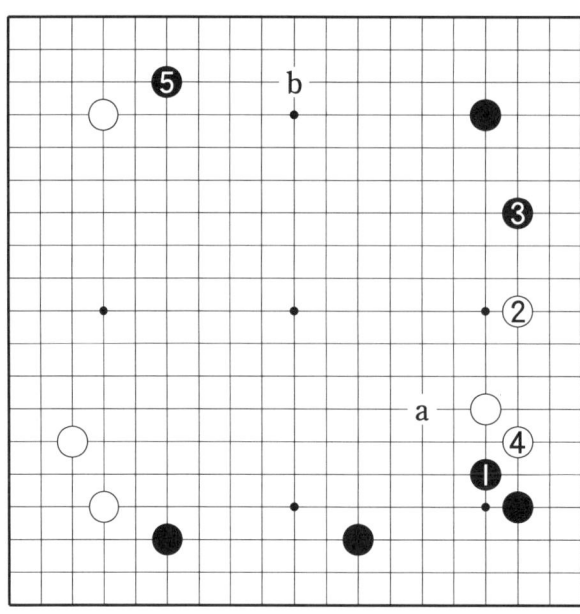

06-7도

7도(훌륭한 한판)

흑1의 마늘모는 좀 더 치열한 수법이다. 백2에 흑3의 눈목자로 다가서면 백은 손을 빼기는 어렵다. 백4(또는 a)로 지키는 정도이므로 흑은 5(또는 b)로 걸쳐가게 된다. 이것도 훌륭한 한판이다.

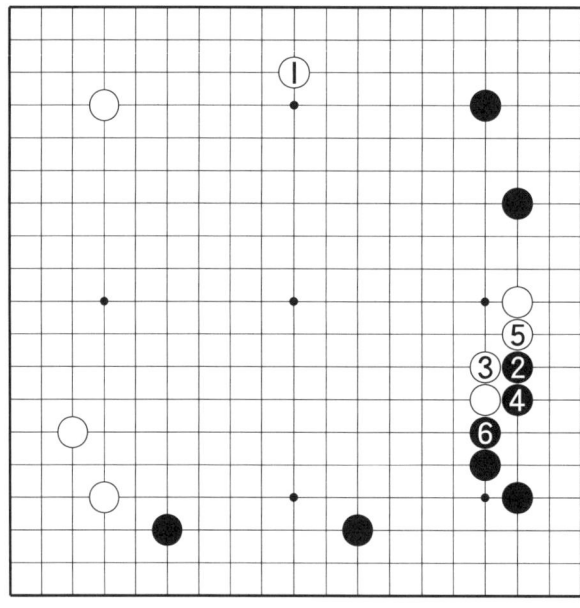

06-8도

8도(통렬한 강습)

앞 그림의 4를 손빼어 이 그림의 백1로 큰 곳을 두고 싶은 마음이 굴뚝같지만 흑2의 강습이 통렬하다. 이하 6까지 우하의 흑집이 맛좋게 굳어졌을 뿐 아니라 백은 졸지에 미생마 신세가 되고 말았다.

200

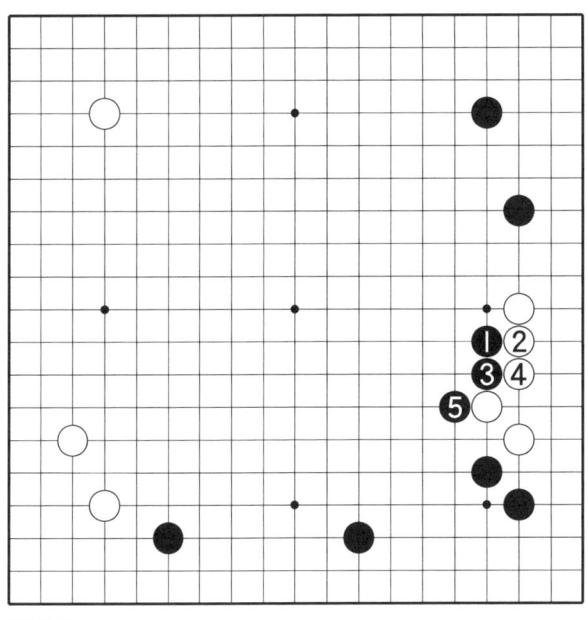

06-9도

9도(강력한 수단)

그런데 흑은 이 장면에 서 좌상귀에 걸치거나 상변을 두지 않고 1로 짚어가는 강력한 수단이 있다. 백2에는 흑3, 백4마저 선수하고 흑5로 젖혀서 틀어막겠다는 뜻이다. 그러면 백은….

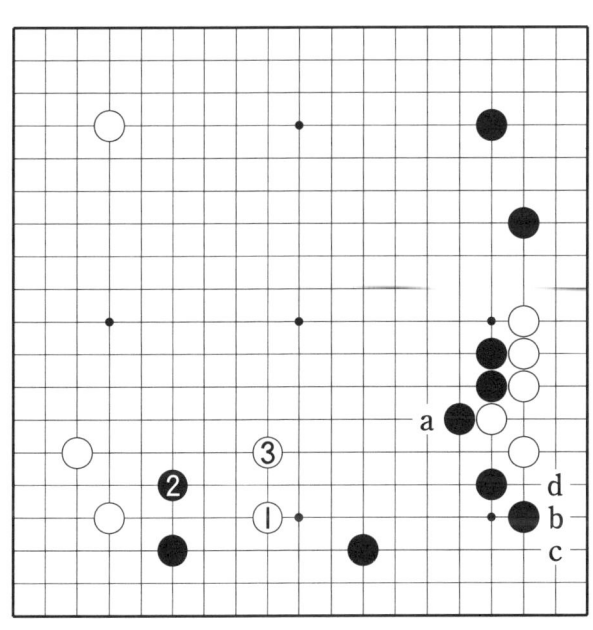

06-10도

10도(백, 삭감에 나서다)

백1로 삭감하게 된다. 흑2로 뛰는 정도일 때 백3으로 또 뛴다. 백에게는 a로 껴붙여서 우하 세력을 깎는 수단도 있고 경우에 따라서는 백b, 흑c, 백d를 선수해 끝내기 이득을 볼 수 있다.

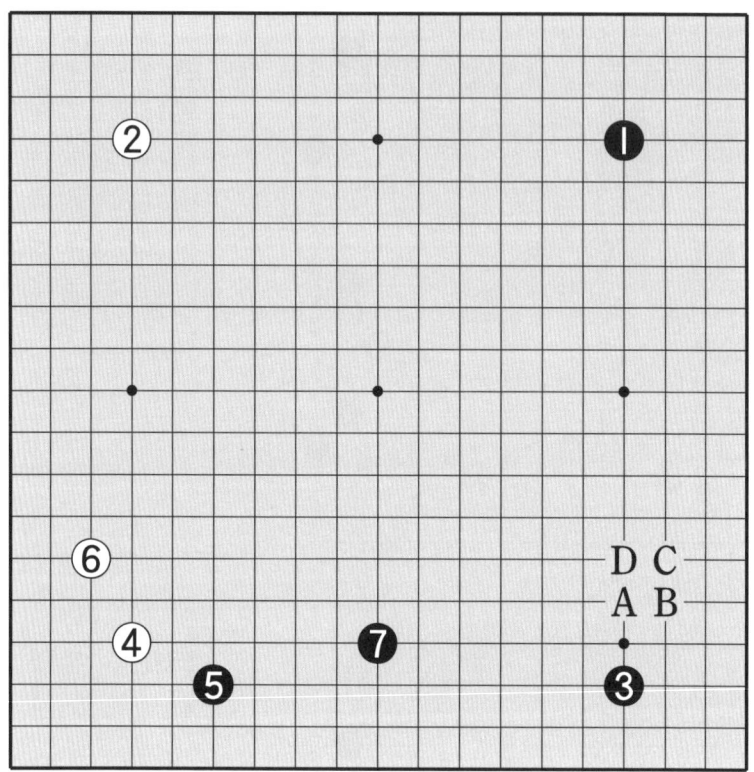

초반의 포진하는 방식에 프로기사의 이름이 붙은 것은 고바야시(小林)가 유일무이하다. 전성기의 고바야시 고이치(小林光一)가 애용해 한 시대를 풍미했던 바로 그 포석법이다.

흑1의 화점에 마주보는 3의 소목, 백은 이번에도 어김없이 2, 4의 2연성이다. 여기서 우하귀 굳힘을 생략한 채 흑5의 날일자걸침, 백6의 날일자응수에 흑7로 전개하는 것이 그 유명한 고바야시류다. 이에 대해 백은 A의 한칸, B의 날일자, C의 눈목자, D의 두칸, 이렇게 네 가지 종류의 걸침을 생각할 수 있다.

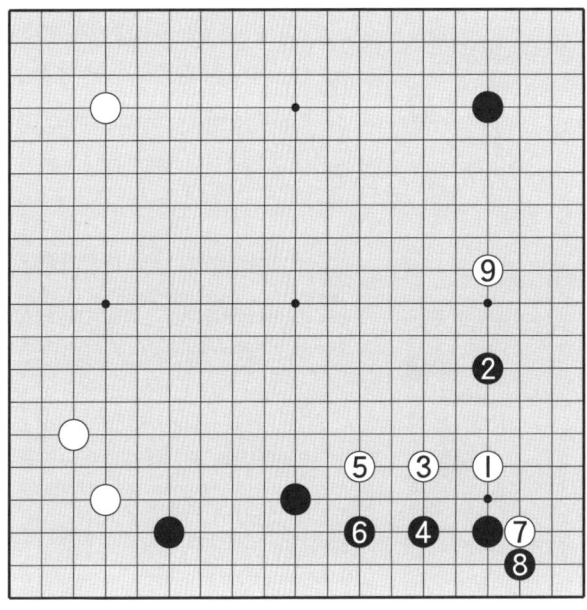

01-1도

1도(백, 둘 만하지만)
백1의 한칸걸침은 흑의 주문 가운데 하나다. 흑2의 협공이 준비되어 있어, 백이 갑갑하다.

백3, 5로 뛸 때 흑도 4, 6으로 받아준다면 백7로 잽을 날리고 9로 역습해서 둘 만하겠지만….

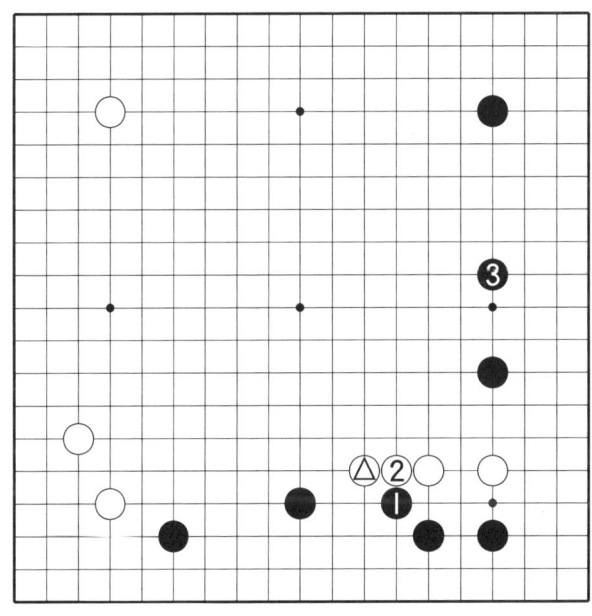

01-2도

2도(임기응변)
백△로 뛴 순간, 흑은 1로 들여다봐 백2에 잇게 하고 흑3으로 두칸을 벌리는 것이 임기응변의 좋은 수법이다.

하변이 조금 허술하지만 당장 문제될 것은 없다. 백은 공격목표가 되었을 뿐이다.

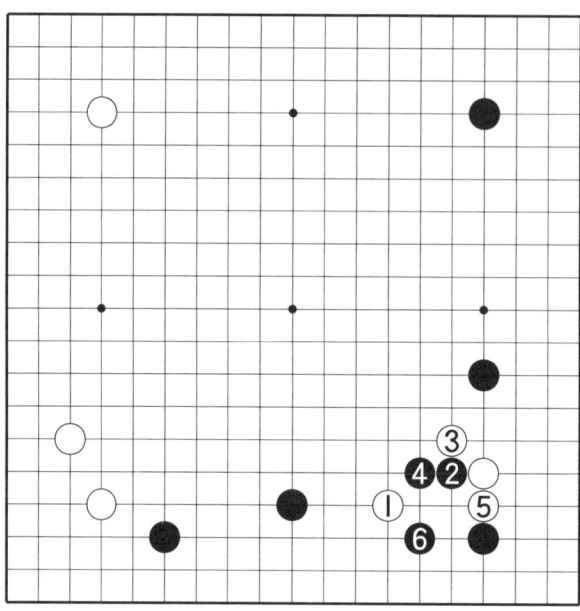

01-3도

3도(백의 눈목자)

그렇다면 흑이 협공했을 때 백1로 눈목자하는 것은 어떨까?

흑이 2로 붙이고 백3에 정석대로 흑4, 백5로 치받을 때 흑6을 뛴다면 백도 원하는 결과를 이끌어낼 수 있다. 계속해서…

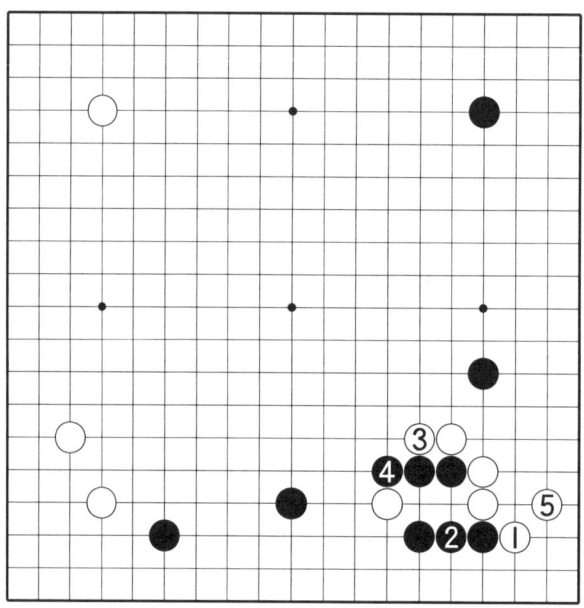

01-4도

4도(최상의 결과)

백1로 젖히고 흑2로 이을 때 백3에서 5로 호구쳐 정석이 완료된다. 이렇게 되면 백은 흑의 세력권 안에서 최상의 결과를 얻은 셈이나 다름 없다.

하지만 흑이 이렇게 두어줄 리가 없다!

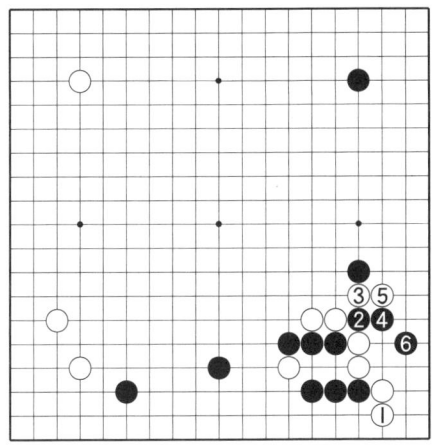

❶ 무리수

01-4도의 5로 백1로 내려서는 것도 정석의 하나다.

그렇지만 이 상황에서는 무리수다. 흑2의 끊음이 통렬하기 때문이다. 흑 6 다음…

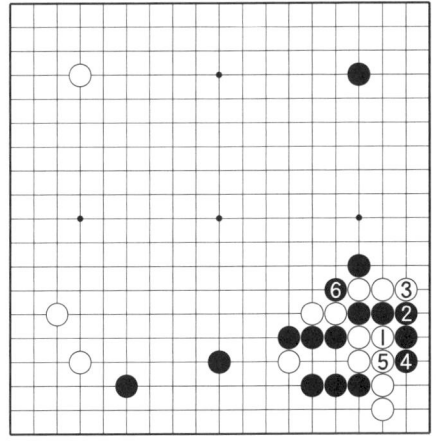

❷ 정석의 수순

백1, 3이나 흑4, 6 모두 정석의 필연적인 수순이어서 여기까지는 별 문제가 없지만 이후에 사고가 발생한다. 우선 다음 그림을 보자.

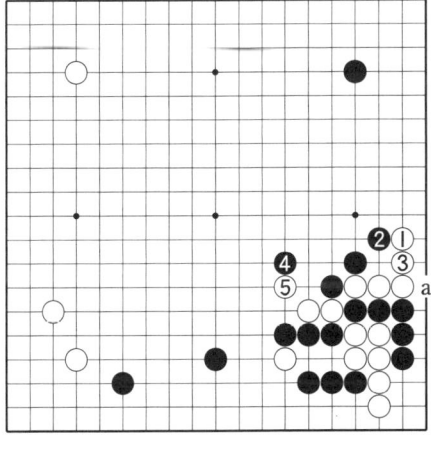

❸ 맥점이지만

백1은 중요한 수로 자칫 2에 뛰면 흑 a가 선수가 되어 귀쪽에서 수가 난다. 흑4에 백5는 맥점이지만 이것으로 해결이 안 된다.

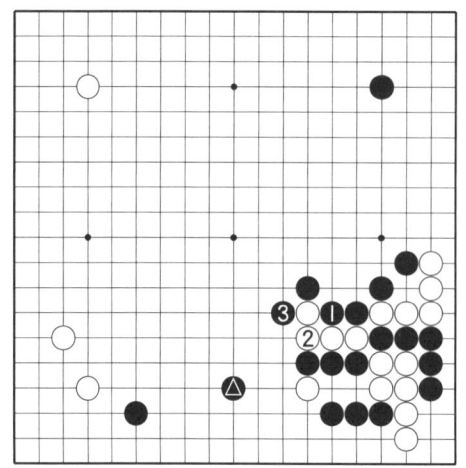

❹ 백, 망하다

흑1, 3의 축이 성립해 백이 망했다. 흑△가 마침 필요한 곳에 놓여 있다.

이 돌이 없으면 축이 안 된다. 좌상 화점에 백돌이 있다.

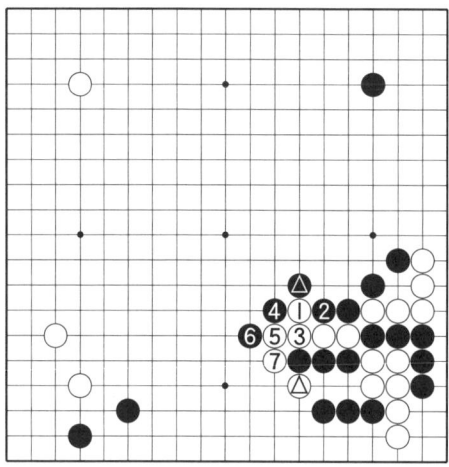

❺ 맥점의 효과

만약 이런 배석이라면 흑△에 대해 백1의 맥점이 효과를 발휘한다.

요컨대 좌상의 축도 아래쪽 축도 안 된다. 백△가 방해하고 있다.

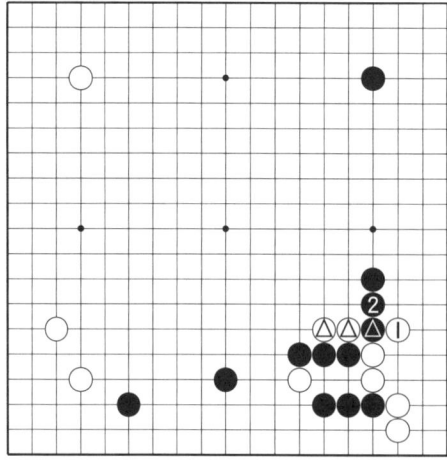

❻ 두점을 방치하다

그러므로 백은 흑이 △로 끊어왔을 때 1로 단수해서 백△ 두점을 방치할 수밖에 없다.

아니, 애초에 ❶처럼 내려서지 말아야 했다.

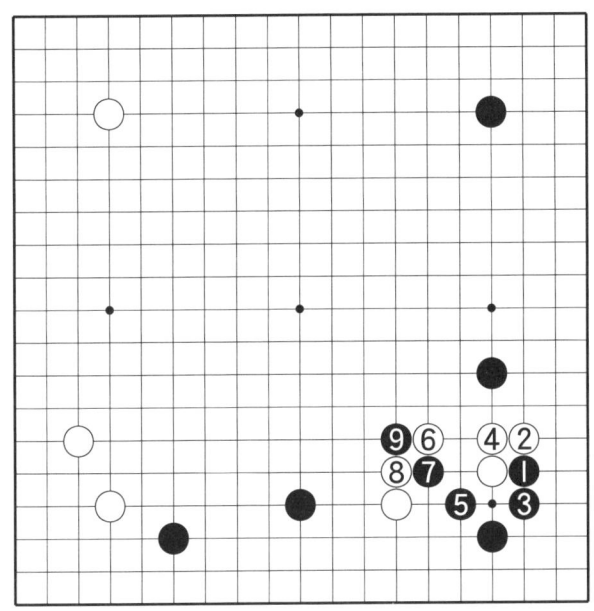

01-5도

5도(백, 고전)

흑은 처음으로 돌아가서, 그러니까 백이 눈목자로 씌운 순간 1로 붙이는 수가 유력하다.

백2, 4에는 흑5의 마늘모가 안성맞춤이다. 백6에 흑7, 9로 불문곡직 끊어 버리면 백의 고전이 명백하다.

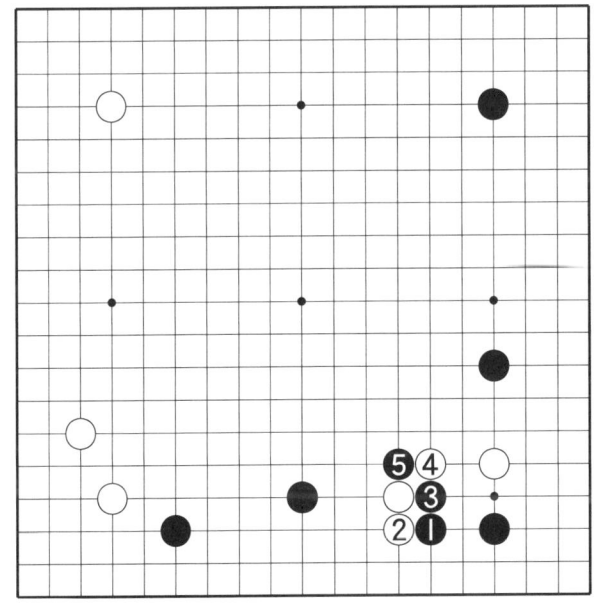

01-6도

6도(흑1, 강력)

흑1로 뛰는 수도 강력하다. 백2에는 흑3, 5로 나가끊는다.

주변에 흑의 원군이 깔려 있는 만큼 백우 이 험악한 싸움을 헤쳐 나가기가 힘들 것이다. 따라서 백의 한칸걸침은 재고되어야 한다.

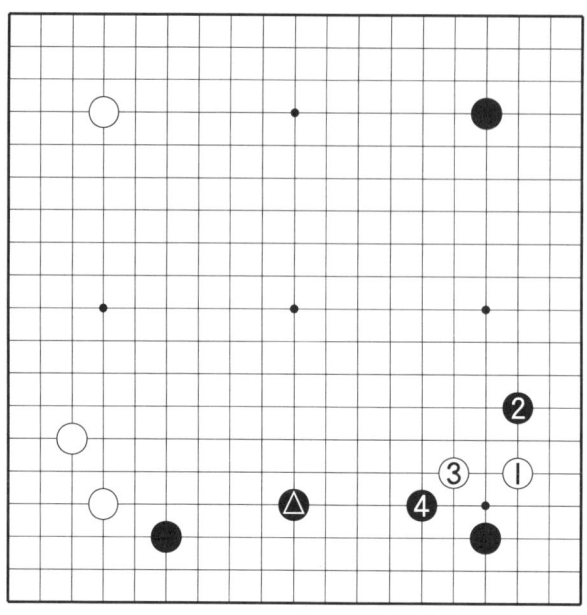

01-7도

7도(날일자걸침)

백1의 날일자걸침 역시 바람직한 결과를 얻기 어렵다. 흑2의 한칸이 준엄한 협공이다.

백3, 흑4로 진행되는 정도로도 ▲ 한점이 이 싸움에 가세하므로 백의 고전이 명백하다.

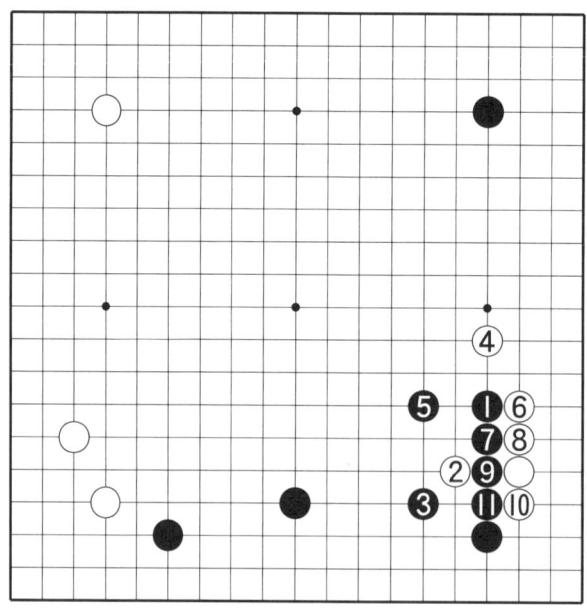

01-8도

8도(한칸높은협공)

흑1의 한칸높은협공도 있다. 백2에 흑3, 백4에 흑5로 뛰고 이하 11까지의 정석대로 두어도 흑이 두터운 진행이다. 흑5로는 더욱 강력하게 6의 곳에 쌍점을 서서 차단해 올지도 모른다.

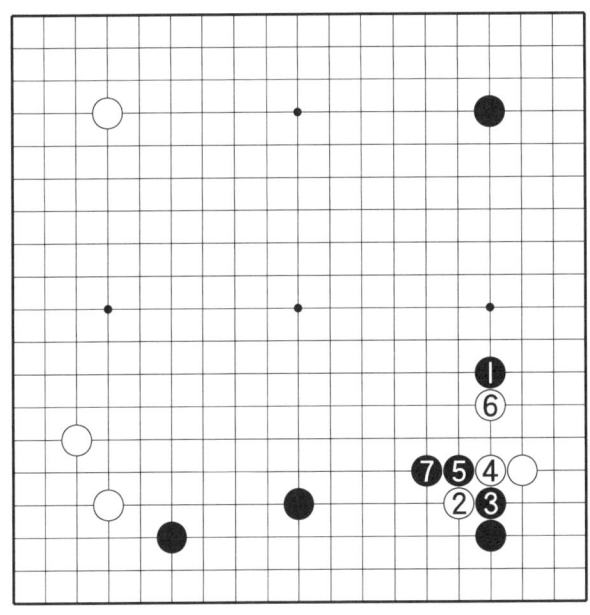

01-9도

9도(두칸높은협공)

흑1의 두칸높은협공도 유력하다. 백2에는 불문 곡직 흑3, 5로 나가끊는 다. 왼쪽에 흑의 아군이 있으므로 싸움이 벌어질 경우, 백은 재미가 적을 것이다.

백6의 붙임은 맥점이 며 흑7로 선 다음…

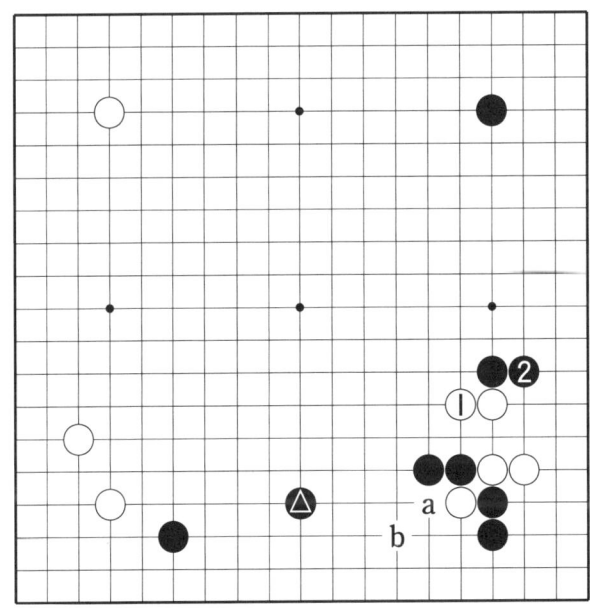

01-10도

10도(백, 괴로움)

백1에 흑2로 내려서서 백 을 괴롭힐 수 있는 것이 자랑이다.

본래 a나 b에 두는 것 이 정수이지만 가 있 으니 버틸 수가 있다.

백은 날일자걸침이든 한칸걸침이든 흑에게 협 공당해 좋지 않다는 결 론이다.

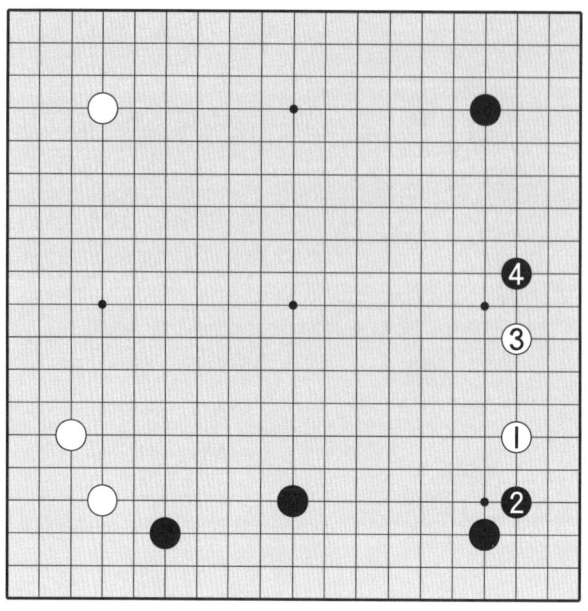

02-1도

1도(눈목자걸침)

백1의 눈목자걸침이야말로 이 상황에서 유력한 수법 가운데 하나다.

흑2의 마늘모는 간명한 응수이며 백은 3에 두 칸을 벌리는 것이 알기 쉽다. 흑은 4로 바짝 다가서서 백을 압박한다.

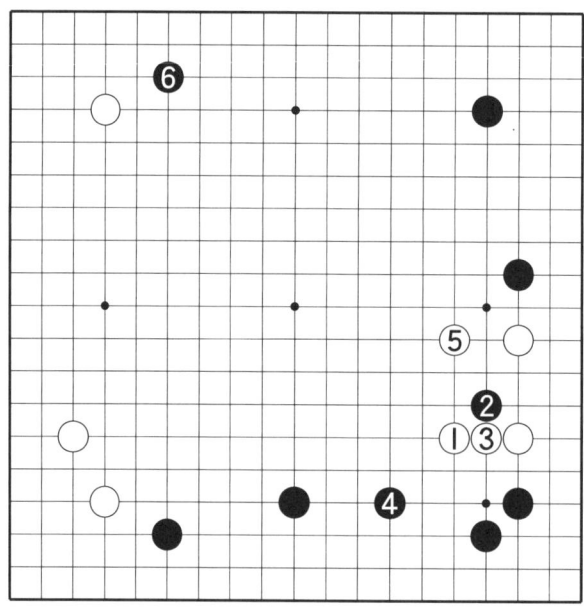

02-2도

2도(불만 없는 포석)

앞 그림에 이어, 백1로 한 칸을 뛰어 아래쪽 흑 세력을 견제하는 것이 요소다.

흑은 2로 하나 들여다보고 4에 지킨다. 백5로 지키고 흑6으로 걸쳐가 서로가 불만 없는 포석일 것이다.

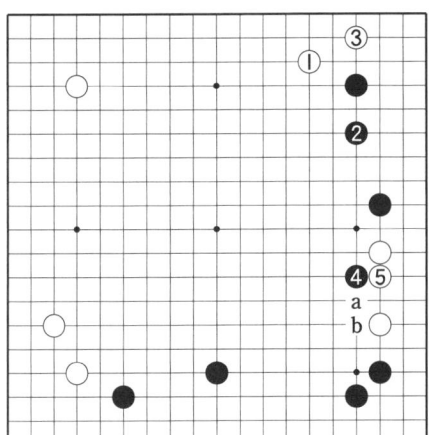

❶ 백, 좋지 않다

이 장면에서 백1로 걸치고 3에 달려서 발빠르게 두려는 것은 흑4를 불러 좋지 않다. 백5 다음 흑은 a와 b의 선택이 있다.

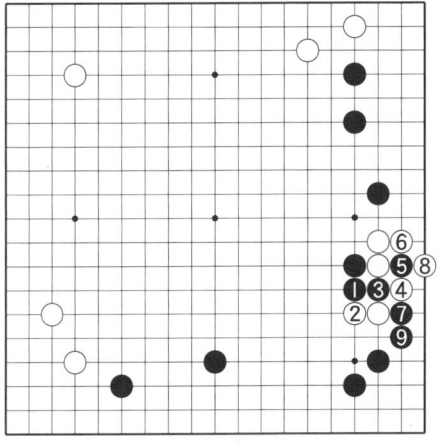

❷ 흑, 즐거움

흑1이면 백은 2로 올라서지 않을 수 없다.

그러면 흑3으로 나가고 5에 끊는다. 이하 9까지 분단해 이것은 흑이 즐거운 진행이다.

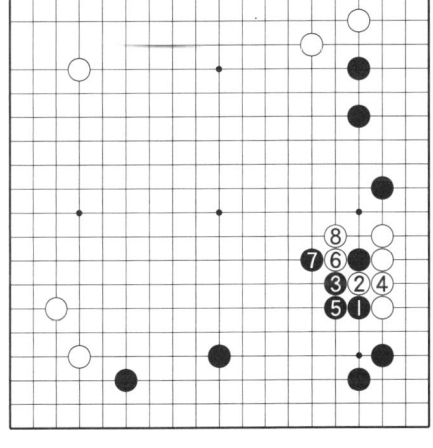

❸ 흑, 두터움

흑1로 붙어서 봉쇄하는 깃도 유력하다. 백은 2, 4로 끼워잇는 정도이니 흑5로 꽉 이어서 두텁고 하변의 골이 깊어진다.

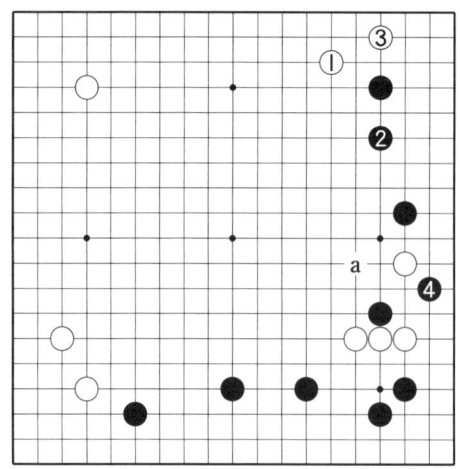

❹ 흑4, 통렬

a로 한칸 뛰어 지키는 수를 생략하고 백1, 3으로 손을 돌리는 것은 욕심이다.

흑4의 치중이 통렬해 백이 견디기 어렵다.

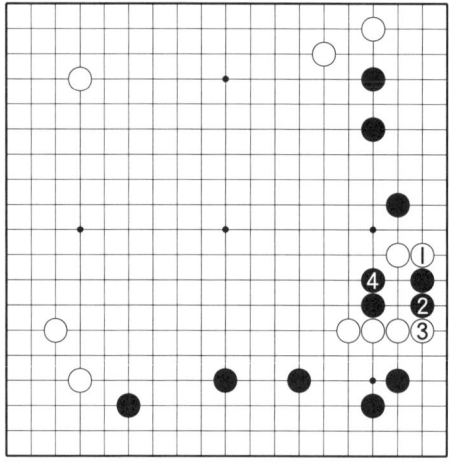

❺ 백, 낭패

계속해서 백1로 막을 때 흑2로 늘어서는 것이 좋은 수이다.

백3으로 차단하는 것은 무리로 흑4의 쌍립으로 분단해 백의 낭패다.

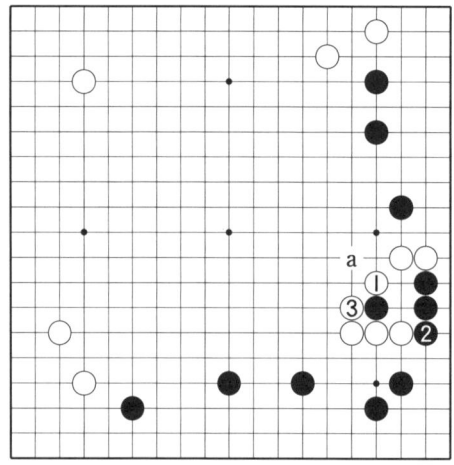

❻ 급소가 남다

그러므로 앞 그림의 3으로는 이 그림 백1로 물러설 수밖에 없다.

흑2, 백3 다음 흑a의 급소가 남아 백이 불안한 모습이다.

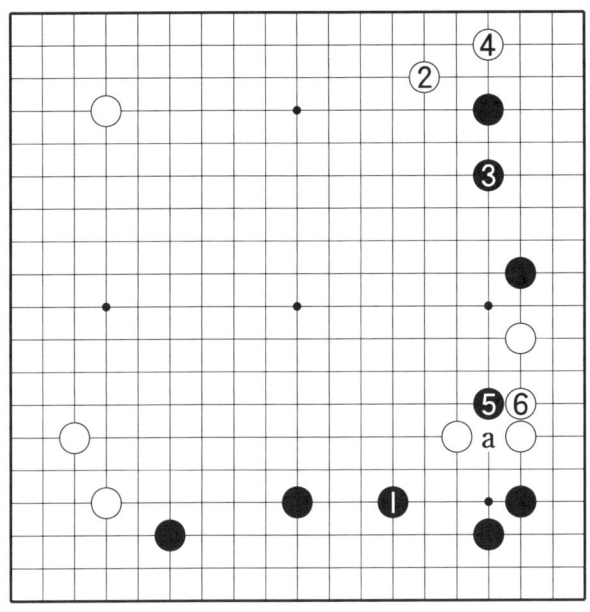

02-3도

3도(타이밍을 놓치다)

흑1로 받고 나서 나중에 5로 들여다본다면 이제는 백a에 이어줄 리가 없다. 6으로 비켜 버린다.

흑1을 두지 않은 상태에서 들여다본다면 백a로 잇겠지만. 흑은 들여다보는 타이밍을 놓쳤다.

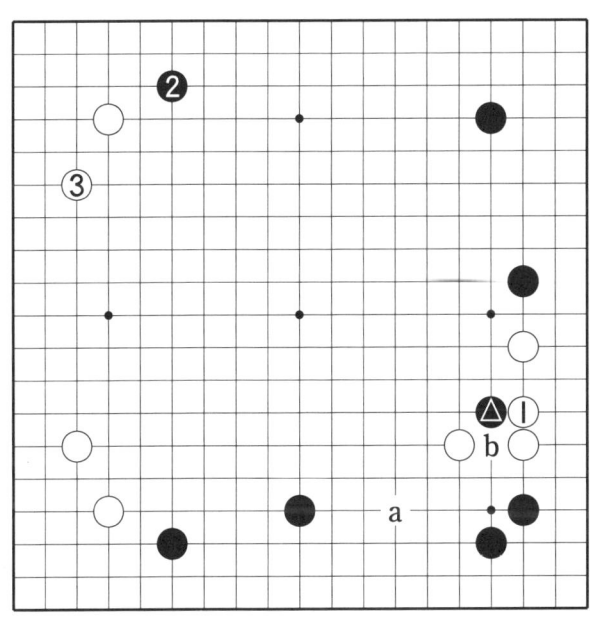

02-4도

4도(흑, 손뺌)

흑이 ▲로 들여다봤을 때 백1에 응수한다면 흑은 a로 지키지 않고 손을 빼어 좌상귀를 흑2로 걸치게 된다.

흑은 b로 뚫고나오는 수단을 보고 있어 백은 하변 쪽을 침입할 여유가 없다.

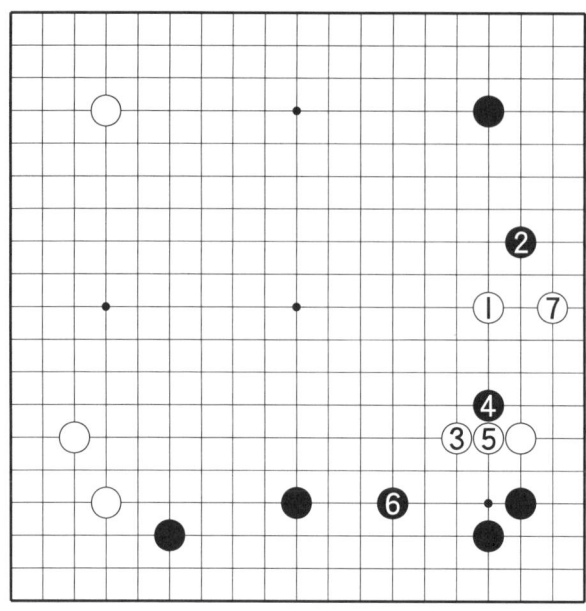

02-5도

5도(백, 넓게 벌림)

백1로 넓게 벌리는 것도 가능하며, 흑2로 다가설 때 백3으로 뛰는 것이 요령이다.

흑은 4로 들여다봐 백5로 잇게 하고 흑6에 지키는 것이 이른바 수순이며 백7로의 수비는 꼭 필요하다.

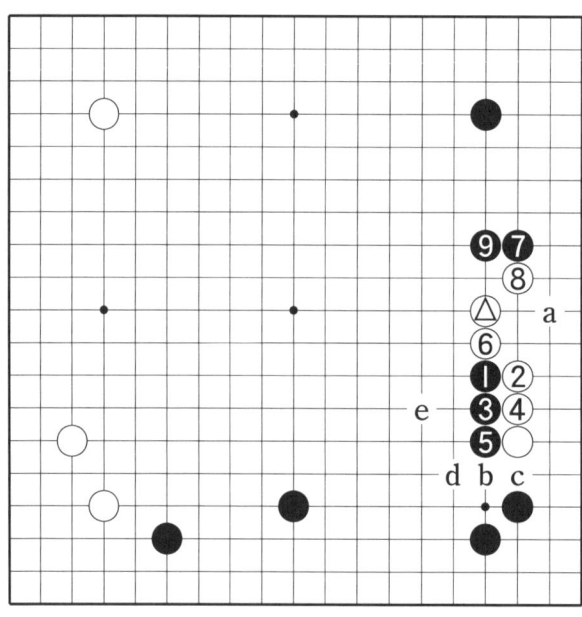

02-6도

6도(흑, 틀어막음)

백△ 때 흑은 즉각 1로 압박하고 백2에 흑3, 5로 틀어막는 수도 있다. 백6에 흑7로 육박하면 백은 8로 마늘모 붙여서 흑a를 방비해야 한다.

흑9 다음 백b, 흑c, 백d의 도전에는 흑e로 싸울 수 있다.

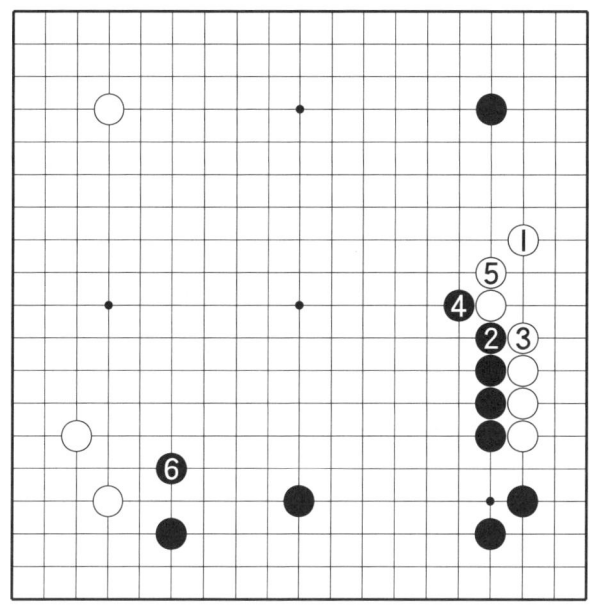

02-7도

7도(백, 거북한 포석)

앞 그림의 6으로 이 그림 백1에 날일자하는 것은 엷은 수법이다.

흑은 2와 4를 아낌없이 선수활용하고 6에 뛰어서 하변의 세력을 한껏 키울 것이다. 백이 두기 거북한 포석이다.

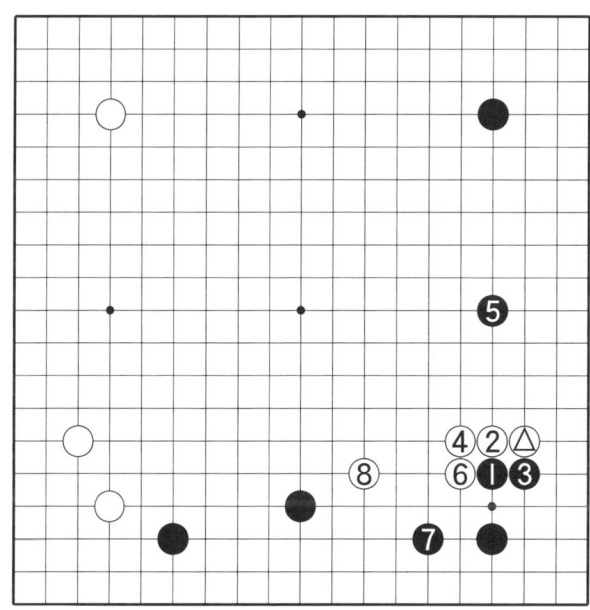

02-8도

8도(흑, 짚어가다)

처음으로 돌아가서 백△의 눈목자걸침에 흑1로 짚어가는 수도 유력하다. 백2로 밀어올리면 흑3에서 5로 협공한다.

백6, 8 이후의 변화는 백의 두칸걸침 편에서 다루기로 한다.

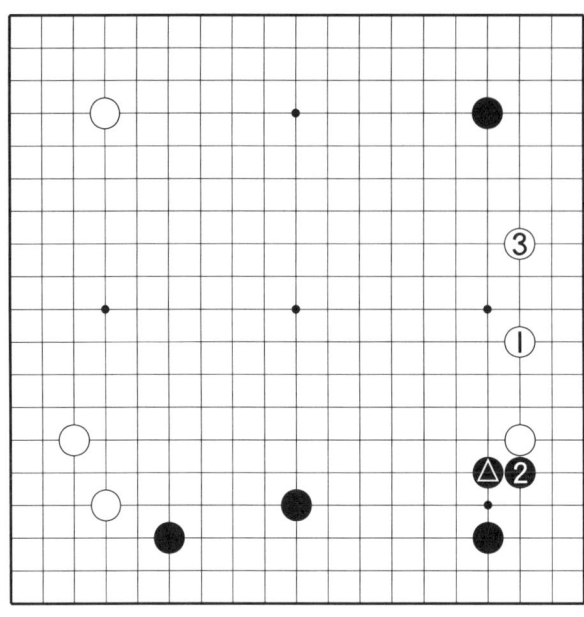

02-9도

9도(발빠른 수법)

흑⚫에 대해 백1로 두칸을 벌리는 것이 재미있는 착상으로 한때 크게 유행했던 수법이다.

흑2로 막을 때 또 다시 발빠르게 백3으로 두칸을 벌려서 이것도 서로 둘 만한 포석이다. 흑2로는….

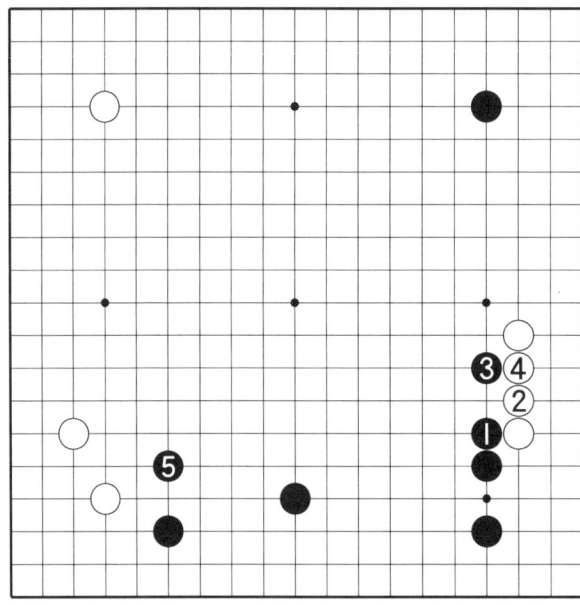

02-10도

10도(위쪽에서 민다)

흑1로 위쪽에서 밀어가는 수도 있다. 백2에 흑3을 들여다봐 하변의 세력을 키우겠다는 의도인 것이다.

백4에 잇는다면 흑5로 한칸을 뛰어 하변의 폭을 더욱 넓히게 될 것이다. 백4로는….

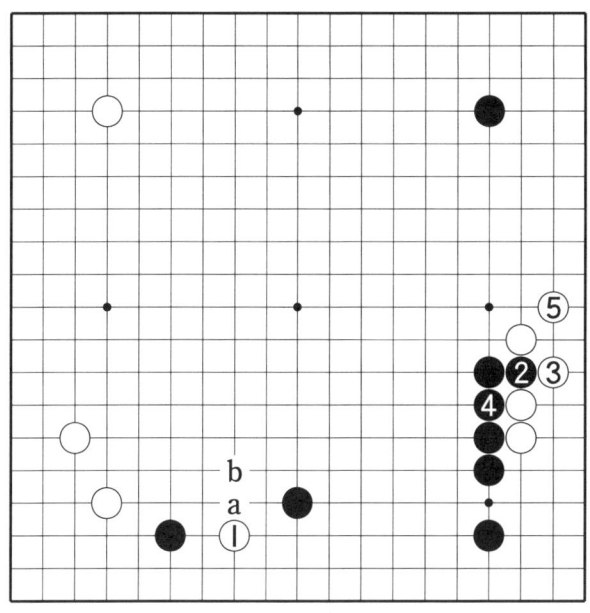

02-11도

11도(백의 침입 수단)
앞 그림의 진행이 싫다
면, 이 그림 백1로 침입
하는 수도 유력하다.

흑2, 4가 선수여서 흑
이 더욱 두터워지지만 그
정도는 감수해야 한다.
백5 다음 흑은 a 또는
b로 두게 될 것이다.

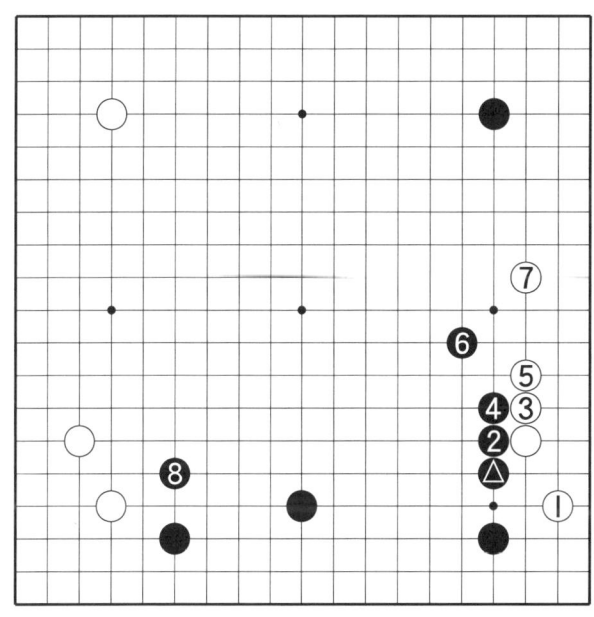

02-12도

12도(한판의 바둑)
흑▲에 대해 가장 많이
쓰이는 대응이 백1의 날
일자달림이다.

흑은 간명하게 둔다면
2, 4로 밀어붙이고 6으로
날일자한 것이 좋다. 백7
을 기다려 흑8로 뛰어 훌
륭한 한판의 바둑이다.

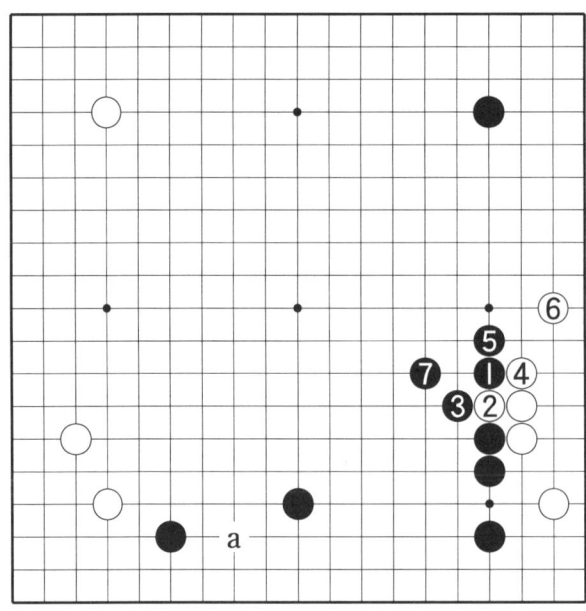

02-13도

13도(흑1의 씌움)

앞 그림의 4로는 이 그림처럼 흑1로 씌우는 수도 있다. 백2로 하나 찔러 놓고 4에서 6으로 날일자하는 것이 무난한 수법이다.

흑7은 두터운 수이며 백a에 뛰어들어 싸움이 벌어진다.

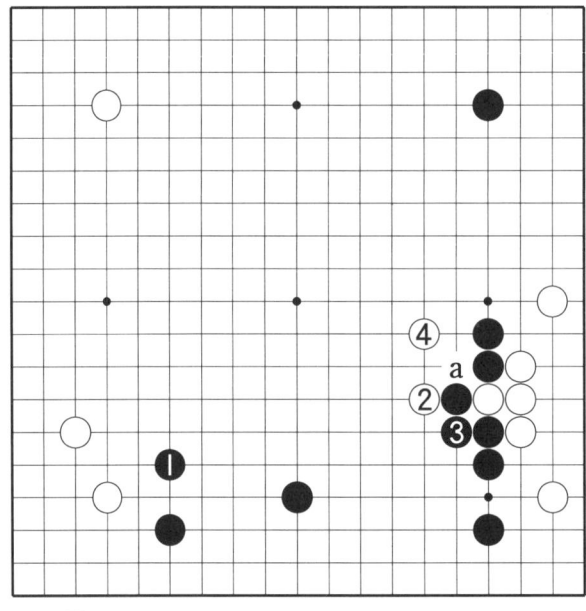

02-14도

14도(껴붙임이 급소)

앞 그림의 7로는 이 그림 흑1에 뛰는 수도 있다. 그러면 백2의 껴붙임이 급소다.

이곳에서 하변 삭감의 교두보를 마련하려는 의도다. 흑3이면 백4로 a의 끊음을 엿보는 것이 요령이다.

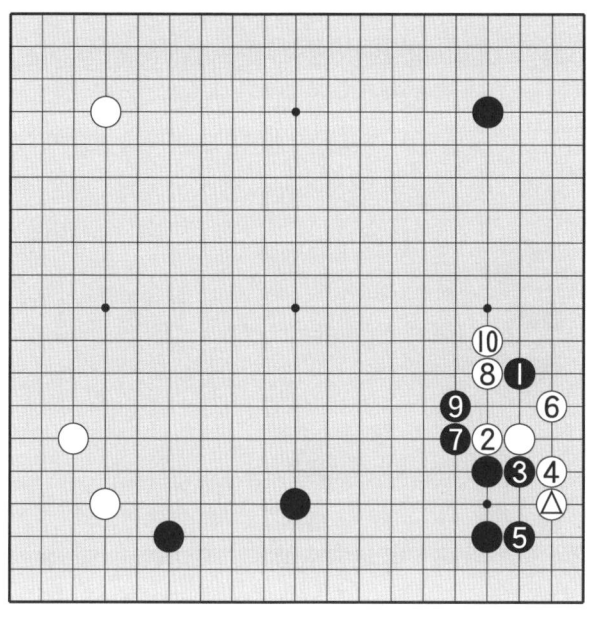

03-1도

1도(흑의 협공)

백△의 날일자에 흑1로 협공하는 변화를 알아본다. 백2로 올라오면 흑3에 하나 나가 백4와 교환하고 흑5로 쌍립을 서는 것이 틀이다. 백6 이하 10까지는 정석의 하나다. 백6으로는….

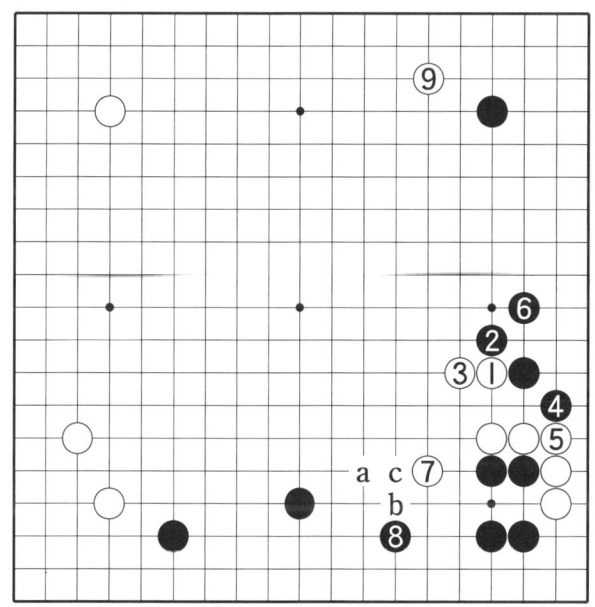

03-2도

2도(불만 없는 포석)

이 그림 백1, 3에 붙여뻗는 것도 있다. 흑6의 보강을 기다려 백7로 흑8을 강요하고 백9에 손을 돌린다.

쌍방 불만 없는 포석이다. 백9로 a는 흑b, 백c 다음 흑이 9로 굳히게 되므로 발이 늦다.

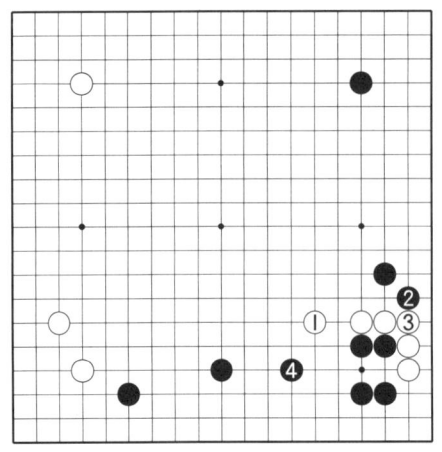

❶ 옛 수법

백1로 뛰는 수가 예전에는 많이 쓰였다.

흑은 2로 하나 들여다봐 백3에 잇게 한다. 흑4는 초기에 나온 수법. 계속해서….

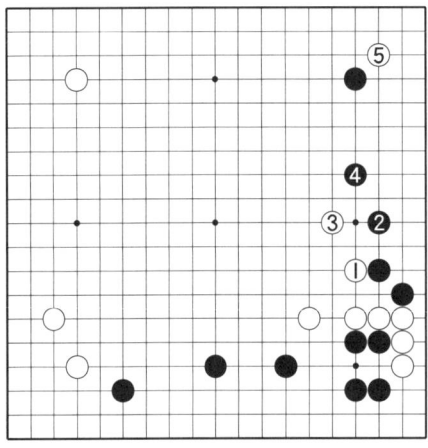

❷ 옛 정형

백1로 붙여서 틀을 갖추고 흑은 2로 뛰고 백3, 흑4 다음 백5로 우상귀 3三에 들어가는 식으로 진행되었다. 그러나….

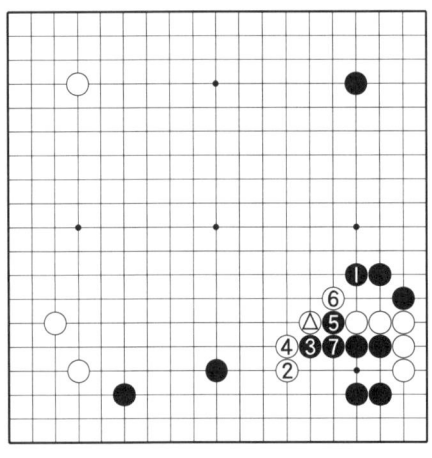

❸ 흑1, 강력

하변을 지키기 전에 흑1에 늘어서는 강력한 수가 발견되었다. 백2면 흑3~7로 백의 낭패다.

물론 다른 대응수단도 있지만, 이런 이유 때문에 백△로 뛰는 수는 폐기되었다.

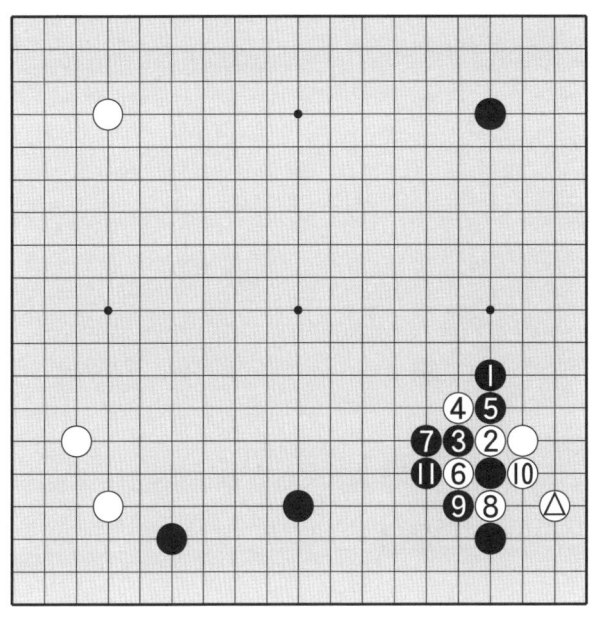

04-1도

1도(높게 협공)

백△의 날일자에 흑1로 높게 협공(씌움이라고 볼 수도 있지만)하는 변화다. 백2에서 4면 흑5는 필연이며 백은 6에 끊고 8로 흑 한점을 잡게 된다. 흑9, 11로 틀어막은 다음…

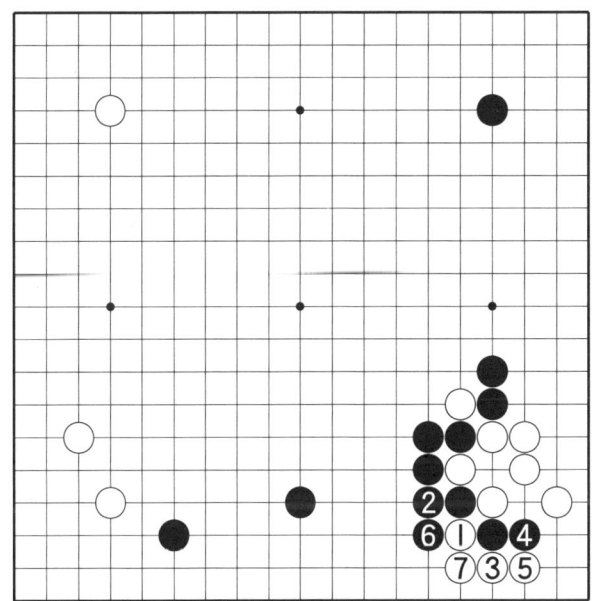

04-2도

2도(실리와 세력)

백1에 끊고 3으로 단수해 흑 한점을 접수한다. 흑은 4로 하나 달아나 키워서 버리는 것이 기본적인 사석전법이다.

이하 7까지 실리와 세력의 갈림으로 팽팽한 진행이다. 덤이 커진 현대바둑에서는 흑이 다소 중복이라는 평도 있다.

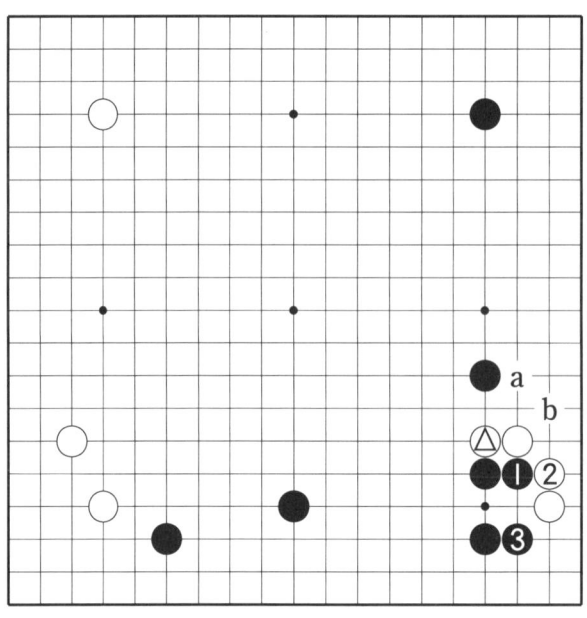

04-3도

3도(두 가지 선택)

백△ 때 흑은 1에서 3으로 쌍립을 서는 수법이 유력하다. 앞서의 낮은 협공 때와 대동소이한 의미를 갖는다.

여기서 백은 a로 붙이는 수와 b로 호구치는 수, 이렇데 두 가지 선택이 있다.

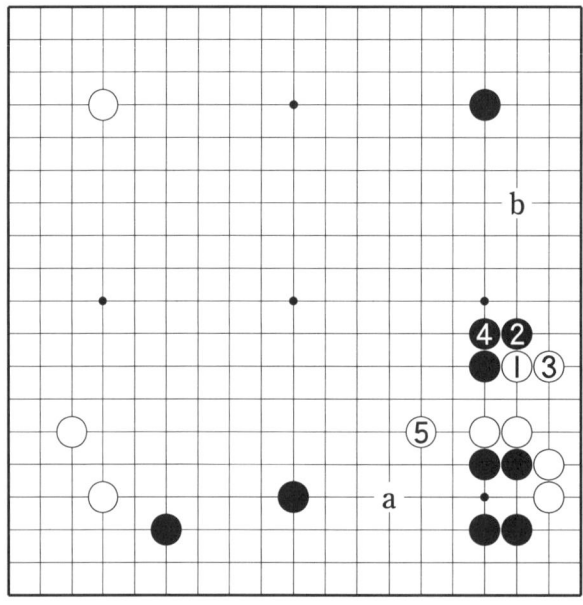

04-4도

4도(백이 편한 느낌)

백1로 붙이면 흑은 2로 젖히는 한수이다. 백3으로 내려서고 흑4에 잇는다면 백5로 진출하는 것까지가 예상된다.

이다음 흑a로 지키고 백은 b쯤으로 걸쳐서 반격하게 될 것이다. 정형의 하나이지만 백이 편한 느낌이다.

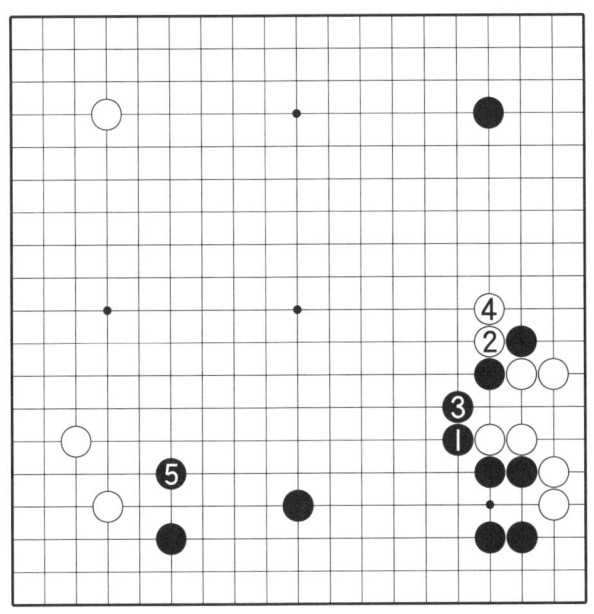

04-5도

5도(흑이 편한 느낌)

앞 그림의 4로는 이 그림 흑1에 젖히는 것이 하변을 중시한 수법이다.

백2의 끊음에는 흑3, 백4를 교환하고 흑5로 뛰어 하변을 키운다. 이것도 정형이지만 흑이 편한 느낌의 포석이다.

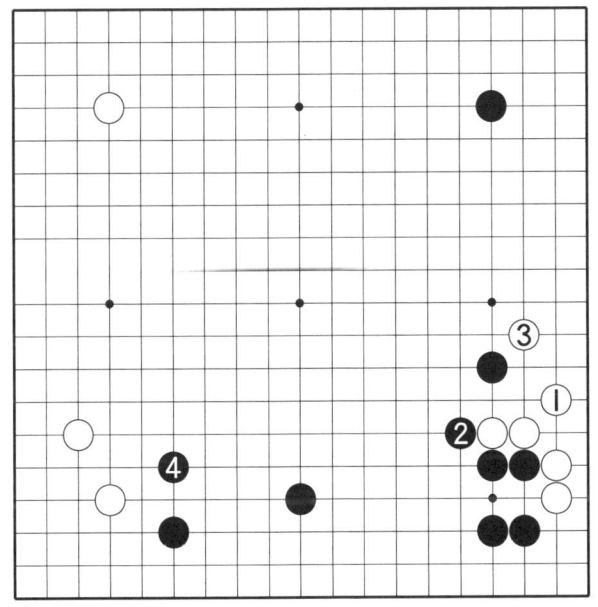

04-6도

6도(간명)

이 상황에서 백1로 호구치는 것이 아주 간명하다. 흑2에 젖히는 정도이므로 백3으로 우변에 진출한다.

흑은 역시 4로 뛰어 하변을 키우고 백은 흑진을 삭감하러 가는 바둑이 될 것이다.

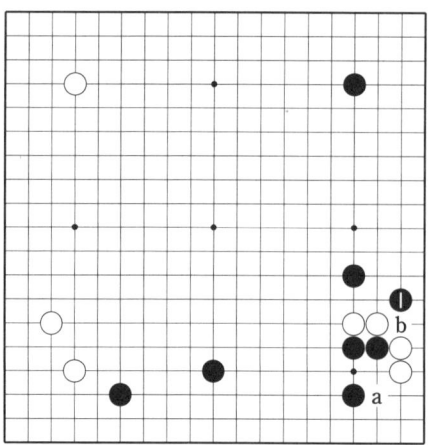

❶ 먼저 들여다봄

흑이 a로 쌍립을 서지 않고 먼저 1
로 들여다봤다.

　여기서 백은 b에 이어야 할까, 아
니면 반격하는 수를 궁리해야 할까?

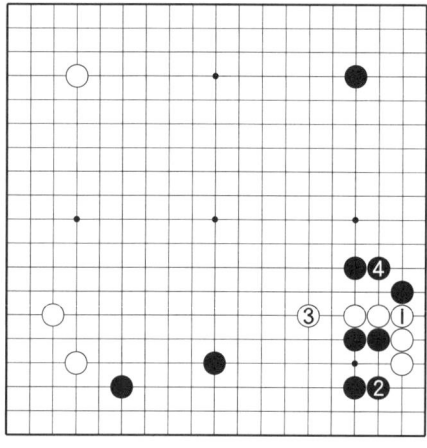

❷ 흑의 주문

백1로 잇는 것은 흑의 주문이다. 흑2
로 쌍립을 서면 백은 다음 3으로 뛰
는 정도인데 저 유명한 흑4의 강수
를 불러 골치 아프다.

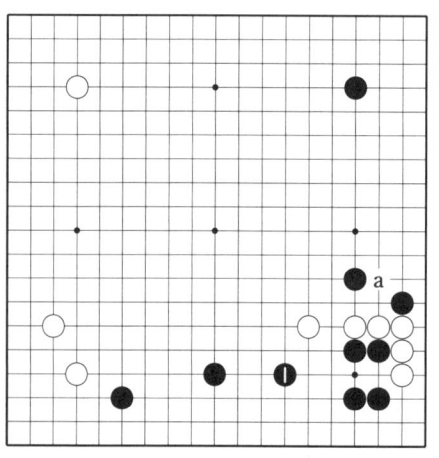

❸ 흑, 온건한 지킴

앞 그림의 4로 이 그림처럼 흑1로 온
건하게 지키기만 해도 백이 불리한
모양이다.

　백a로 붙이면 안정은 하겠지만 제
자리걸음이다.

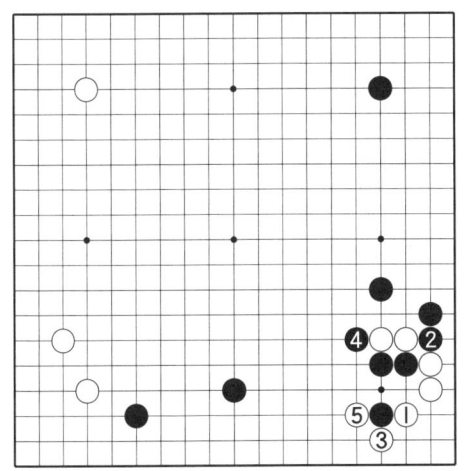

❹ 백, 우세

흑이 들여다봤을 때 백은 당연히 1
로 반발하고 싶어진다.

　흑2의 끊음은 기세이며 이하 5까
지 자기 길을 간다. 백이 우세한 갈
림이다.

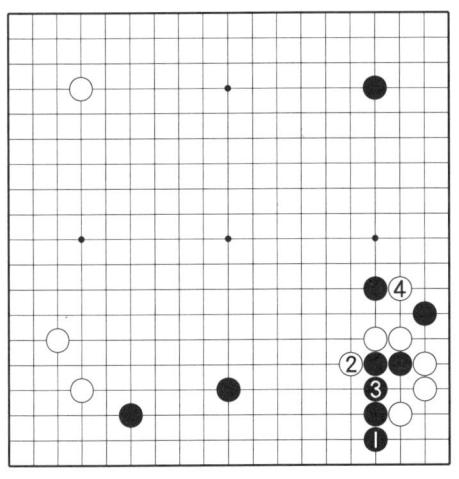

❺ 백, 유리

앞 그림의 2로 이 그림 흑1에 받아
준다면 백은 2를 기분 좋게 선수활
용하고 4로 건너붙이는 맥점을 구사
해서 유리한 싸움이다.

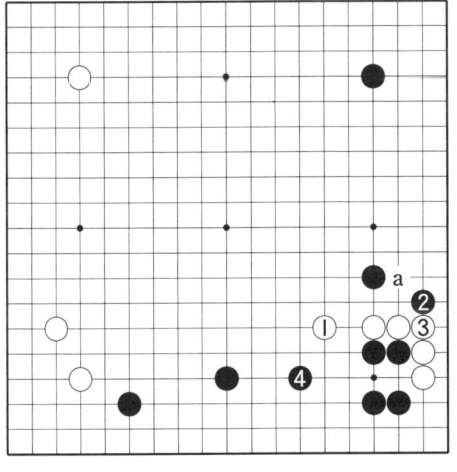

❻ 2도와 같음

이런 상황에서 백a나 2로 두지 않고
1로 뛴 것이 ❷의 결과다.

　흑2, 백3 다음 흑4 대신 a에 늘어
서면 ❷와 같아진다.

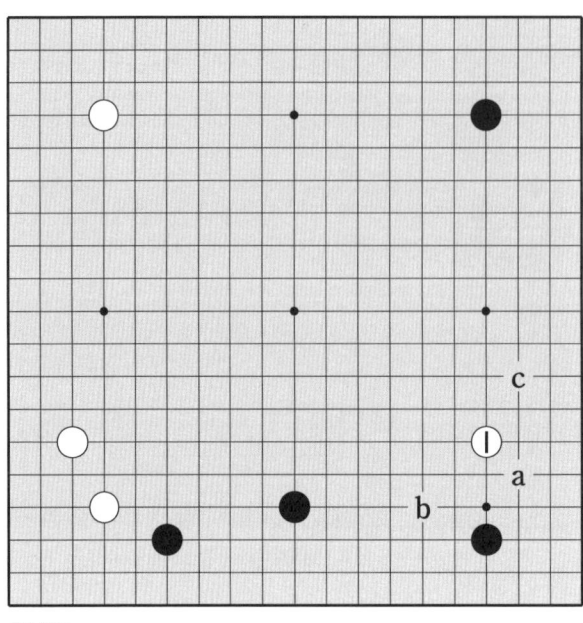

05-1도

마지막으로 알아볼 변화는 백1의 두칸걸침이다. 눈목자와 더불어 많이 쓰이는 수법이다.

흑은 a로 들이대는 수, b로 날일자하는 수, c로 협공하는 수, 이렇게 세 가지 응수를 생각할 수 있다.

05-2도

2도(남겼던 숙제)

흑1로 들이댔을 때 백2에 막고 흑3으로 밀어올리면 백4로 늘게 된다. 그리고 흑5의 협공! 이것은 백이 눈목자로 걸쳤을 때 숙제로 남겨 두었던 그 변화와 똑같다. 백8 다음이 문제인데….

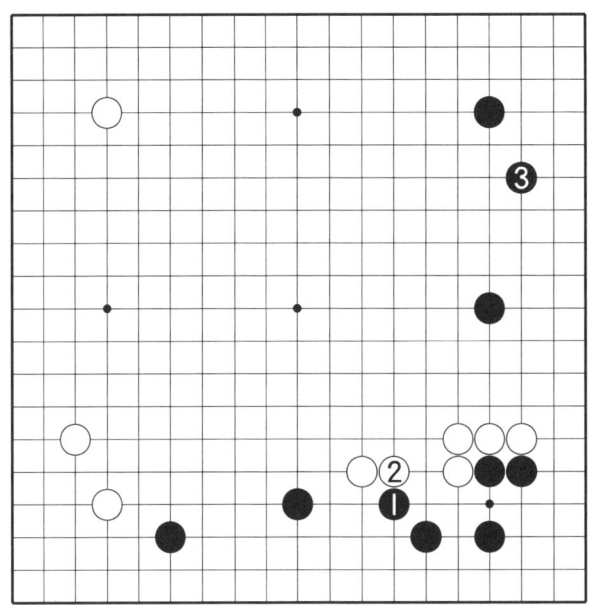

05-3도

3도(가장 간명)

앞 그림에 이어, 가장 간명한 흑의 수법은 1로 마늘모하고 백2로 받을 때 우상귀로 손을 돌려 흑3으로 지켜두는 것이다.

약간 싱겁지만 변화의 여지가 거의 없어 추천할 만한 그림이다.

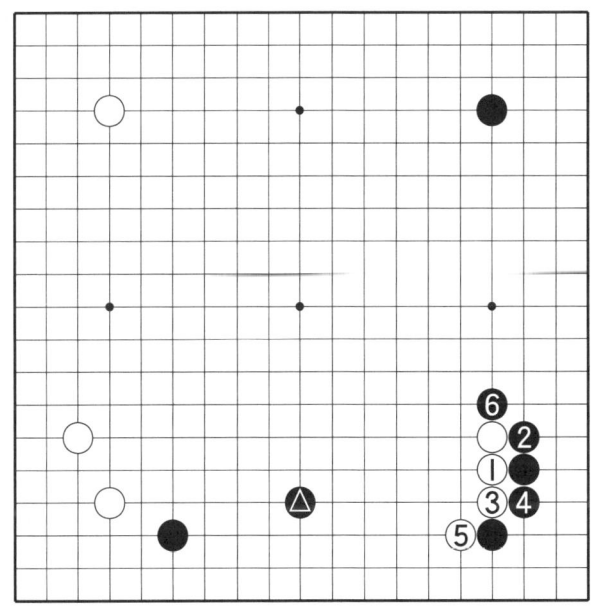

05-4도

4도(큰 밀어붙이기)

백1로 위쪽에서 누르면 흑2로 기어나간다.

백3에는 흑4, 백5에는 흑6으로 젖혀 복잡한 큰 밀어붙이기로 돌입히는데 흑▲ 때문에 백이 좋은 결과를 기대하기 어렵다. 피하고 싶은 그림이다.

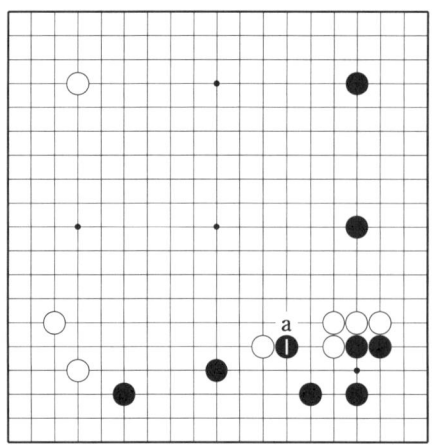

❶ 치열한 수법

흑1의 붙임은 05-3도의 1에 비해 치열한 수법이다.

여기서 백은 a로 받는 것이 당연할까. 아니면 뭔가 다른 수가 있을까?

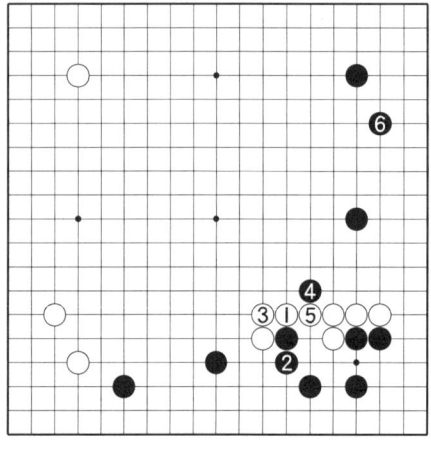

❷ 백1, 실착

백1은 실착이다. 흑은 2로 끌고 백3을 기다려 흑4로 들여다본다. 백의 모습이 영 말이 아니다.

그리고 유유히 흑6에 지킨다. 이 그림은 05-3도와 비교해 백이 무겁다.

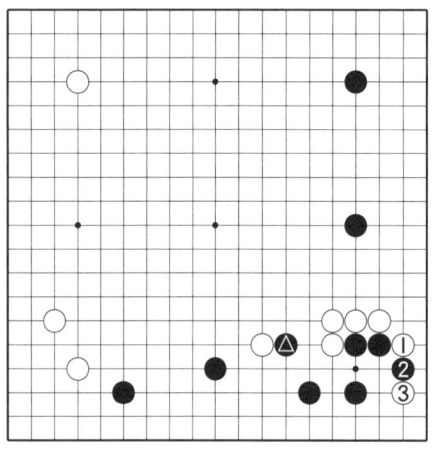

❸ 응수를 살핀다

흑이 ▲로 붙여온 순간, 백은 할 일이 있었다.

1로 젖히고 3에 껴붙여서 흑의 응수를 살필 타이밍인 것이다. 지금이라면 흑은….

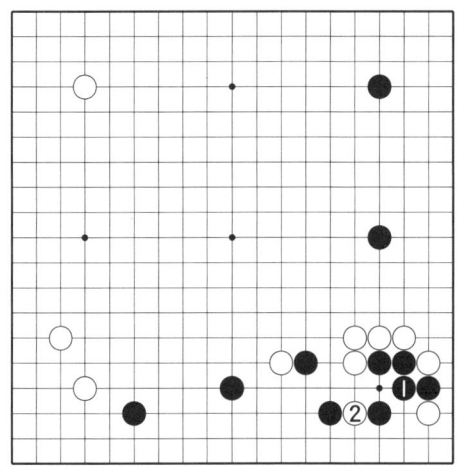

❹ 두 번째 맥점

흑1로 잇는 정도다. 그러면 백은 두 번째 맥점을 발동한다.

바로 2로 끼우는 수이다. 다시 한 번 응수를 묻고 있는 것이다.

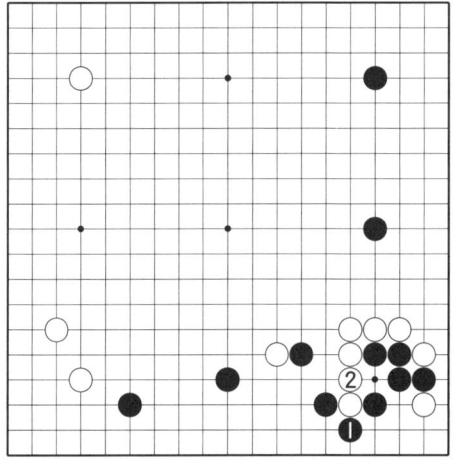

❺ 활용당함

앞 그림에 이어, 흑1로 아래쪽에서 단수하는 것은 백2로 이은 다음 지키기가 애매하다. 심하게 활용당하는 느낌이므로….

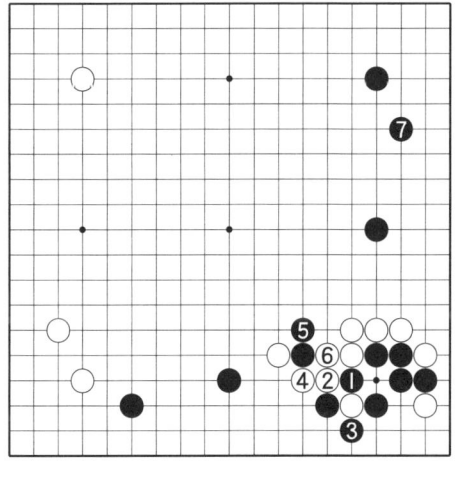

❻ 쌍방 최선

흑1로 백 한점을 접수해야 하다. 그러면 백은 2로 단수하고 4에 두어 효과적으로 단점을 방어한다. 백6까지는 쌍방 최선이다.

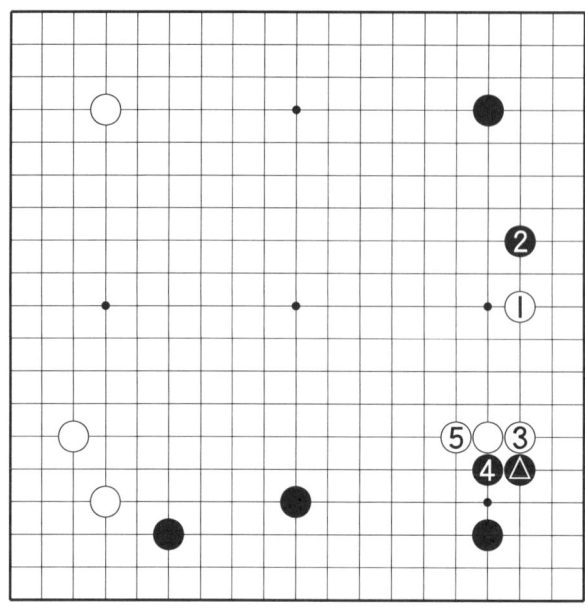

05-5도

5도(협공은 없다)

흑▲를 못 본 척하고 백 1로 벌리는 것이 재미있는 발상이다. 흑2면 그제서야 백3으로 막는다.

이러면 앞서와 같은 흑의 협공은 없다. 백5까지 유유히 안정하며 흑의 세력을 지우고 있다.

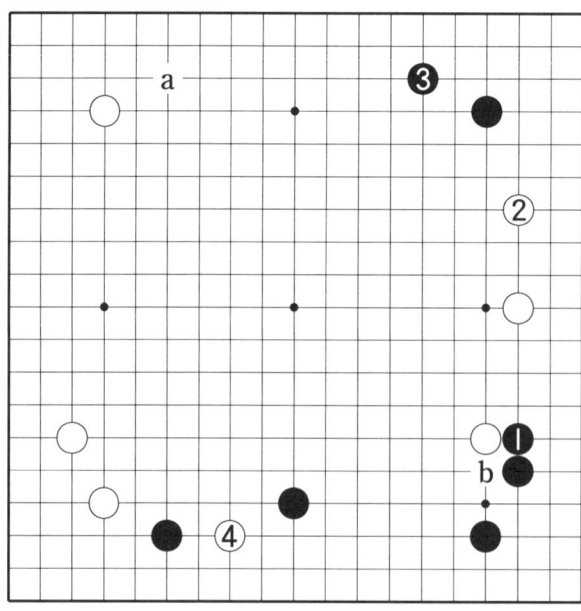

05-6도

6도(벌림 겸 걸침)

앞 그림의 2로는 이 그림 흑1로 미는 수도 있다. 그러면 백은 2로 벌림 겸 걸침을 하고 4에 침입하든가 아니면 a로 좌상귀를 걸치든가 할 것이다.

흑1로 b에 밀어도 백은 역시 2에 두는 것이 상식이다.

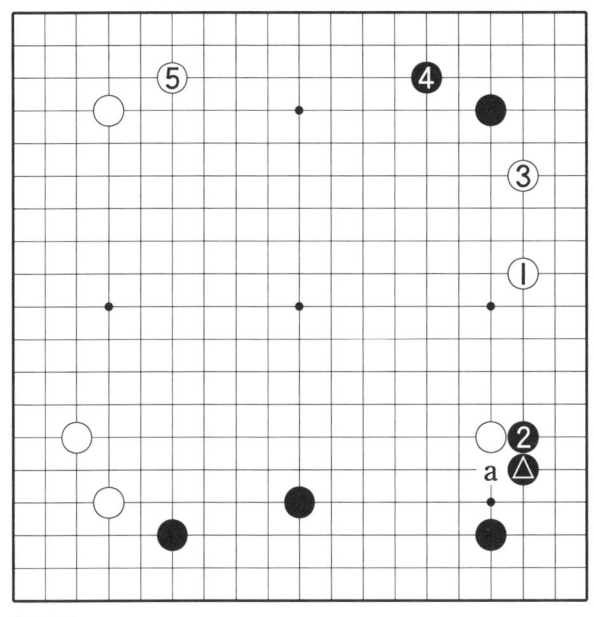

05-7도

7도(한발 더)

흑▲ 때 백1로 한발 더 가는 것도 유력하다. 흑2에 백3, 흑4를 문답하고 백5로 좌상귀를 굳혀서 흑의 예봉을 피한다.

이 진행이면 모범 포석이다. 흑2로 a에 미는 것도 역시 비슷한 경로를 밟는다.

8도(견실한 날일자)

백의 두칸걸침에 흑1의 날일자는 견실한 응수다. 일단 힘을 비축한 후에 싸우자는 의도일 것이다.

백은 2로 그냥 벌리든가, 아니면 a, 흑b를 문답하고 벌리든가 둘 중 하나일 것이다.

05-8도

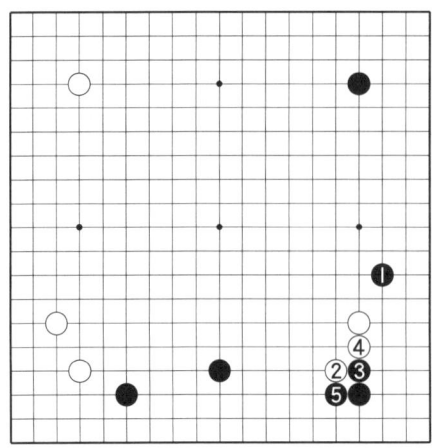

❶ 흑의 협공

백의 두칸걸침에 흑1의 협공은 자주 쓰이는 수는 아니지만 참고로 알아 두자.

백2로 어깨를 짚는 것이 간명하다. 흑3, 5 다음…

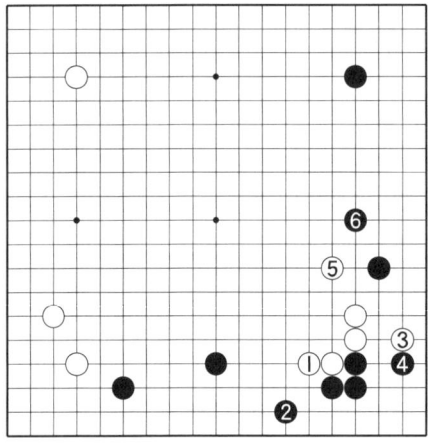

❷ 기본정석 1

백1로 느는 것은 절대이며 흑은 2로 날 일자하는 것이 행마법이다.

백3, 흑4를 문답하고 백5, 흑6으로 마무리되는 것이 기본정석이다.

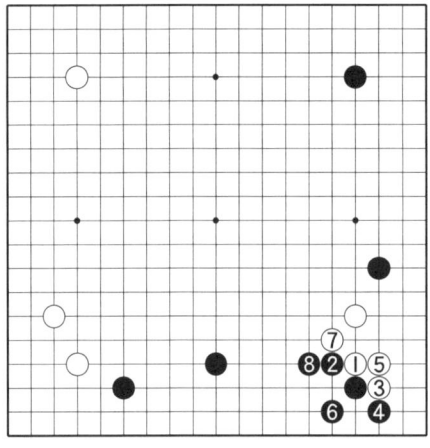

❸ 기본정석 2

처음부터 백1로 뛰듯이 붙이는 수도 있다.

흑2의 젖힘에 백3의 젖힘이 기억해야 할 수이며 흑4 이하 8까지 역시 기본정석이다.

3
양화점과
양소목
포석

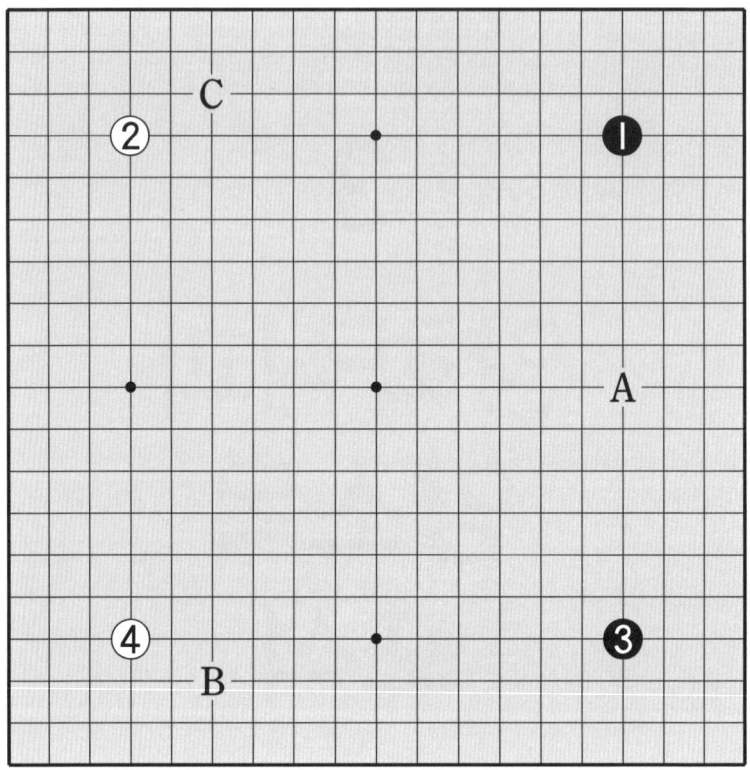

2연성은 말하자면 두 개의 화점, 즉 양화점 포석을 가리킨다. 3연성은 양화점에 변의 화점을 더해 세 개의 화점이 나란한 포진을 말한다. 일본의 유명한 다케미야 마사키(武宮正樹)의 전매특허로 일명 '우주류'라고도 부른다. 1970년대에서 1980년대에 인기를 구가했던 포석이기도 하다.

흑1, 3이 바로 2연성이다. 백도 2, 4의 2연성으로 대항한 포진이다. 큰 세력을 펴기가 쉬우며 싸움에 강한 사람이 좋아할 만한 전법이다. 다음 흑이 A에 두면 이른바 3연성이다. 2연성 다음 흑은 B(또는 C)의 날일자걸침이 상식적인 수법이다

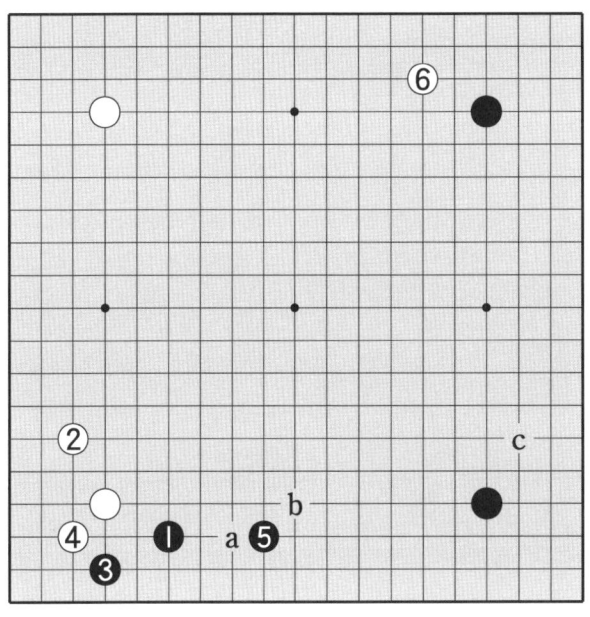

01-1도

1도(일반적인 진행)
흑1의 날일자걸침에 백2의 날일자는 가장 일반적인 응수다.

백2로 a의 협공도 있으며 흑3으로 b에 전개할 수도 있다. 기본정석이 이루어진 다음 백은 6 또는 c로 걸쳐가는 바둑이 될 것이다.

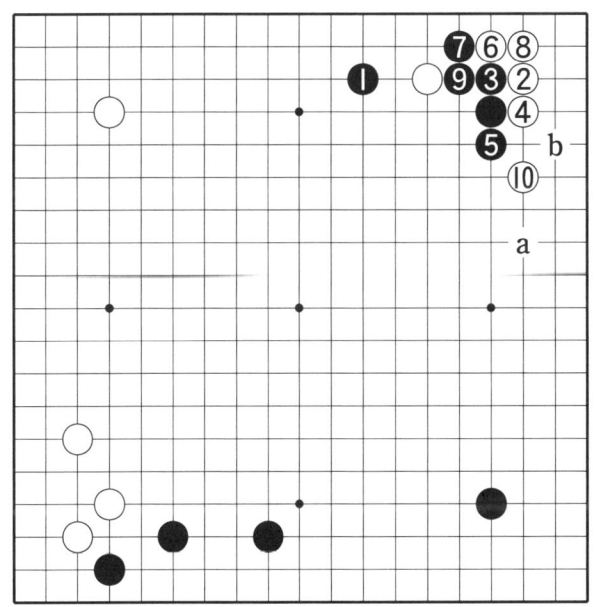

01-2도

2도(한칸협공)
앞 그림에 이어, 흑1의 한칸협공이 보통일 것이다.

그러면 백은 2의 3드침입이 간명한 선택이며 이하 10까지는 기본정석이다. 여기서 흑이 a로 바짝 다가서서 b의 치중을 보는 것이 강력한 수법이다.

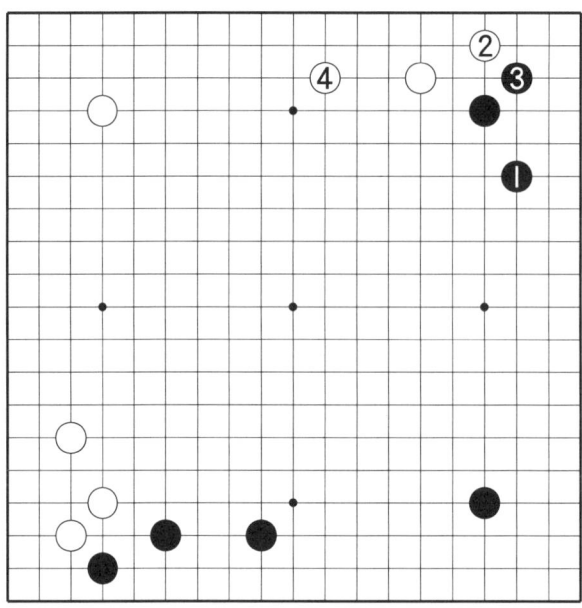

01-3도

3도(큰 덤이 부담)

앞 그림의 1로 이 그림처럼 얌전하게 흑1의 날일자로 응수하는 것은 별로 바람직하지 않다.

백4까지 좌하귀와 똑같은 정석이지만, 흑은 이런 식의 평범한 진행으로는 큰 덤이 부담이 된다.

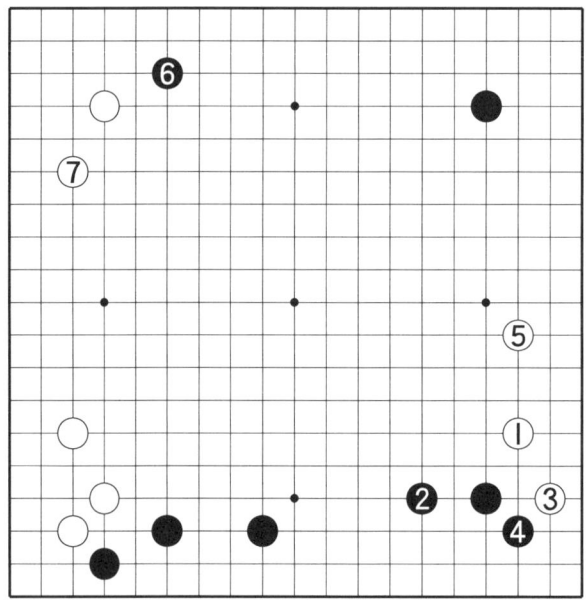

01-4도

4도(역시 덤이 부담)

백이 우하귀를 백1로 걸칠 때 흑2로 점잖게 응수하는 것도 추천하고 싶지 않은 수법이다.

우하귀도 정석이지만 국면이 단조로워져서 흑이 큰 덤을 내기가 쉽지 않은 흐름이기 때문이다.

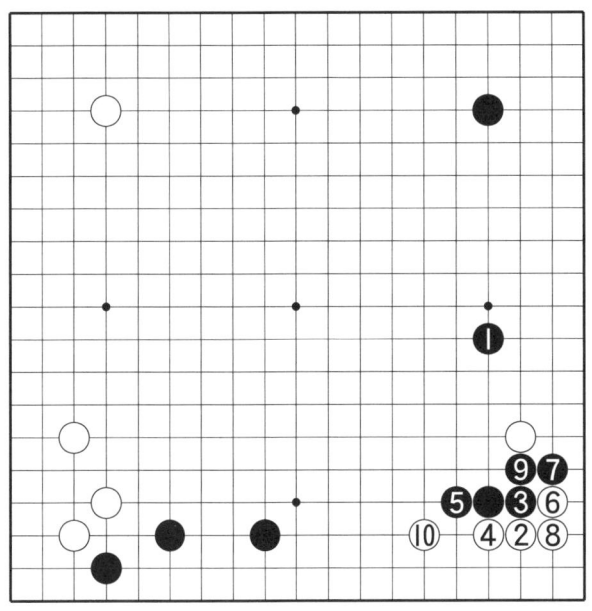

01-5도

5도(적극적인 사고)

흑은 조금 적극적인 사 고방식을 가질 필요가 있 다. 가령 1의 두칸높은협 공을 구사한다든지….

백2의 3三침입 이하 10 까지도 기본정석이지만, 이 진행이라면 2연성의 취지를 살릴 수가 있다.

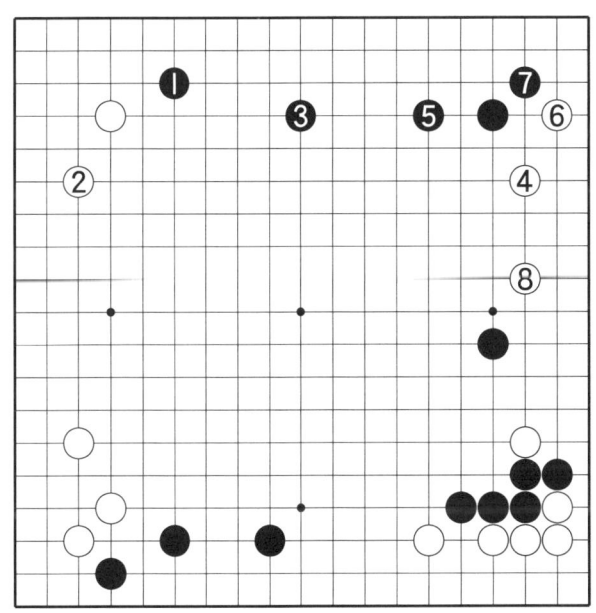

01-6도

6도(흑, 이상감각)

계속해서 흑1로 좌상귀 를 걸치고 3으로 전개해 우상 일대에 모양을 형 성하는 것이 좋은 구상 이다.

단, 백4의 걸침에 흑5 는 이상감각. 백6, 8로 편 하게 자리 잡게 해줘서 는 너무도 느슨하다.

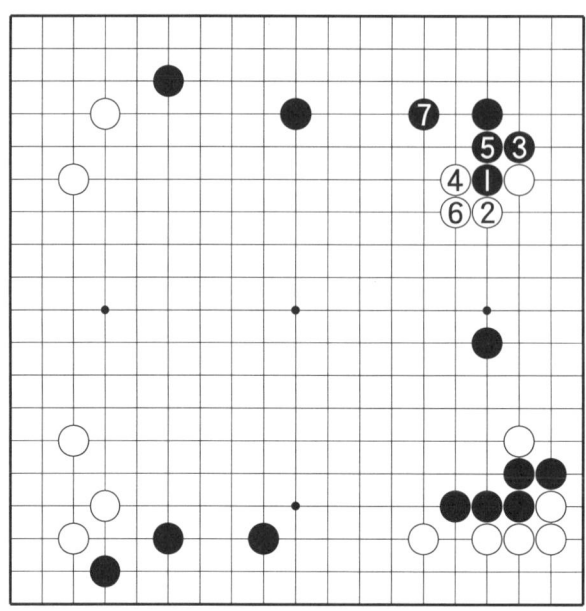

01-7도

7도(호각의 포석)

앞 그림의 5로는 이 그림 흑1로 붙이고 3에 호구쳐 막는 것이 유력하다. 백4의 한방이 따끔하지만 신경도 안 쓴다.

이하 7까지 이른바 이창호정석이다. 이 진행은 서로 둘 만한 포석으로 보인다.

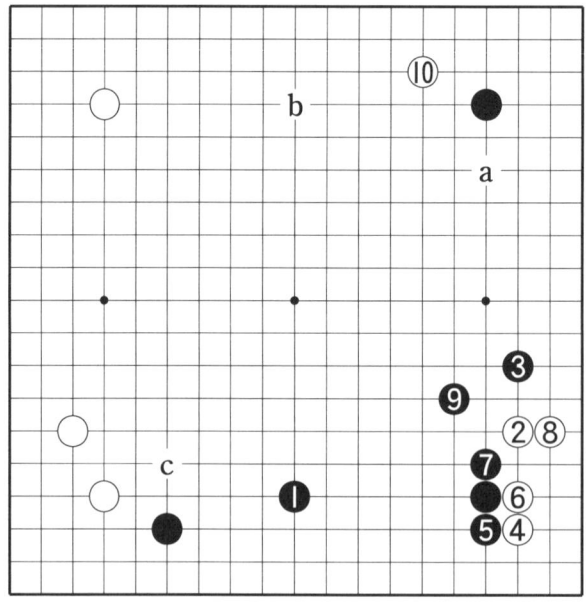

01-8도

8도(한판의 바둑)

좌하귀로 돌아가서, 흑1로 전개하는 것도 흔히 쓰이는 수법이다.

백2의 걸침에 흑3으로 협공해 9까지 대세력을 얻는다. 백10 다음 흑a, 백b, 흑c의 진행이 예상되며 이것도 한판의 바둑이다.

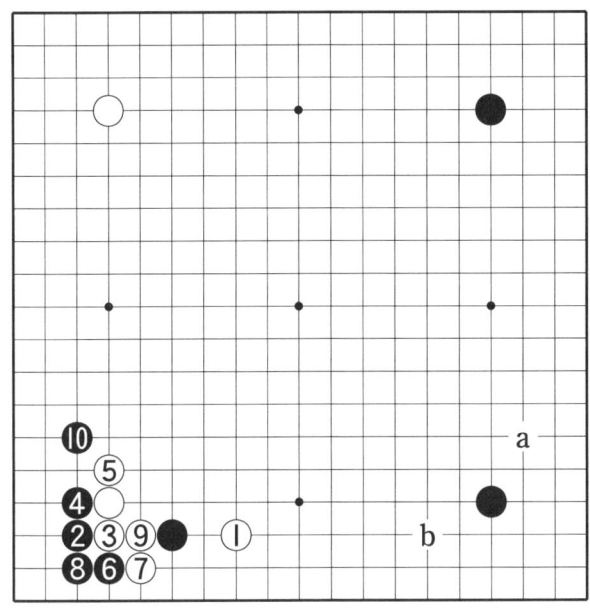

01-9도

9도(백의 협공)

귀를 받지 않고 백1로 협공하는 수도 생각할 수 있다. 흑2의 3三침입이면 10까지의 기본정석 출현이 필연이다.

여기서 백a의 걸침이 옳은 방향으로, b쪽 걸침은 시행착오를 거쳐 퇴출(?)되었다.

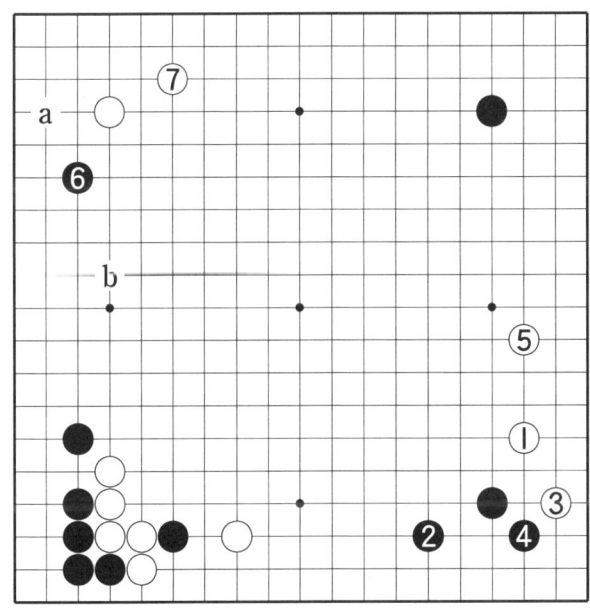

01-10도

10도(모범 포석)

백1로 걸치면 흑2로 받은 후 5까지 무난한 진행이다.

다음 흑은 6으로 걸친 후 백7로 받을 때 a나 b로 두어나가는 식으로 진행하면 모범 포석이다.

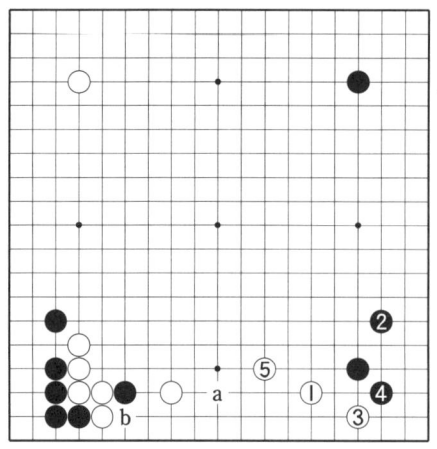

① 한때 유행

백1, 3, 5로 하변을 구축하는 것이 한때 유행했던 수법이었다.

그러나 흑a와 b의 수단이 있어 백진이 쉽게 파괴된다.

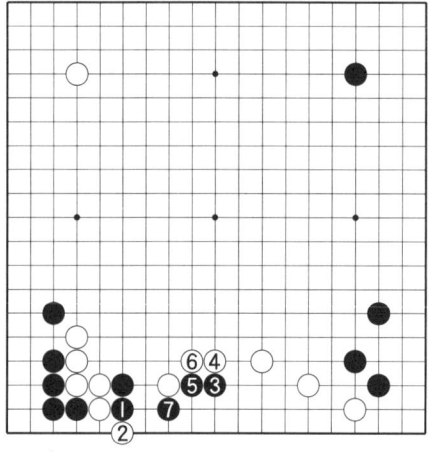

② 통렬한 침입

흑1로 건너자고 하면 백2로 젖혀야 하는데 흑3의 침입이 통렬하다.

백4로 붙여 봉쇄하는 정도인데 흑 5, 7로 연결하고….

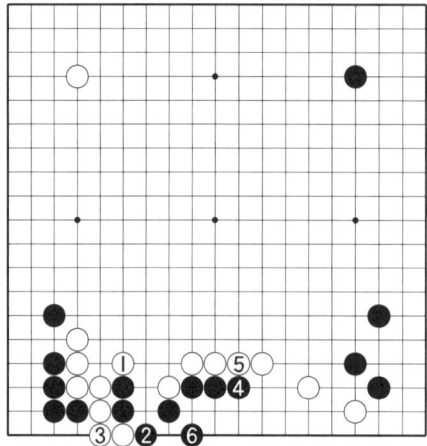

③ 쑥밭이 되다

백1에 흑2와 4를 선수하고 6으로 알뜰하게 살아 버린다.

바깥쪽 백 세력도 상당하지만 그 좋던 진영이 쑥밭이 되었다.

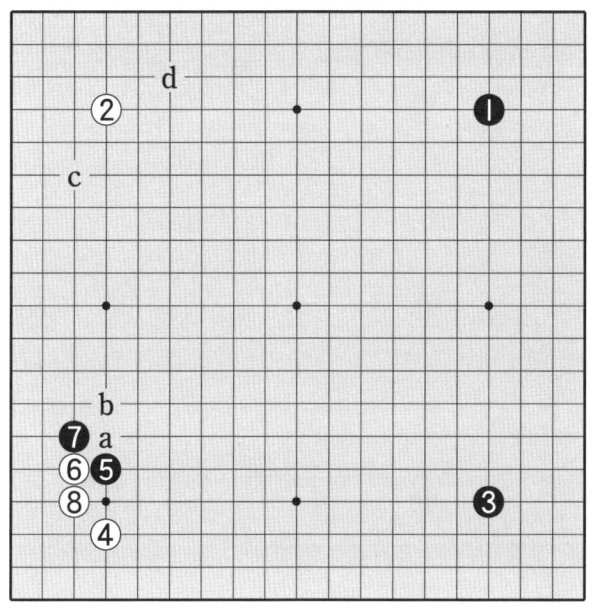

02-1도

1도(백, 화점·소목 포석)
흑1, 3의 양화점에 백은 2의 화점과 4의 마주보는 소목의 포진이다.

흑5의 한칸걸침에 백6, 8로 붙이고 는 것은 인기 넘버원의 수법이다.

다음 흑은 a, b의 이음과 c, d의 걸침 등의 선택이 있다.

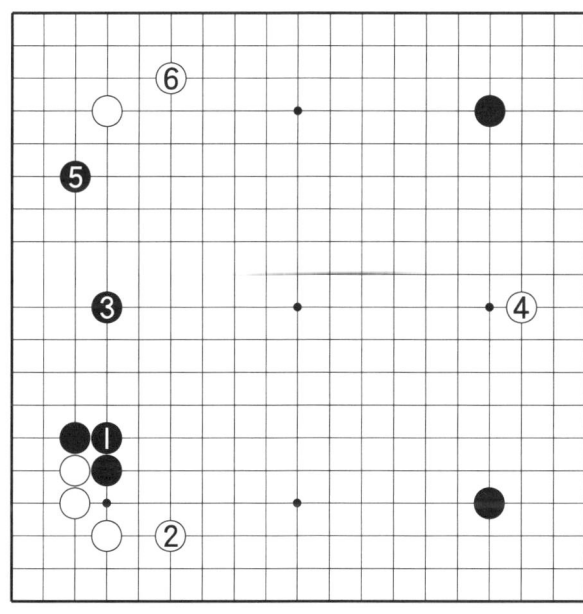

02-2도

2도(불만 없는 진행)
흑1로 꽉 잇고 백2에 흑3으로 높게 벌리는 것은 주문을 건 수법이다.

백이 신경도 안 쓰고 4로 우변을 갈라친다면 흑5로 걸쳐서 일단 좌변을 구축한다. 서로 불만이 있을 리 없는 진행이다.

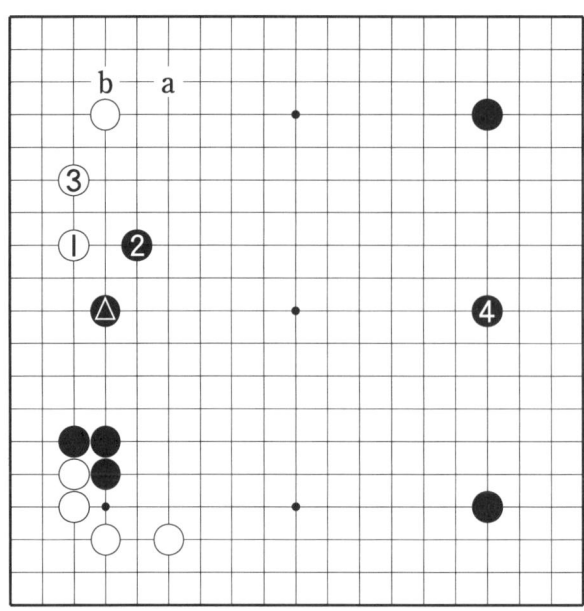

02-3도

3도(흑의 구상)

흑▲ 때 백1로 다가선다면 흑은 2의 날일자를 한 방 선수하고 4로 3연성을 펴겠다는 구상을 그리고 있었다.

이것은 이것대로 한판의 바둑이다. 흑2는 이에 앞서 a로 걸쳐 백b와 교환할 수도 있다.

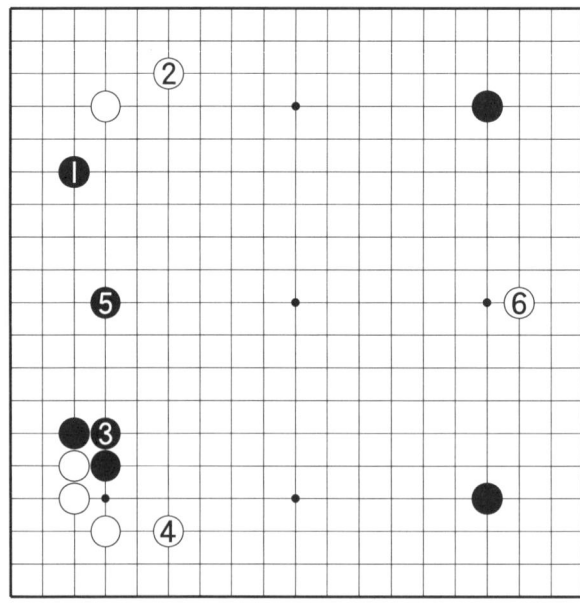

02-4도

4도(2도와 같아진다)

흑은 좌하를 결정하기 전에 먼저 1로 걸치는 수도 성립한다. 백2로 받을 때 흑3을 결정하고 5로 구축한다.

백은 6으로 갈라치는 진행이 되는데, 수순만 다르지 결과적으로 2도와 같아진다.

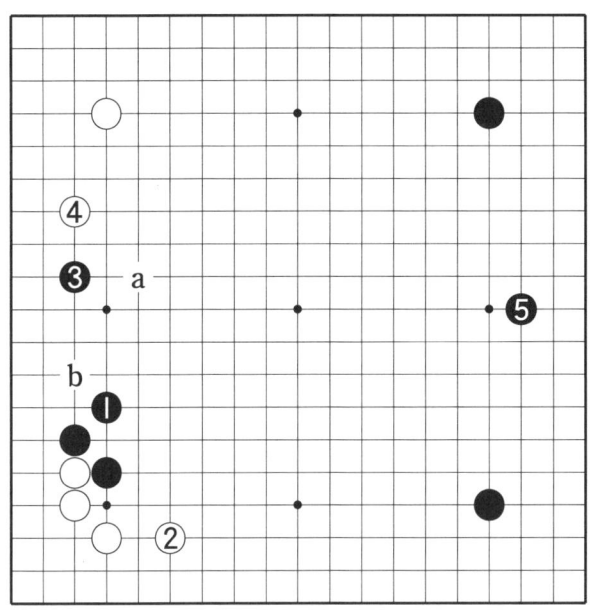

02-5도

5도(정석이지만)

이번에는 흑1로 호구치
고 3에 벌리는 변화다. 이
것도 정석이지만 백4의
다가섬이 호점이다.

흑은 a로 뛰면 두텁지
만 발빠르게 5로 둘 수
도 있을 것이다. 단, 백
b의 뛰어들기가 준엄한
침입이다.

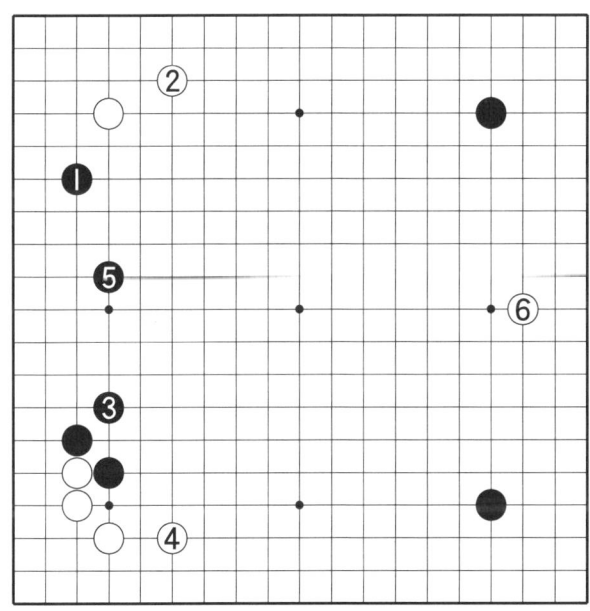

02-6도

6도(독특한 구축)

흑1쪽을 먼저 걸치고 백
2로 받을 때 흑3으로 호
구치는 것도 생각할 수
있다. 흑5로 좌변을 구축
하는 것이 독특하다.

다음 백6으로 갈라치
는 것이 무난한 수로, 꽤
유행했던 포석이다.

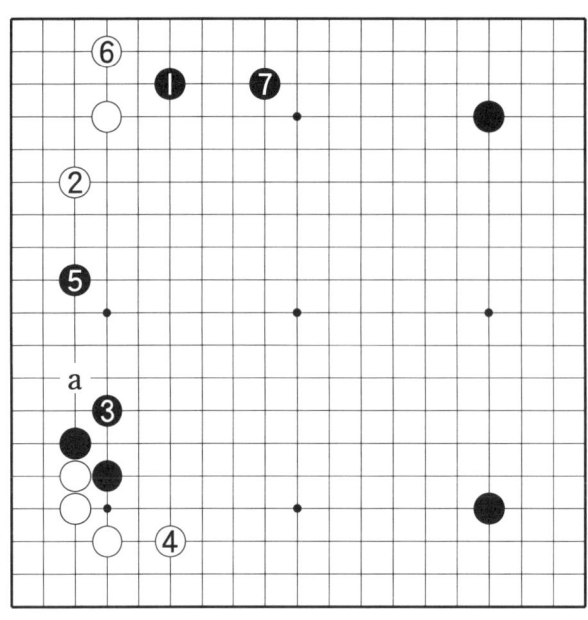

02-7도

7도(둘 만하지만)

흑1쪽에서 걸치는 수도 유력하다. 백2면 흑3, 백4를 결정하고 흑5로 벌린다. 백6 다음 흑7로 벌리는 정도다.

백은 이 진행도 충분히 둘 만하지만, a의 침입을 노리기 힘든 점이 아쉽다.

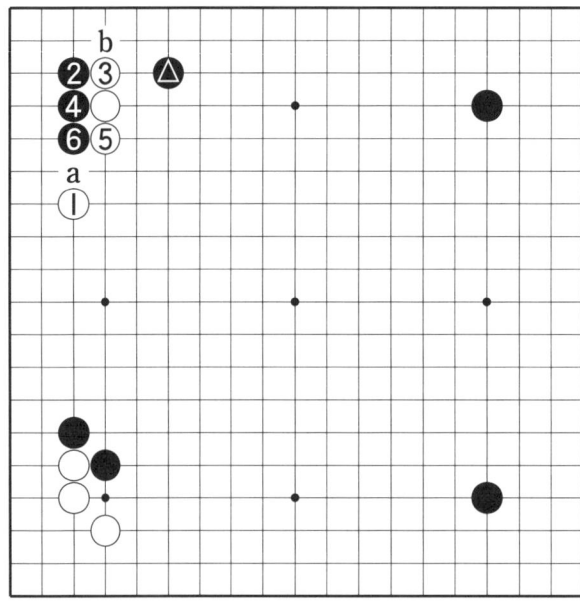

02-8도

8도(백, 눈목자받음)

그러므로 흑▲에 대해 백은 기세상 1의 눈목자로 받고 싶어진다.

흑2의 3三침입에 백3 이하 흑6까지는 필연적인 응접인데, 다음 백은 a와 b 가운데 어느 수를 선택해야 할까?

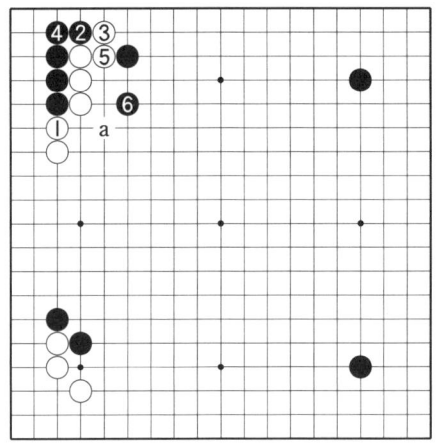

❶ 안성맞춤

이 장면에서 백1로 받는 것은 흑2, 4
로 젖히고 이은 다음 6의 뜀이 안성
맞춤이다.

백은 흑a를 선수당할 수는 없으므
로….

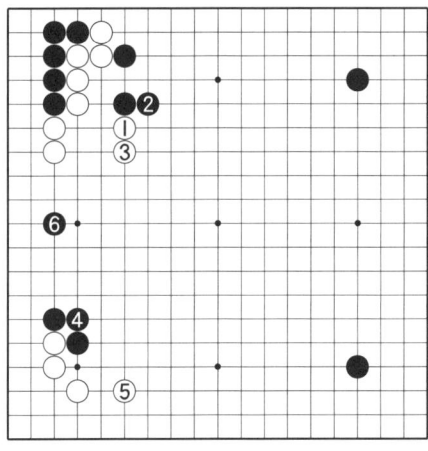

❷ 백, 당하다

백1로 붙일 수밖에 없는데 흑2, 백3
다음 흑4로 손을 돌리게 해서 6까지
한 것이 없다. 이것은 백이 당한 꼴
이다.

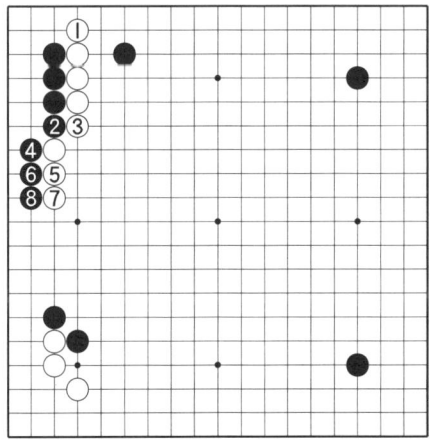

❸ 백1, 정수

따라서 백은 1로 내려서는 것이 정
수이자 최선의 대응이다.

흑2로 치받고 4, 6에서 또 8로 기
어나간 것이 중요한 수이다.

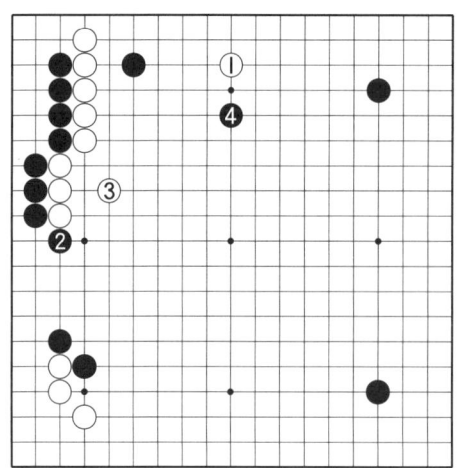

❹ 정형

계속해서 백은 1로 상변을 향하고 흑은 2로 석검머리를 두드린다.

백3에 지키고 흑4의 모자까지 일단락이며 정형이다.

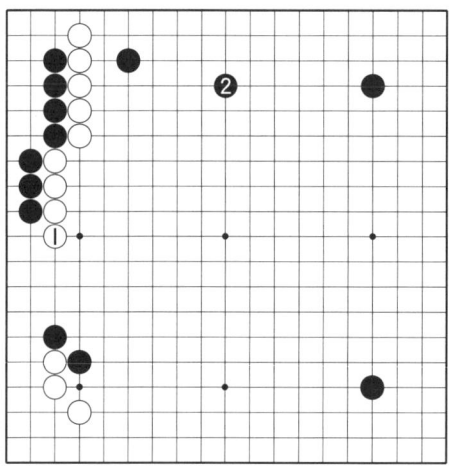

❺ 백1, 완착

앞 그림의 1로 이 그림처럼 백1에 느는 것은 완착이다.

흑은 2로 상변에 손을 돌려 만족 그 이상의 결과를 얻었다.

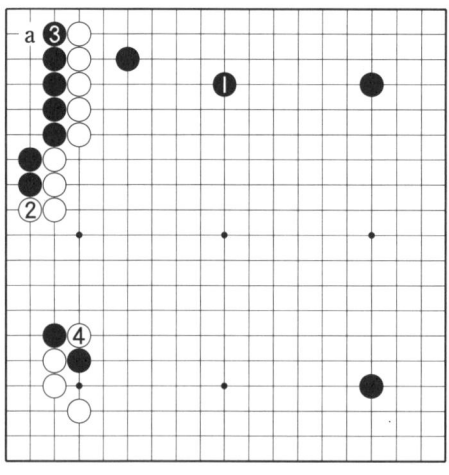

❻ 흑, 실패

❸의 8로 서둘러 이 그림 흑1로 가면 백2가 선수(흑3을 손빼면 백a로 전멸)여서 4에 끊겨 흑의 실패가 명백하다.

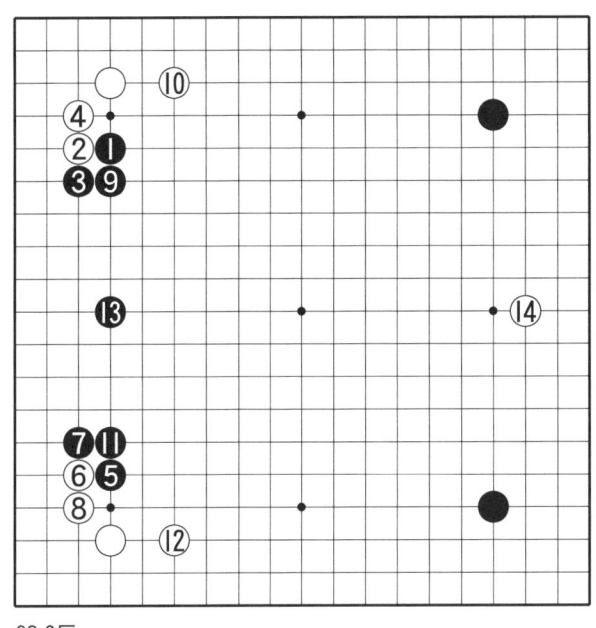

02-9도

9도(백, 향소목)

백의 향소목, 요컨대 마주보는 소목이다. 흑은 1로 걸쳐서 백2에 흑3, 백4를 교환하고 아래쪽도 똑같이 둔 다음 13까지 좌변을 구축하는 포진법이 있다.

한때 크게 유행한 만큼 참고로 싣는다.

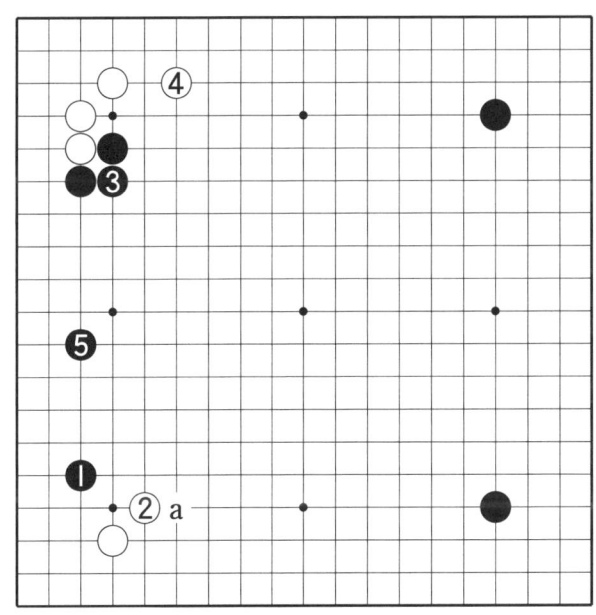

02-10도

10도(다른 구상)

앞 그림의 5로 흑은 이 그림처럼 좌하귀를 1의 날일자로 걸치고 백2로 받아준다면 그때 흑3에 잇고 5에 벌리는 구상도 가능하다.

백2는 a도 있으며 달리 협공하는 수도 있어 전혀 다른 바둑이 된다.

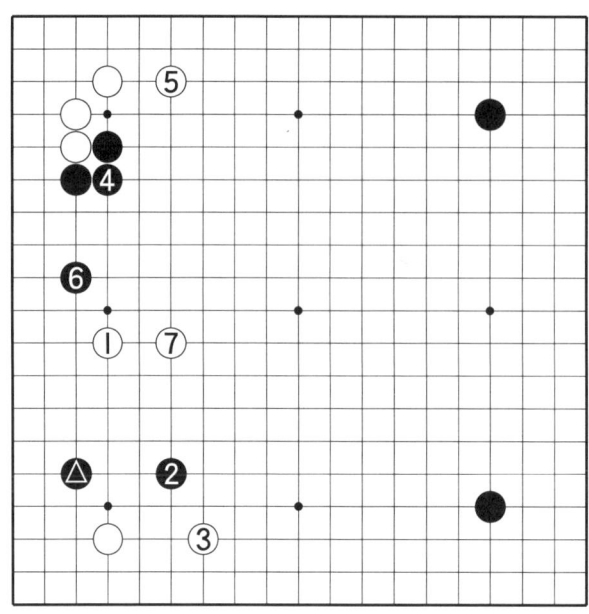

02-11도

11도(한판의 바둑)

이 그림은 하나의 예로 흑▲의 걸침에 백1로 협공하는 것도 생각할 수 있다.

흑2에 백3, 그리고 흑은 4에 잇고 좁지만 6에 벌린다. 백7로 뛰어 싸움이 벌어지는데, 이것도 한판의 바둑이다.

02-12도

12도(호각의 포석)

흑▲로 걸쳤을 때 좌하쪽을 받지 않고 백1로 끊는 변화다.

그러면 흑2로 붙이고 백3 이하 7까지 기본정석대로 둔 다음 흑a, 백b, 흑c로 좌변을 구축하는 구상도 있다. 이 포석도 호각이다.

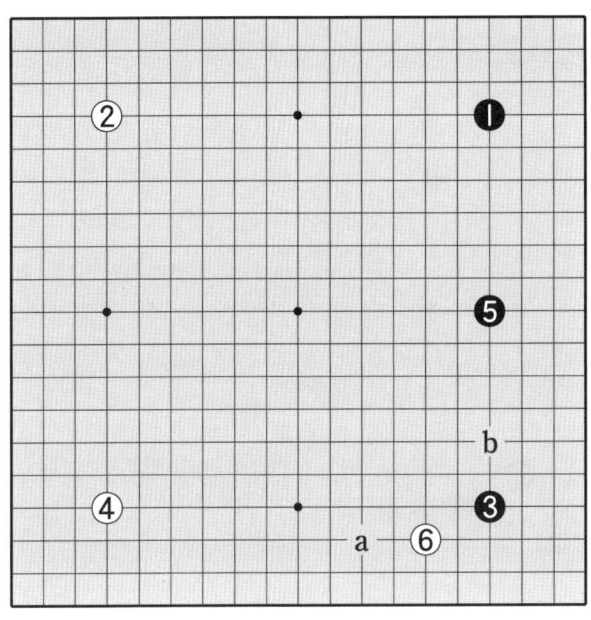

03-1도

1도(3연성)

흑1과 흑3의 2연성(양화점)에 흑5로 변의 화점이 더해진 것이 바로 3연성이다.

세력을 중시하며 싸움에 강한 포진이다. 백은 6으로 걸치는 것이 보통이며 흑은 a, b 등의 대응이 생각된다.

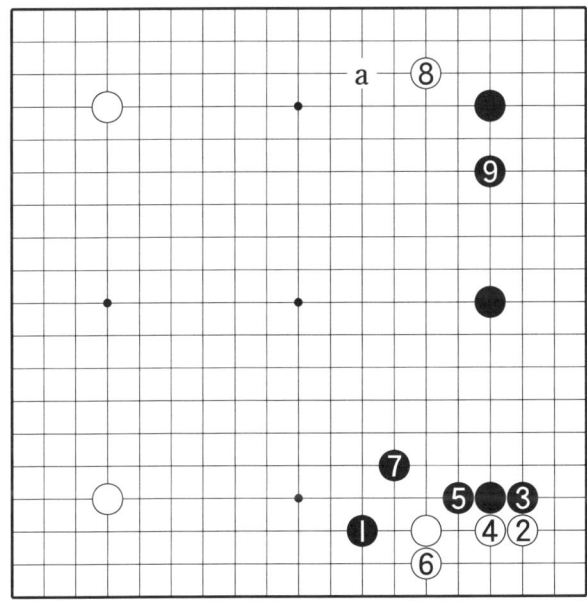

03-2도

2도(한칸협공)

흑1의 한칸협공과 3연성은 떼어놓을 수 없는 사이로 그 만큼 애용되는 수법이다.

백2 이하 흑7까지는 널리 알려진 기본정석이다. 백8에 흑9로는 또 다시 a의 한칸협공을 쓰는 경우도 있다.

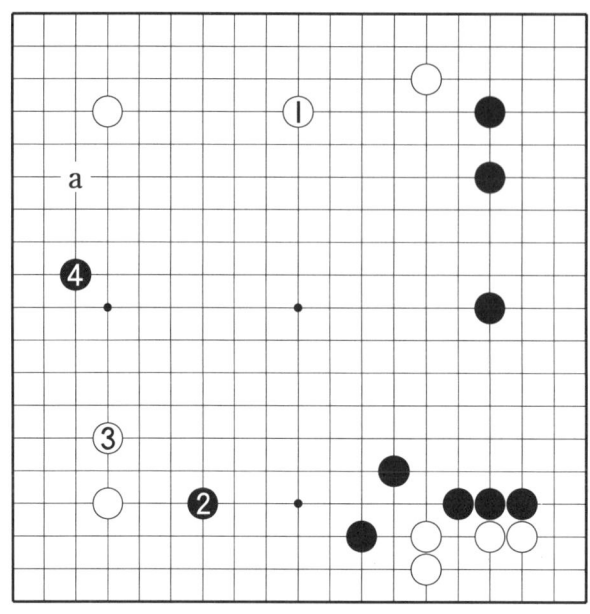

03-3도

3도(호각의 포석)

앞 그림에 이어, 백1로 상변을 구축하고 흑은 2로 하나 걸쳐놓고 백3을 기다려 흑4로 갈라치는 것도 흔히 볼 수 있다. 호각의 포석!

흑2로는 그냥 a에 걸쳐가는 구상도 가능하며 입맛의 문제일 것이다.

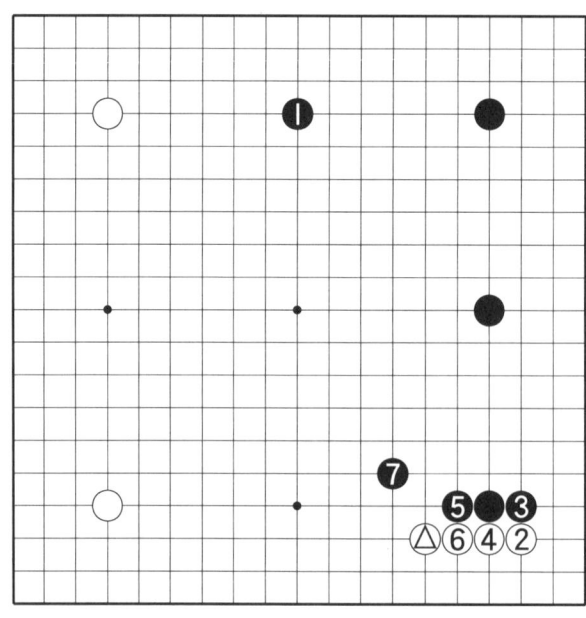

03-4도

4도(손을 빼고 벌림)

백이 △로 걸쳤을 때 흑은 손을 빼는 전법도 간혹 쓰인다.

흑1로 상변의 화점을 차지해 발빠르게 진영을 넓혀나가자는 의도다.

백2에는 흑3 이하 7이 틀이며 우상 일대가 웅대한 모습이다.

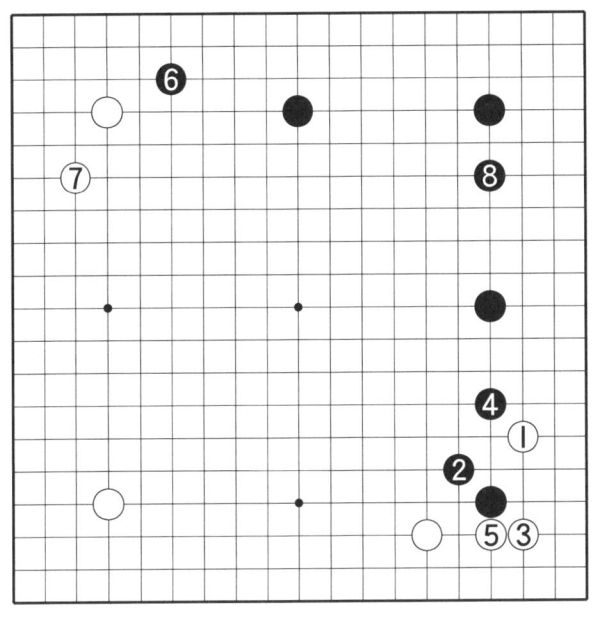

03-5도

5도(백의 양걸침)

앞 그림의 2로는 이 그림 백1로 양걸침을 하는 수도 종종 시도된다. 흑은 2, 4로 선수를 뽑아 6에 하나 걸치고 8로 우상귀를 굳혀서 우상 일대를 키우게 된다.

팽팽한 진행이라고 볼 수 있다.

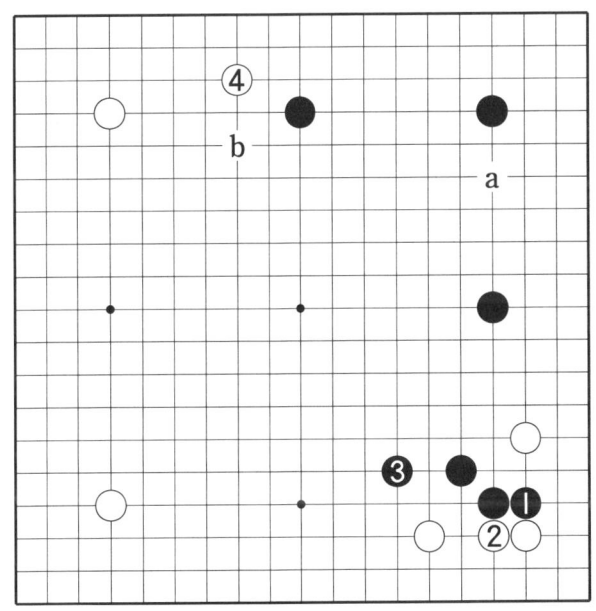

03-6도

6도(흑의 다른 구상)

앞 그림의 2로는 이 그림 흑1로 막고 3에 뛰는 수도 있다.

백은 우하귀에서 손을 빼어 4로 좌상쪽을 향하게 된다. 이다음 흑은 a로 우상귀를 굳히거나 b에 날일자해서 진영을 넓히게 된다.

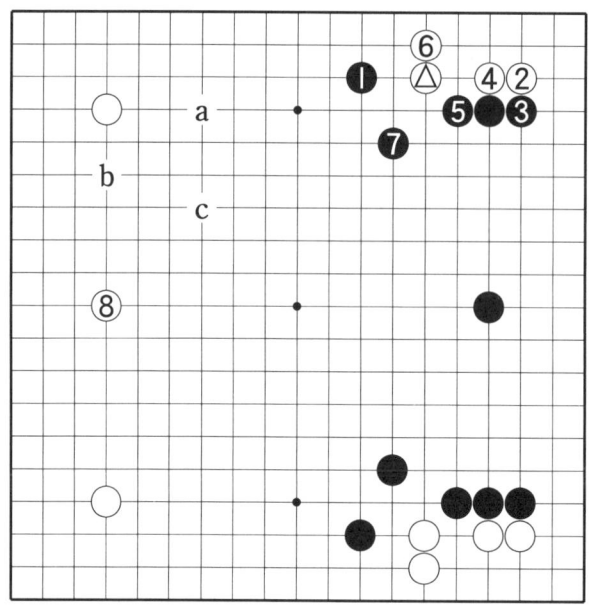

03-7도

7도(또 한칸협공)

2도의 후속편. 백△의 걸침에 흑1로 또 한칸협공하는 변화다.

그러면 백2~흑7은 우하귀와 똑같은 요령이며 백8로 3연성을 펴게 된다. 다음 흑a, 백b, 흑c로 세력을 확장하는 포석이 예상된다.

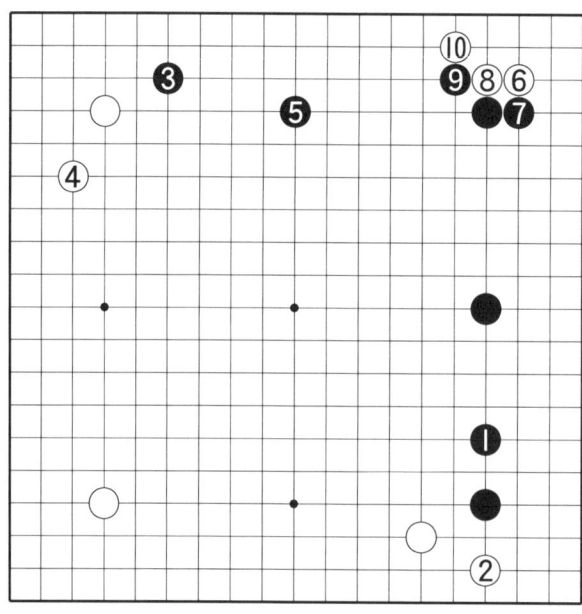

03-8도

8도(흑, 한칸응수)

처음으로 돌아가서 백의 걸침에 흑1로 점잖게 응수하는 수도 유력하다.

백2의 날일자에 흑은 손을 빼어 좌상귀 3에 걸치고 5로 구축하는 것이 요령이다. 다음 백6으로 3三에 들어가는 바둑이 될 것이다.

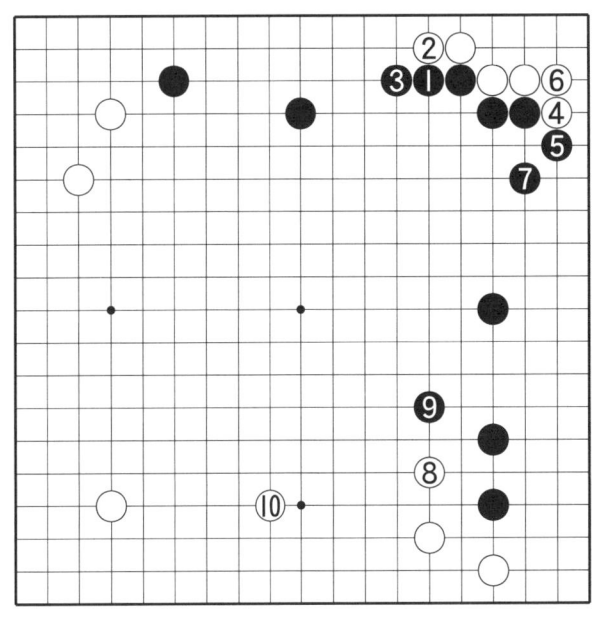

03-9도

9도(어울린 포석)

앞 그림에 이어 흑1, 3으로 받게 한 다음 백4, 6의 젖혀이음은 3三침입했을 때의 대표적인 정형이다.

백8의 한칸뜀은 게을리 할 수 없는 곳이며 흑9는 대세상의 요소다. 백10까지 잘 어울린 포석이다.

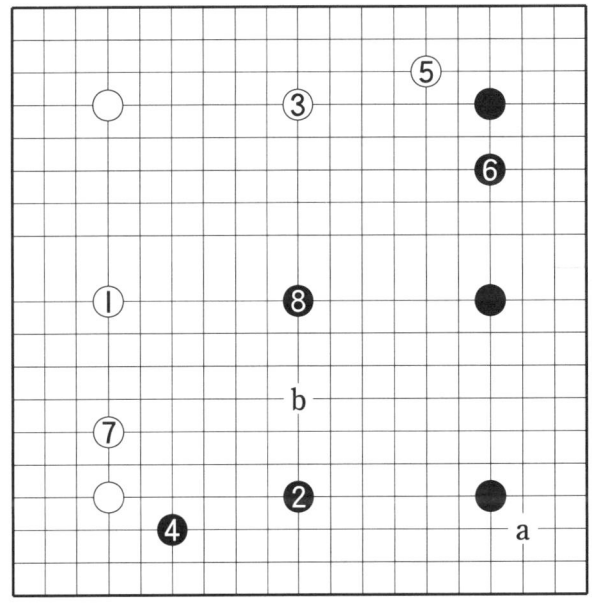

03-10도

10도(백도 3연성)

흑의 3연성에 백도 1의 3연성으로 대항하는 포석이다.

흑2, 4의 구축에 백도 3, 5로 따라 두어서 완벽한 흉내바둑인데 여기서 흑8의 천원이 호점이다.

다음 백은 a로 3三을 파든가, b 언저리부터 삭감하든가 예상된다.

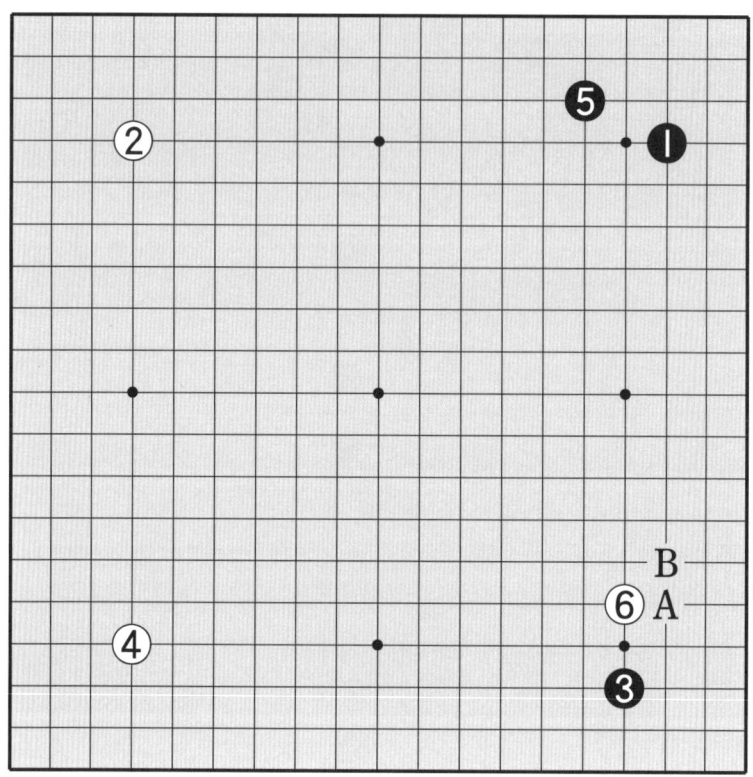

최근에는 화점이 없이 소목만으로 이루어진 포석이 크게 인기를 끌고 있다. 그 중심에 있는 것은 뭐니뭐니 해도 '소목 굳힘과 마주보는 소목'의 배합일 것이다. 이럴 때 상대방은 대체로 2연성으로 대항하는 경우가 상식적이다.

흑1, 3의 양소목에서 5로 우상귀를 굳히면 3의 소목이 굳힘을 마주보는 위치에 있음을 알 수 있다. 이것이 바로 양소목 굳힘 포석의 대표작이다. 백은 2, 4의 2연성 다음 6의 한칸걸침을 비롯해 A의 날일자걸침, B의 눈목자걸침 등의 수법이 있다.

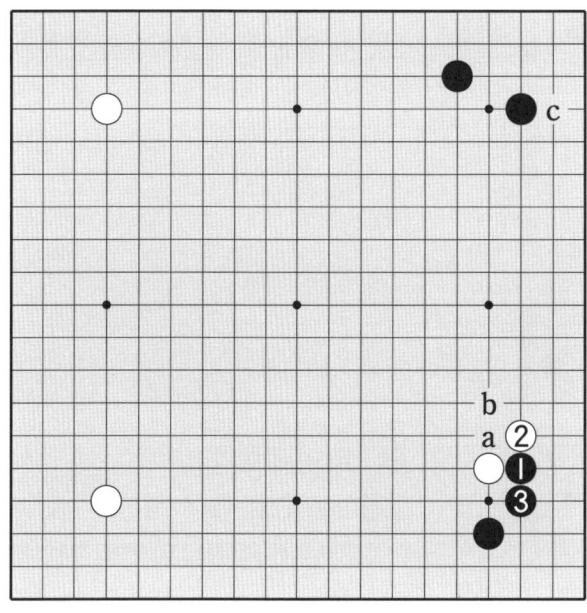

01-1도

1도(가장 간명)

백의 한칸걸침에 대한 흑의 응수 가운데 가장 간명하면서도 널리 쓰이는 수법이라면 1, 3으로 붙여끄는 것이다.

이다음 백은 a의 꽉이음, b의 호구이음, 그리고 c의 응수타진 등의 선택이 있다.

01-2도

2도(일석이조)

백1로 꽉 이으면 3까지가 정석이다. 흑4로 다가선 것은 자체로도 호점이며 a의 침입을 엿보는 의미에서 일석이조의 흰수이다. 백5로 b에 뛰면 무사하지만, 큰 곳을 차지하고 흑의 침입을 감수한다.

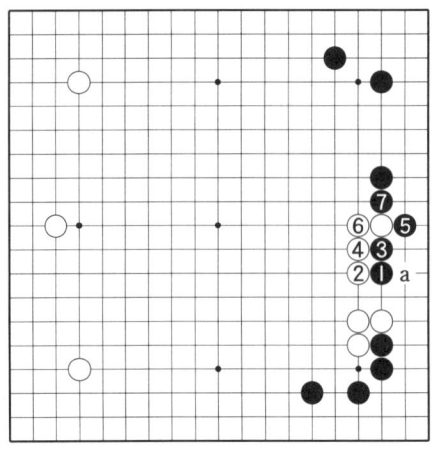

❶ 껍데기만 남다

하지만 막상 흑1의 침입을 당하면 제법 아프다.

백2에 흑3 이하 7(또는 a)로 건너서 백은 껍데기만 남은 모습이다.

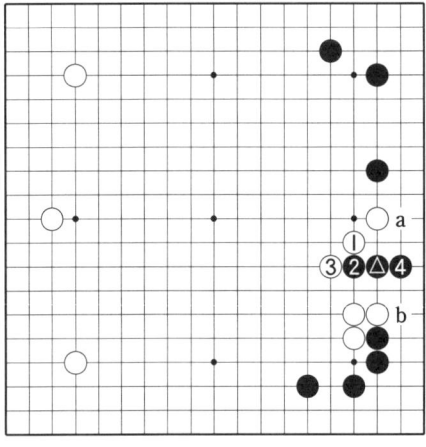

❷ 건넘이 맞보기

흑▲ 때 백1로 마늘모하면?

흑2로 나가두고 4로 늘어서는 것이 a와 b의 건넘을 맞보는 맥점이어서 백의 낭패다.

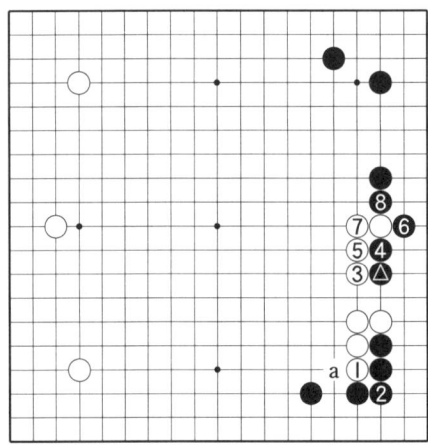

❸ 약간 이득

흑▲ 때 백1로 찝어 흑2와 교환해 놓는 것이 약간 이득이다.

흑이 건넌 다음에 1을 둬봤자 이제는 흑a로 받는다.

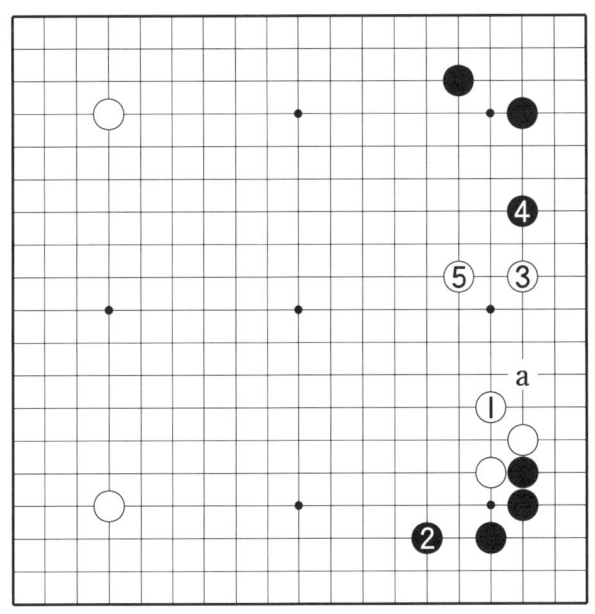

01-3도

3도(발은 늦지만)

백1로 호구치고 3까지 벌릴 수도 있으며 이것도 기본정석의 하나다. 흑4는 호점이며 백5로 지켜두지 않으면 흑a의 침입이 통렬하다.

01-2도에서도 이런 식으로 지키는 것이 발은 늦지만 두텁다.

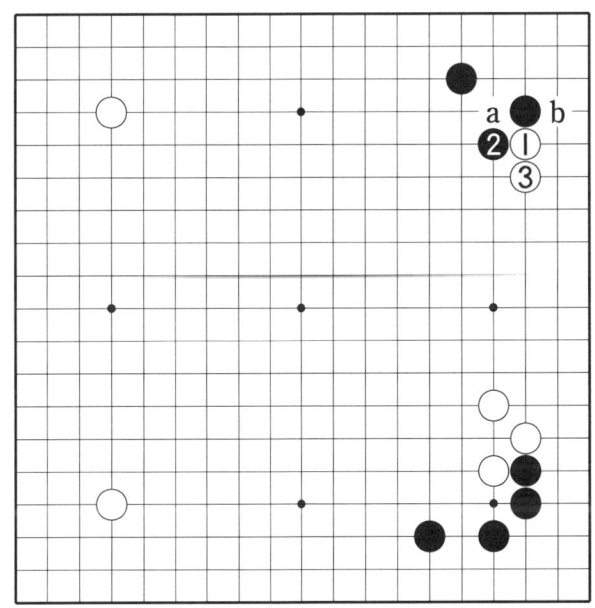

01-4도

4도(굳힘에 붙임)

이 장면에서 백1로 우상귀 흑의 굳힘에 붙여가는 수가 최근에 많이 시도되고 있다.

흑2의 젖힘에 백3으로 늘고 흑의 응수를 살핀다. 흑은 a로 꽉 잇느냐, b로 내려서느냐의 선택이 있다.

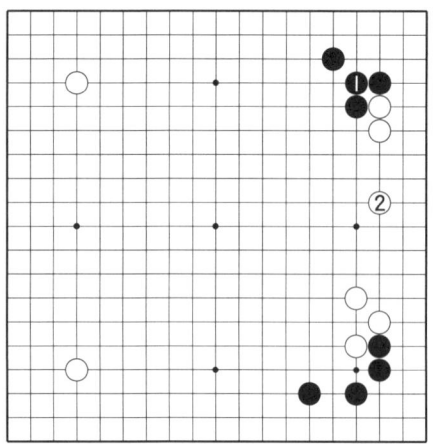

❶ 안성맞춤

초기에는 흑1로 두텁게 이었다. 백은 2로 두칸을 벌리는 것이 안성맞춤이다. 아래쪽 백과의 간격도 상당히 좋다. 최근에는….

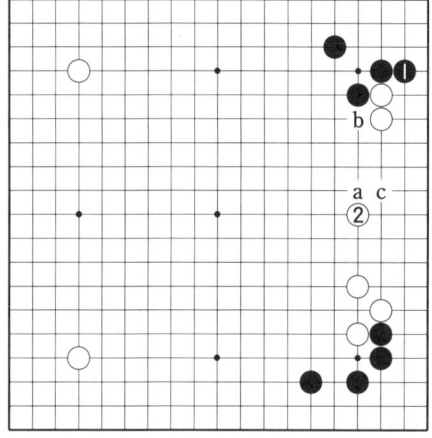

❷ 내려섬이 대세

흑1로 내려서는 수가 대세가 되었다. 백2 다음 흑이 a로 당장 안 오면 백 b로 꼬부리는 겻이 호점이다. 백2는 c도 있다.

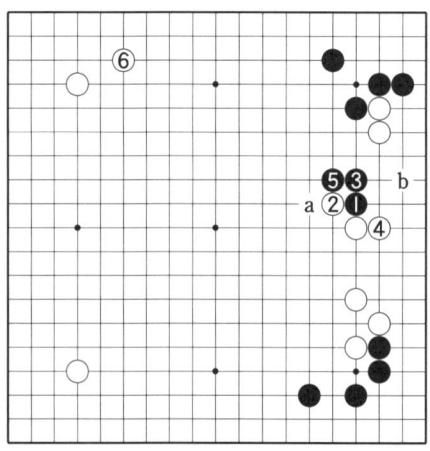

❸ 흑의 붙임

흑1의 붙임에는 백2, 4가 응수의 요령이다. 흑5에 백6은 큰 곳인데 a로 늘 수도 있다. 우상귀가 커 보이지만 백b가 남아 있다.

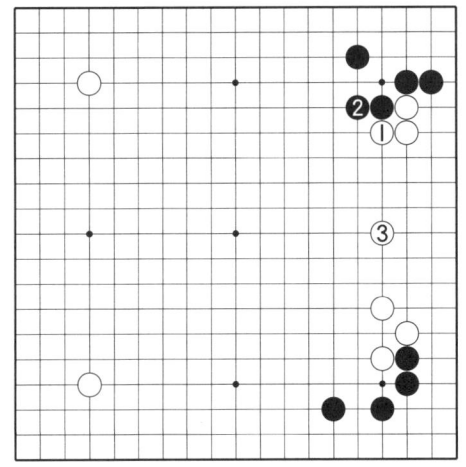

❹ 먼저 꼬부림

❷의 2로는 백1로 먼저 꼬부리는 수도 있다. 흑2를 기다려 백3으로 우변을 구축하려는 의도로 자주 볼 수 있는 진행이다.

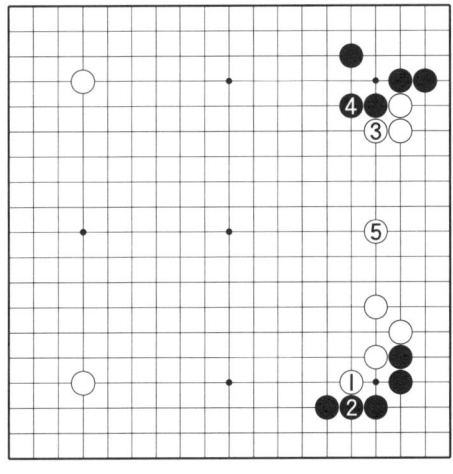

❺ 선수활용

백1, 흑2을 선수활용하고 백3으로 꼬부리는 수순도 있다.

백5까지 앞 그림과 대동소이한 결과다. 흑도 불만은 없다. 흑4로….

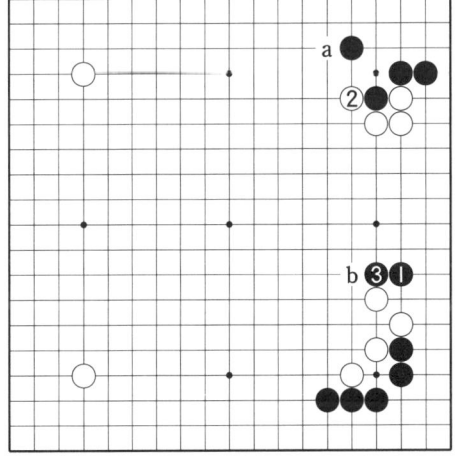

❻ 흑의 반발

이 그림 흑1로 반발하면 백2와 흑3은 기세다. 장차 a의 붙임이 백의 자랑스러운 후속수이며 당장은 b로 젖혀가게 된다.

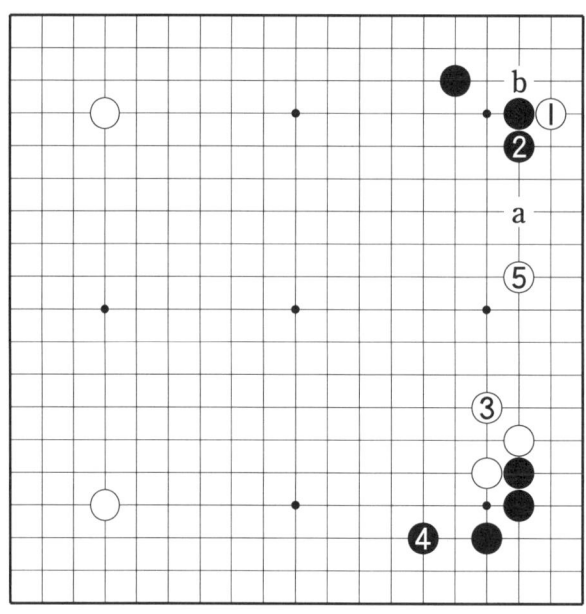

01-5도

5도(응수타진)

우하귀를 결정짓기 전에 백1로 붙여서 응수를 타진하는 것이 재미있는 수단이다.

흑2면 백3에서 5의 기본정석을 완료한다. 다음 흑은 a로 두고 싶지 않은 것이 백b의 귀살이가 있는 까닭이다.

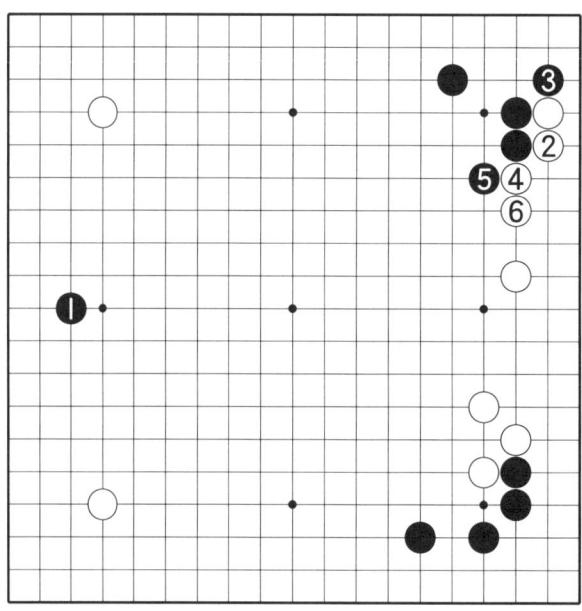

01-6도

6도(우변 강화)

요컨대 우상쪽의 가치가 그만큼 떨어졌다는 뜻이다. 그런 이유에서 흑1로 갈라친다면 백은 2로 끌어내는 것이 유력하다.

흑3에 백4로 젖히고 6에 늘어서 실리를 얻으면서 우변을 강화한다.

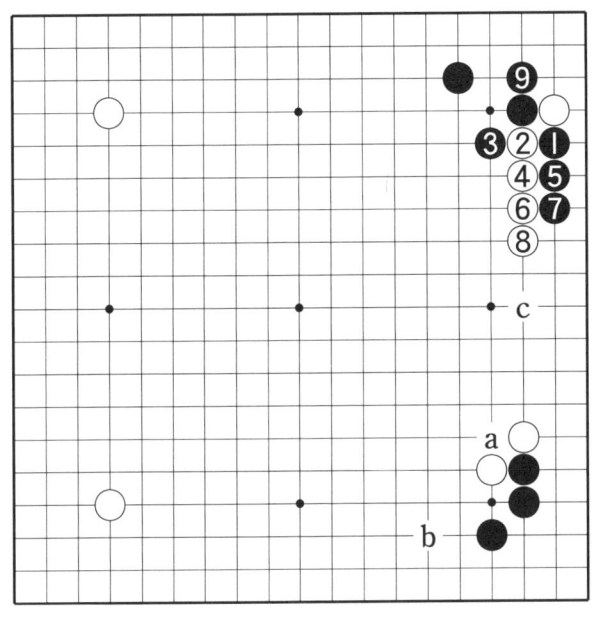

01-7도

7도(호각의 갈림)

흑1로 젖히는 것은 강수이며 백2의 맞끊음은 준비된 맥점이다. 흑3, 5, 7 역시 강력한 수단으로 배워둘 만하다.

흑9까지는 하나의 정형이며 다음 백a, 흑b, 백c로 일단락된다. 호각의 갈림이다.

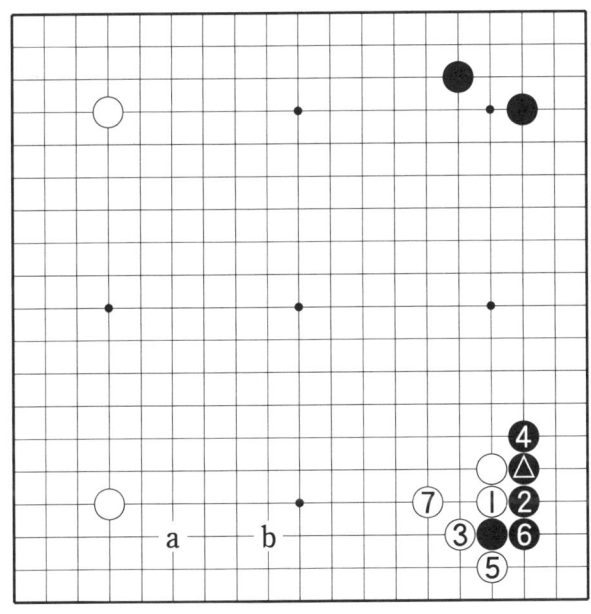

01-8도

8도(간명한 수법)

거슬러 올라가 흑△의 붙임에 백1로 치받고 3에 젖히면 밀어붙이기로 돌입한다.

그런데 흑4에 백5로 단수하고 7에 호구치는 것이 최근 각광받는 간명한 수법이다. 여기서 흑은 a와 b의 선택이 있다.

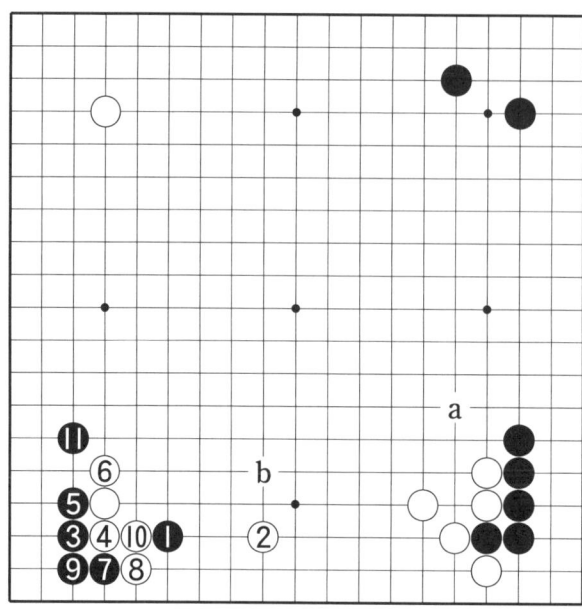

01-9도

9도(팽팽한 포석)

흑1로 걸치면 백2의 두 칸협공이 안성맞춤이다. 흑3 이하 11까지는 수순은 길지만 기본정석이다.

다음 백은 a의 곳 날일자 행마가 요소이며, 그러면 흑은 b의 모자로 삭감하게 되어 팽팽한 흐름이다.

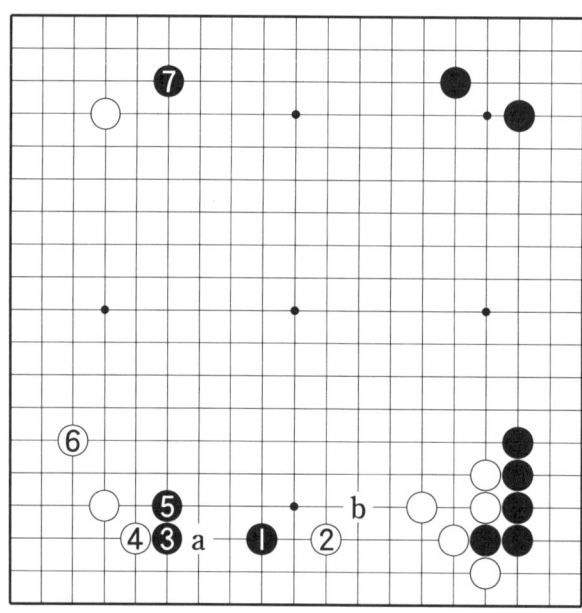

01-10도

10도(흑의 갈라침)

흑1로 갈라치는 수도 유력하다. 백2에 흑3, 그리고 백4의 마늘모붙임에서 6은 정형화되어 있는 진행이며 흑은 손을 빼어 7로 좌상귀를 걸친다.

수순 중 백2로 a쪽에서 가면 흑b로 높게 벌리는 것이 요령이다.

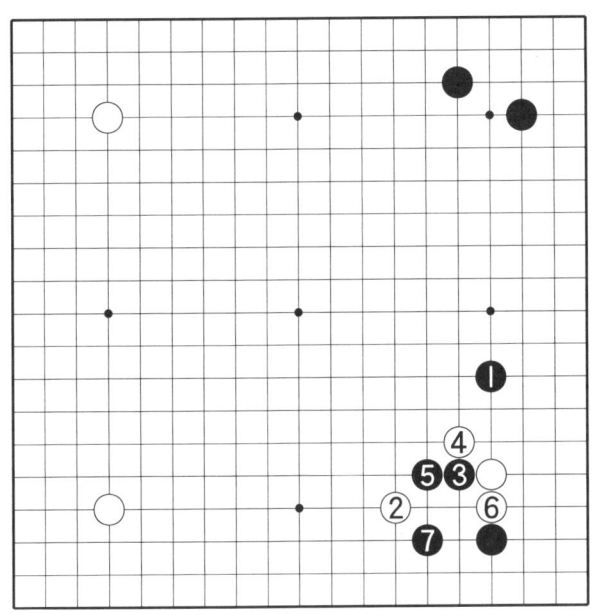

01-11도

11도(두칸높은협공)

백의 한칸걸침에 흑1의 두칸높은협공도 간혹 쓰인다. 우상귀 날일자굳힘을 배경삼고 있음은 물론이다.

백은 2의 눈목자가 상식적이며 되도록 간명한 코스를 택하는 것이 바람직하다. 흑7 다음…

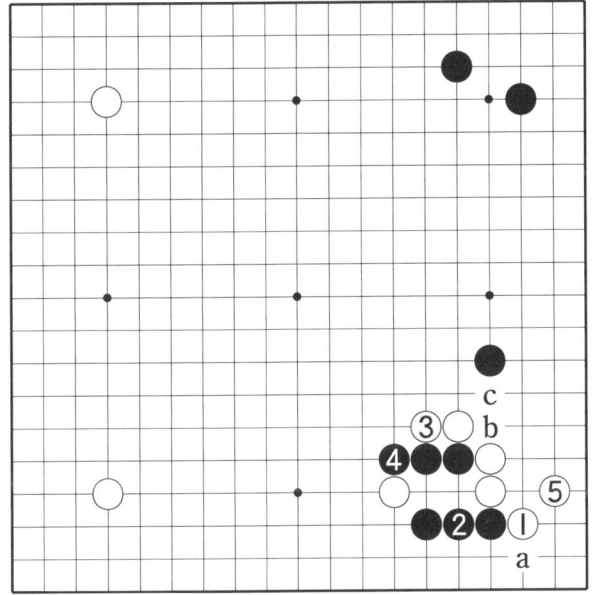

01-12도

12도(현명한 선택)

백1로 젖히고 흑2 때 백3, 흑4를 선수하고 간명을 위하자면 점잖게 백5로 호구치는 것이 현명하다.

백은 흑의 세력권에서 괜히 복잡하게 둘 필요가 없다. 백5로 a는 흑b에 끊겨 백c 이하의 난해한 길이 기다린다.

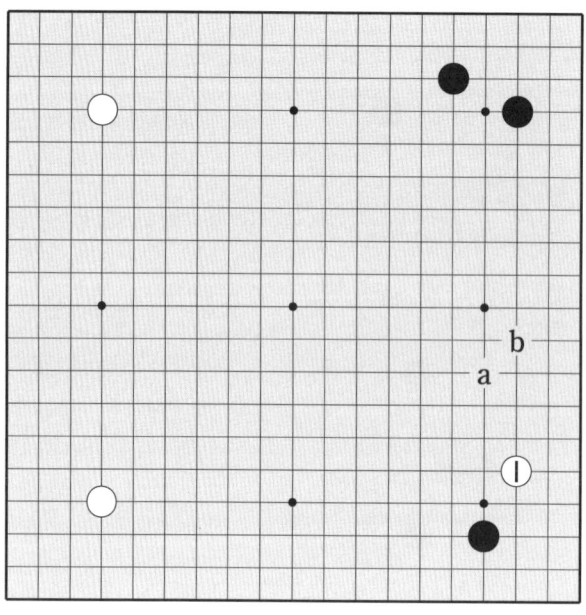

02-1도

1도(백의 날일자걸침)

이번에는 백1의 날일자걸침인데 결론을 먼저 말하자면 그다지 권장하고 싶지 않은 수이다.

여기서 가장 많이 두어지는 대응은 a의 두칸높은협공과 b의 세칸협공이다. 자, 흑은 어느 쪽을 선택해야 할까?

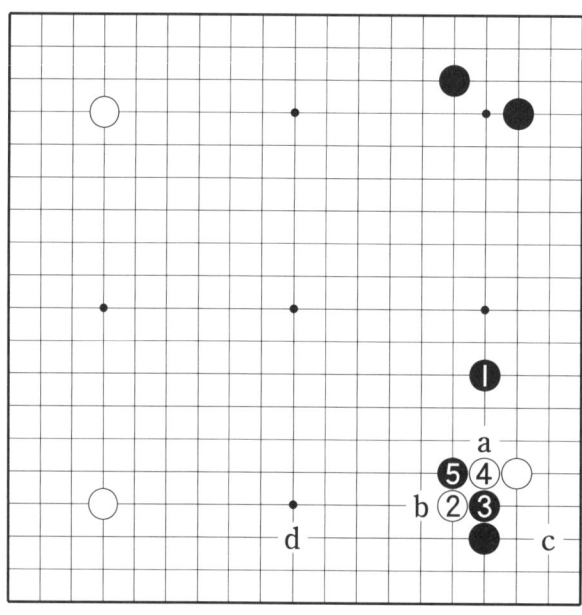

02-2도

2도(두칸높은협공)

흑1의 두칸높은협공이면 백2의 날일자씌움이 제일감의 수이다.

달리 a의 마늘모로 두면 흑b, 백c, 흑d의 옛 정석(?)만 써도 백이 별로인 결과다. 흑3, 5로 나가끊은 다음….

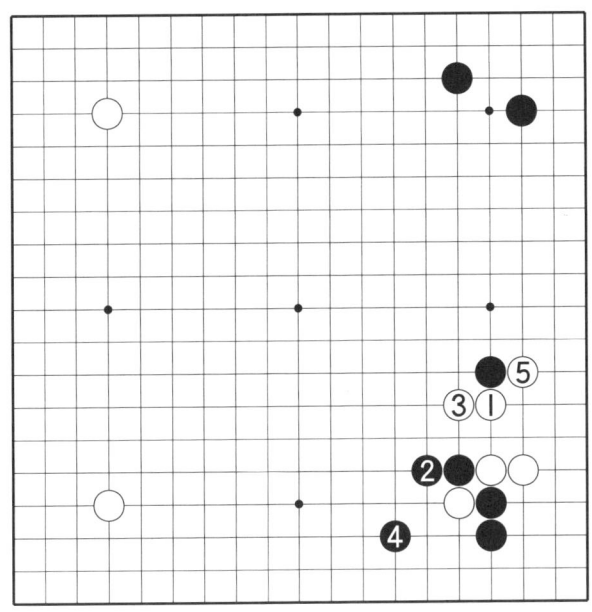

02-3도

3도(기본정석)

백1의 붙임은 맥점이며 흑2, 백3에 서로 뻗고 흑 4, 백5로 일단락된다.

여기까지가 기본정석으로, 백은 우상 흑의 굳힘을 견제하는 데 성공한 셈이다. 흑도 불만은 없지만 성에 안차는 결과일 수도….

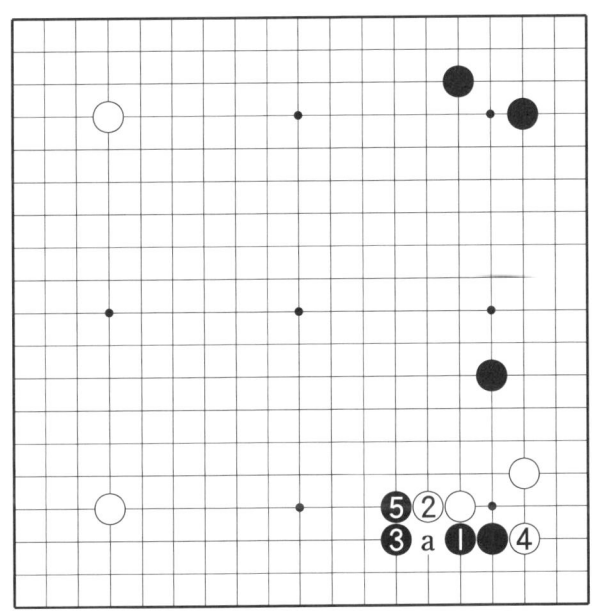

02-4도

4도(순순히 받고 뛴다)

흑은 나가끊지 않고 1로 순순히 받고 3에 뛰는 것도 유력하다.

여기서 백4의 3三붙임은 늘 쓰는 맥점이며, 흑은 a의 약점을 무시하고 5로 밀어올리는 것이 세력을 중시하는 수법이다. 이다음….

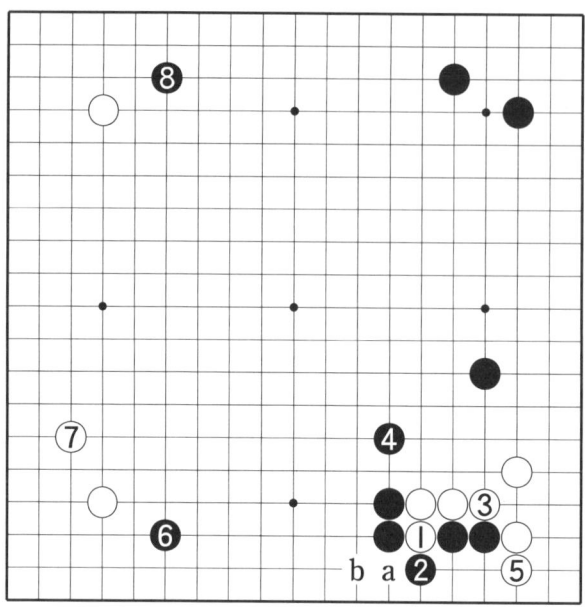

02-5도

5도(두터운 수법)

백1로 찔러두고 3에 막아두는 것이 두터운 수법이다. 흑4로 뛴 것은 행마의 틀이며 백5는 근거와 실리에 관계되는 요소로 흑6, 백7, 흑8이라는 진행이 예상된다.

수순 중 백5는 이에 앞서 a, 흑b와 문답할 수도 있다.

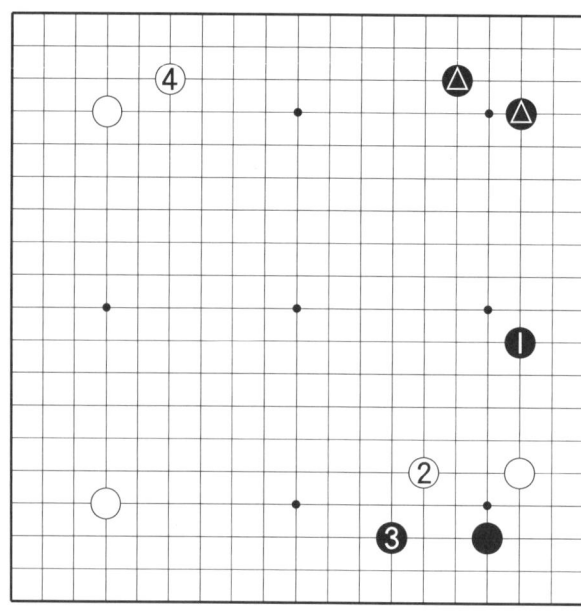

02-6도

6도(적합한 협공)

흑1의 세칸협공이 가장 적합하다. 흑▲의 굳힘으로부터 벌림 겸 협공을 하고 있는 일석이조의 수이기 때문이다.

백은 2, 4 정도이니 흑은 기분 좋게 스타트를 끊고 있는 셈이다. 백은 내키지 않는 진행이다.

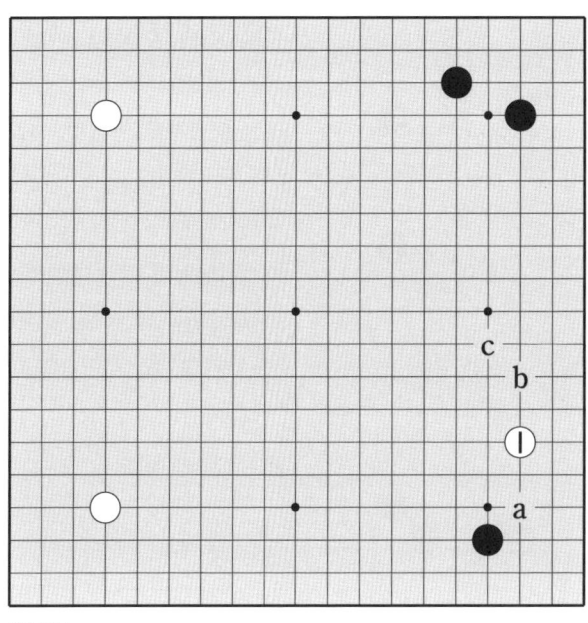

03-1도

1도(눈목자걸침)
마지막으로 다루게 된 수
는 백1의 눈목자걸침이
다. 흑의 소목과 거리가
있는 만큼 협공에서 다
소 자유롭다.
　흑의 대응은 a의 마늘
모가 대세다. b와 c의 협
공은 한데 묶어서 설명
하기로 한다.

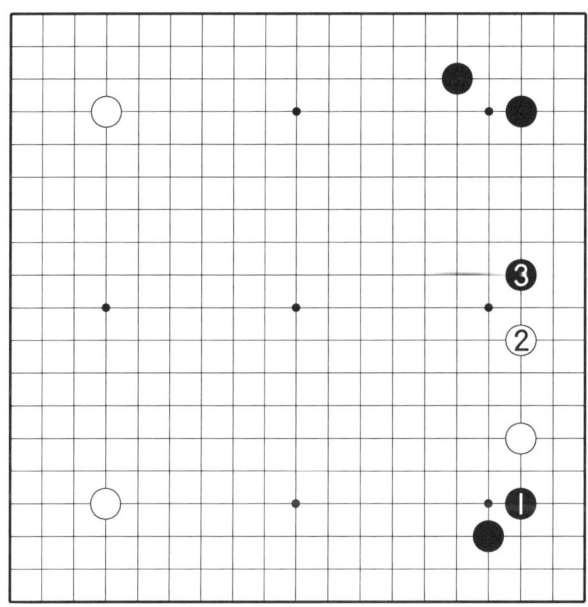

03-2도

2도(백의 두칸벌림)
흑1의 마늘모는 견실한
응수이지만 귀가 걱정이
없는 까닭에 자연히 싸
움에도 강하다.
　백2의 두칸벌림은 이
경우 다소 의문이다. 흑3
으로 바짝 다가서서 압
박해오는 수가 너무 좋
은 곳이기 때문이다.

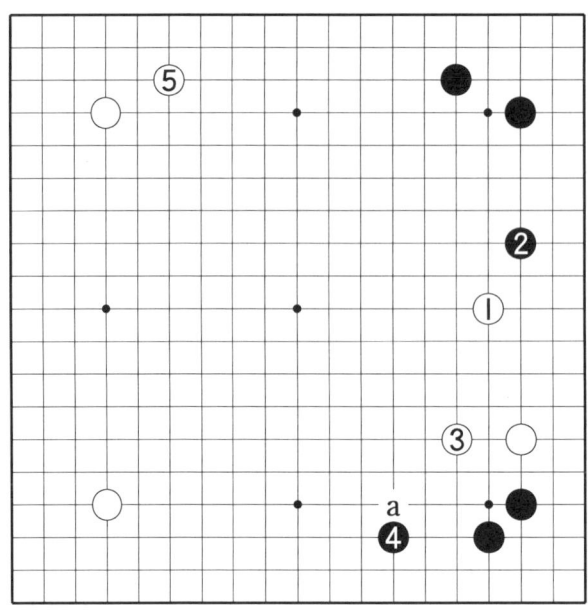

03-3도

3도(모범 포석)

둔다면 백1로 멀리 벌리는 것이 바람직하다. 흑2로 다가서는 것은 호점이며 백은 3으로 뛰어서 지켜둔다.

흑4(또는 a)로 벌릴 때 좌상귀를 백5로 굳혀서 한판의 바둑이 된다. 모범적인 포석!

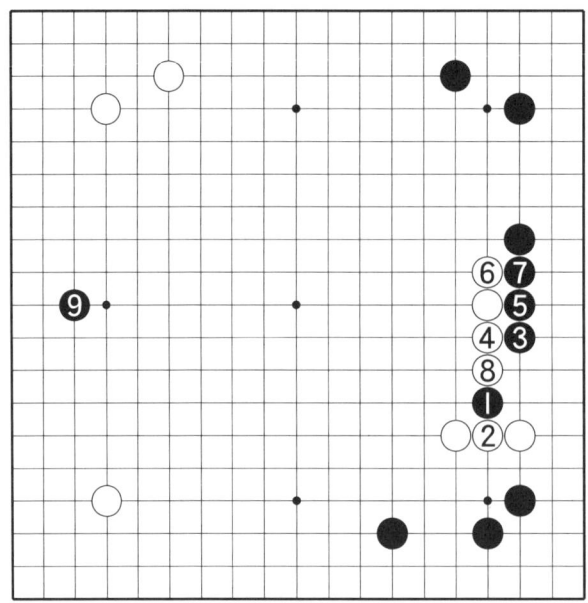

03-4도

4도(호각의 포석)

앞 그림에 이어, 흑1로 들여다보고 3에 파고들어 백을 괴롭히는 수단이 날카롭다.

그렇지만 백은 4 이하 8까지 두텁게 응수해서 충분히 둘 수 있다. 흑9의 갈라침에 이르기까지 호각의 포석이다.

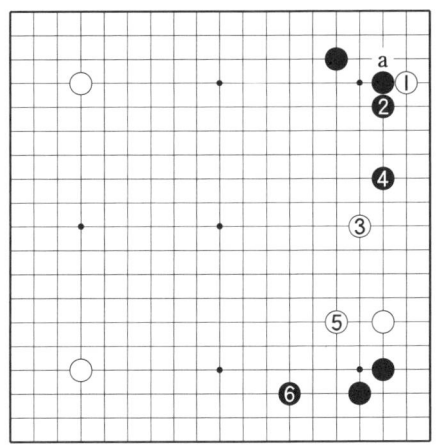

❶ 응수타진

이때도 백1의 응수타진이 재미있다.
흑2면 백3, 5로 지켜둔 다음 a의 귀
살이를 남길 수 있다는 것이 백의 자
랑이다.

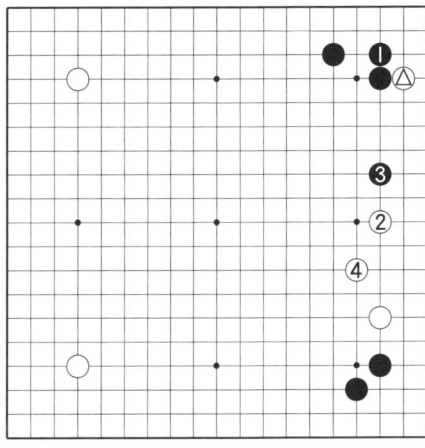

❷ 찬성할 수 없다

흑1로 받을 때 백2에서 4로 지키는
것은 찬성할 수 없다.

　백△와 흑1의 교환이 이득이라고
보기 어렵기 때문이다. 백2로는….

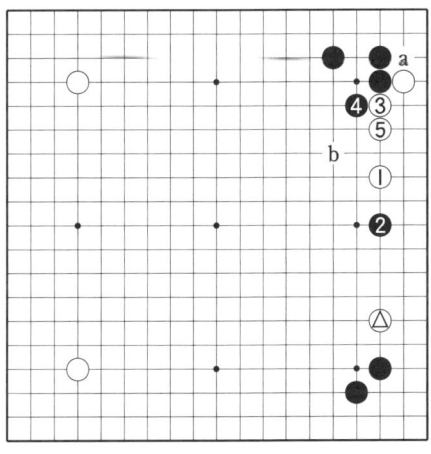

❸ 묘미 있는 착상

백1까지 밀리 빌리는 것이 묘미 있
는 착상이다.

　흑2에는 백3, 5로 다음 a나 b를 봐
큰 걱정이 없다. 백△도 아직은 건재
하다.

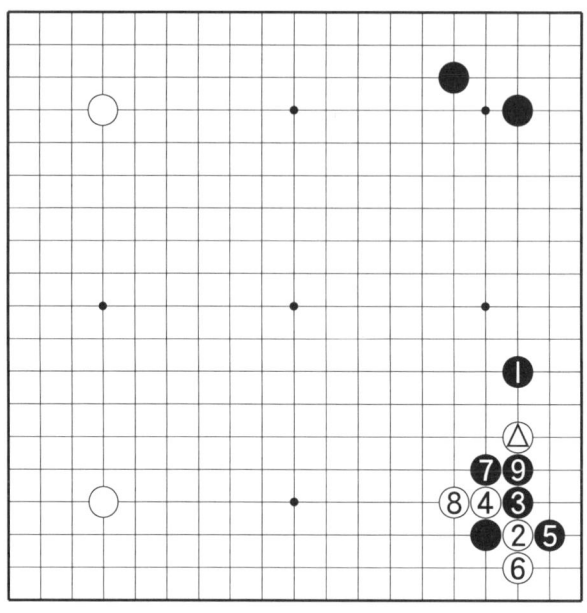

03-5도

5도(한칸협공)

백△의 눈목자걸침에 흑 1의 한칸협공은 여유를 주지 않는 강력한 수법 이다. 이에 대해 백2의 붙 임은 가장 많이 쓰이는 수이다.

흑3, 백4의 맞끊음에서 흑9까지는 필연적인 수 순이다. 계속해서….

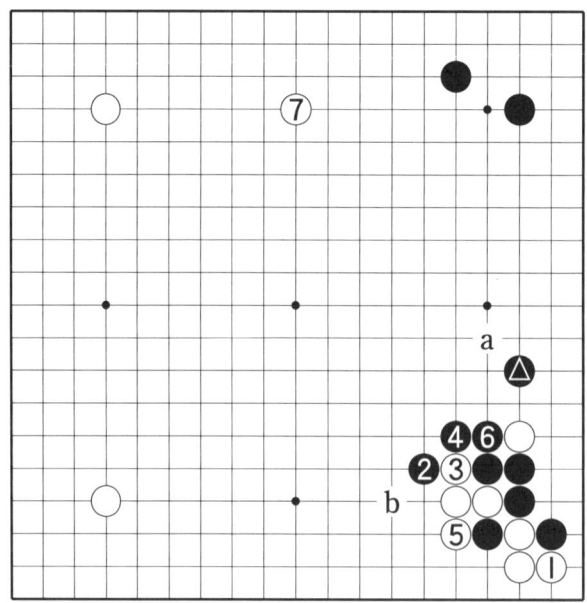

03-6도

6도(대표 정석)

백1의 꼬부림에 흑2로 씌 워간 것은 정해진 틀이 며, 백3에서 5 때 흑6으 로 꽉 이어서 정석이 일 단락된다.

흑▲가 a의 두칸높은 협공일 때는 2 대신 b쪽 에서 가는 것이 옳은 수 법이다. 그것은 '레벨업 레슨'에서 다룬다.

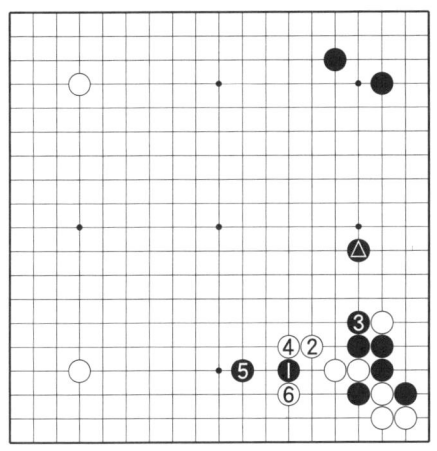

❶ 흑1, 정수

흑▲로 협공했을 경우에는 흑1로 가는 것이 정수다.

백2를 기다려 흑3으로 지키고 백4에는 흑5로 뛰는 것이 요령이다.

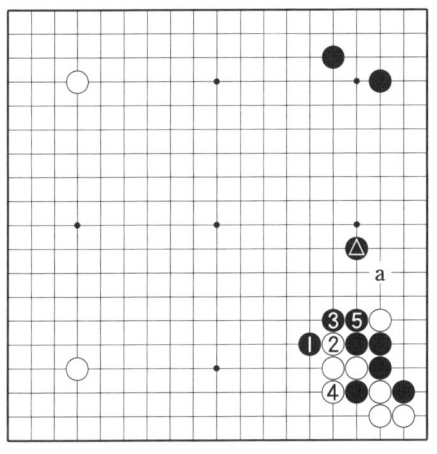

❷ 달콤한 꿈

흑1로 씌우는 것은 무리수다. 백이 2, 4로 두어만 준다면 흑5로 이어서 a보다 ▲에 있는 편이 훨씬 좋지만 이것은 달콤한 꿈이다.

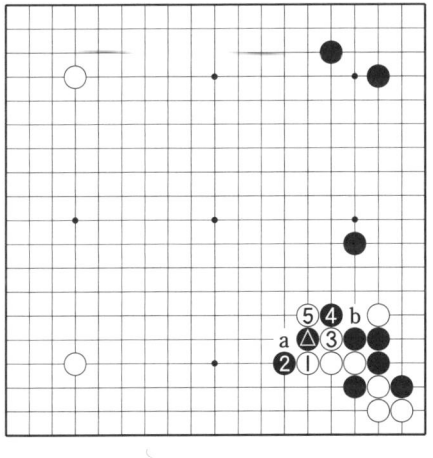

❸ 백3, 5가 통렬

흑▲의 씌움에 대해 백은 1로 나간다. 흑은 2로 젖히지 않을 수 없는데 백3, 5가 통렬하다. 다음 흑a는 백b로 끊겨 망하므로….

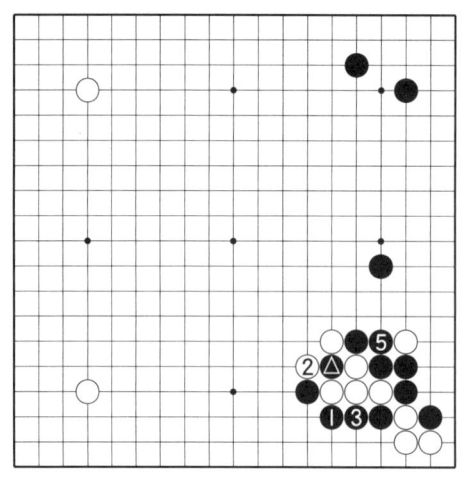

❹ 돌려쳐도 아프다

하는 수 없이 흑은 1로 돌려칠 수밖에 없다. 백2에 흑3의 한방은 기분 좋지만 거기까지다.

흑5로 잇지 않을 수 없는 것이 아프다.　　　　　　　　　(④·▲)

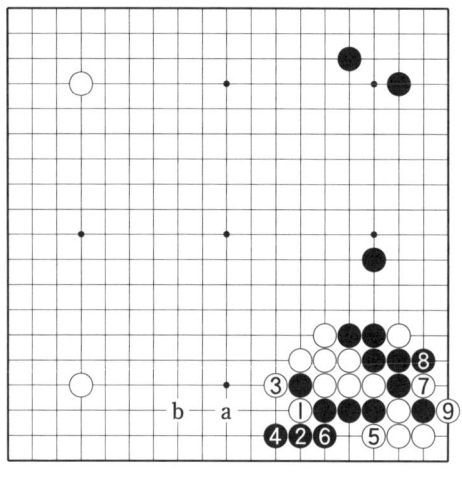

❺ 흑의 실패

계속해서 흑은 백1, 3의 빵따냄을 허용하는 것이 아프다.

백이 5 이하 9로 유유히 살고 난 다음, 흑은 a에 둬도 백b로 공격받는다.

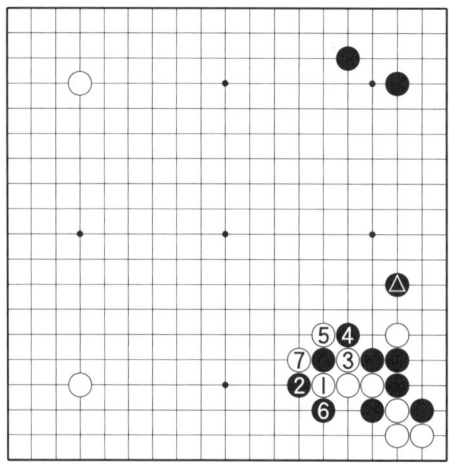

❻ 한칸의 경우는?

그렇다면 흑▲의 한칸일 경우는 어떤가. 이때도 백1로 나가고 흑2 때 백3, 5로 나가끊는 수가 성립하지 않나? 흑6, 백7 다음….

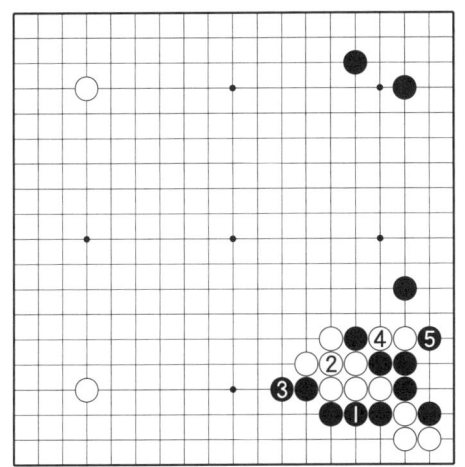

❼ 다른 결과

흑1로 단수하고 3에 느는 수가 성립하는 것이다.

바로 이것이 ❹와는 다른 결과를 낳는 것이다. 백4에 흑은 5로 젖힐 수가 있다.

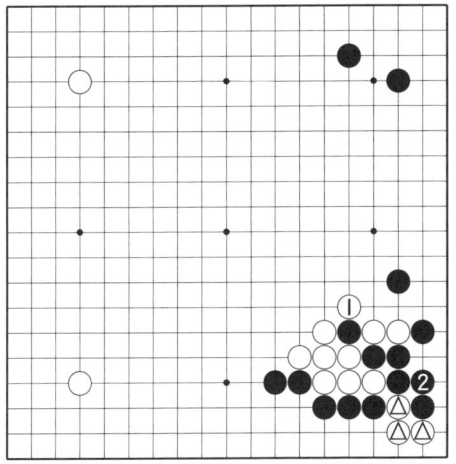

❽ 백, 망하다

앞 그림에 이어, 백1로 따낼 때 흑2로 이으면 만사 OK!

흑은 백△ 석점을 고스란히 품에 안았다. 백은 쫄딱 망했다. 바둑도 끝장.

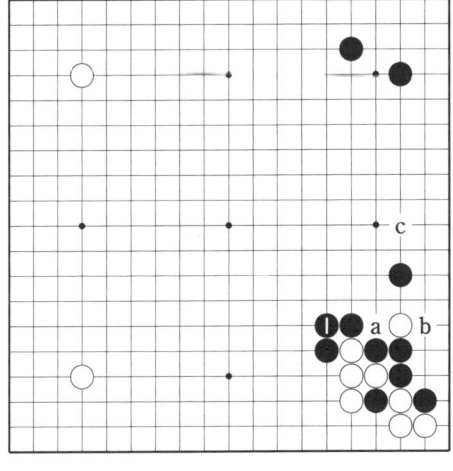

❾ 흑1, 폐기되다

예전에는 흑1로 잇는 것이 정석이었다. 그러나 이후 a의 끊음이나 b의 내려섬을 봐서 백c의 침입이 가능하다. 그 바람에 흑1은 폐기되었다.